LA
PRIME D'HONNEUR

PAR

M. CALEMARD DE LA FAYETTE

***

PARIS
LIBRAIRIE DE L. HACHETTE ET Cᵢₑ
BOULEVARD SAINT-GERMAIN, Nᵒ 77

LA

PRIME D'HONNEUR

IMPRIMERIE GÉNÉRALE DE CH. LAHURE
Rue de Fleurus, 9, à Paris

LA
PRIME D'HONNEUR

PAR

M. CALEMARD DE LA FAYETTE

PARIS

LIBRAIRIE DE L. HACHETTE ET Cie

BOULEVARD SAINT-GERMAIN, N° 77

1866

Droit de traduction réservé

LA
PRIME D'HONNEUR.

PREMIÈRE PARTIE

I

SAINT-BERTIN ET LE MANOIR LA GRAND'FERME.

Le village de Saint-Bertin, situé dans une des parties les plus reculées de l'un de nos départements du centre, n'a aucune prétention à devenir célèbre, et ne se croit aucun droit particulier à l'attention du voyageur.

Cette modeste opinion de lui-même n'empêche pas le coin ignoré de la France, dont nous nous occupons en ce moment, d'avoir son petit mérite et de ne pas ressembler au premier venu, en fait de village.

Les habitations irrégulièrement construites à peu près à mi-coteau sur un versant d'une inclinaison modérée, dominent une vallée peu profonde, qu'un joli cours d'eau très-capricieux dans ses voyages remplit de sa fraîcheur et de son bruit.

Au bord de cette mince rivière ou de ce gros ruisseau, comme on voudra, des prairies trop souvent marécageuses, et, au bord des prairies, une rangée très-inégale d'aunes, de peupliers et de saules, offrent aux regards qui de toutes les maisons du hameau peuvent plonger jusque-là, un spectacle de belle végétation, de verdure souriante et de calme heureux dont l'agrément ne saurait être, sans injustice, dédaigné par personne.

Tout cela constitue, comme on le voit, quelque chose de suffisamment gracieux mais où rien ne se trouve, néanmoins, qui ne se puisse rencontrer dans beaucoup d'autres paysages plus renommés des pays de montagnes, où les eaux, les prés et les beaux ombrages abondent. Aussi n'est-ce point là qu'il faudrait chercher la véritable beauté et l'originalité très-réelle de la contrée si peu connue, où nous prions nos lecteurs de vouloir bien se laisser conduire.

Le village, avons-nous dit, est situé à mi-côte.

La montée qui mène jusqu'à lui, peu rapide d'abord, l'est bientôt davantage et devient tout à fait escarpée à partir du palier ou replat plus ou moins nivelé, où les habitations se groupent, comme nous venons de le dire, dans un désordre qui n'a rien de déplaisant.

Au milieu du hameau qui semble se serrer avec un amour filial contre sa vieille église, pointe un beau clocher tout neuf, pareil au grand mât d'un vaisseau qu'entourerait une flottille d'humbles barques au port. Au delà et au-dessus du hameau, la colline forme une sorte d'amphithéâtre ou de demi-cercle presque à pic. En cet endroit, sous les mousses, le lierre et les genêts épars, on devine aisément plus de rocher que de terre ; là aussi naissent plusieurs sentiers ardus, qui se croisent et se coupent entre eux, mais se dirigent tous vers les étages plus élevés de la colline, pour arriver enfin au plateau supérieur, lequel forme lui-même une plaine assez accidentée, d'une superficie d'environ cent cinquante hectares.

Le plateau, sorte d'îlot entouré par trois petites vallées dont celle de Saint-Bertin est la plus remarquable, se trouve dominé à son tour par les différentes chaînes de montagnes qui, se superposant comme d'immenses gradins les unes aux autres, ferment inégalement l'horizon et lui donnent, selon les heures du jour et les accidents de la lumière, les teintes les plus variées, depuis le bleu sombre du crépuscule, jusqu'aux mélanges de pourpre et d'or de l'aube naissante.

Or, comme le plateau est déjà situé à une hauteur de plus de sept cents mètres au-dessus du niveau de la mer, les points de vue qu'on y rencontre portent quelquefois le regard jusqu'à dix et quinze lieues dans la profondeur des montagnes.

Aussi le passant qui a gravi jusque-là, que ce soit un étranger ou le plus simple paysan venu des environs, ne manque-t-il jamais de s'arrêter un instant au point où les grands spectacles de l'horizon se découvrent tout à coup à ses yeux.

On se tromperait, en effet, beaucoup, en pensant que le villageois, même peu instruit, reste complétement insensible à ces beautés de la nature, que l'homme des villes s'énorgueillit peut-être de comprendre et d'admirer seul.

J'ai vu souvent un humble pâtre plus fier de la cascade qui gronde au fond de sa vallée, ou de la forêt magnifique qui ombrage les flancs de sa montagne, qu'un citadin ne l'est parfois du plus beau monument de sa ville.

J'ai vu plus d'un laboureur s'arrêter pour contempler avec joie les beaux effets du soleil couchant, éclairant, comme une mer de verdure et d'or, les plaines où des millions d'épis aux barbes vermeilles, commençaient à pointer et à étinceler sous le rayon du soir.

Il ne faut donc pas craindre de décrire en passant, de peindre même avec amour, pour le lecteur des campagnes, ces beautés de la nature, luxe gratuitement donné par Dieu à ceux qui n'en ont pas d'autre. Il ne faut pas tenir pour inutile et regarder comme peine perdue le soin d'expliquer à l'homme des champs ces magnificences de la création qui racontent la gloire du Créateur, le soin de lui apprendre à en mieux jouir, de lui montrer dans cette jouissance une des compensations précieuses qu'il peut et doit aimer au milieu des rudes labeurs de sa vie....

Mais regagnons bien vite les lieux avec lesquels nous avons à faire plus amplement connaissance.

Après avoir admiré ces lointains superbes qui, comme nous l'avons dit, vont se perdre dans les abîmes bleuâtres de l'horizon, l'œil revient naturellement au plateau lui-même, et il en a bientôt parcouru le contour, les détails et l'ensemble.

La petite plaine, avec une inclinaison à peine sensible

vers le midi, se creuse légèrement en coupe ou cuvette, formant ce qu'on appelle généralement dans la langue des campagnes : une *combe*.

Le pourtour de cette espèce de bassin sans profondeur, est couronné par une bordure inégalement touffue de pins, de bouleaux, d'ormeaux et de hêtres. Dans le milieu, des champs d'une conformation en apparence assez heureuse, doivent pourtant s'égoutter mal, par le fait de la dépression déjà signalée. Sur la pente générale, les parties inférieures sont en prairies et pâturages. Et pâturages et prairies, comme les champs eux-mêmes et par la même cause, c'est-à-dire par le défaut de rassainissement, restant marécageux, ne peuvent sans doute donner que des produits de qualité fort médiocre.

Au nord, sur le point le plus élevé, c'est-à-dire faisant face au plein midi, apparaît une habitation assez importante à laquelle il serait difficile de donner un nom bien précis. Grande maison, demi-château, vaste ferme, c'est un peu de tout cela ; c'est peut-être plus que toute autre chose, ce qu'on appelait autrefois un manoir.

Cette construction carrée et massive, avec quatre fenêtres à chacune des trois façades en vue, et un mur plein seulement au nord, avec une tour découronnée de ses défenses, laquelle forme intérieurement l'escalier à vis, s'élève au milieu d'une vaste cour, dont la clôture compte plus d'une brèche, mais dont l'un et l'autre portail laissent voir encore trace de modestes créneaux disparus.

Autour de l'habitation principale sont disposés en assez bon ordre, les bâtiments de ferme plus que suffisants par leurs dimensions, mais peu appropriés aux besoins d'une culture avancée, et où quelque visiteur exigeant eût certainement trouvé de trop nombreux indices de délâbrement, d'abandon ou de négligence.

Tel était, vers l'année mil huit cent cinquante..., à l'époque où nous sommes censés y faire une première excursion, l'aspect du vieux domaine de Saint-Bertin-le-Château. Tel était l'aspect de l'habitation qui s'était jadis pompeusement nommée le château de Saint-Bertin, mais que les gens du pays ne désignaient plus depuis longtemps que sous cette appellation très-convenable sans doute pour ce que nous venons de décrire : LE MANOIR LA GRAND'FERME.

Le manoir la Grand'Ferme, le domaine de Saint-Bertin, le château de Saint-Bertin avaient eu peut-être autrefois leurs jours de prospérité, de splendeur et de gloire; mais, comme on vient de le voir, ils témoignaient alors trop manifestement de l'incurie ou de la gêne des propriétaires.

La vieille horloge de la tour démantelée semblait devoir sonner bientôt l'heure de la ruine.

II

RENCONTRE A LA BRUNE.

Par une de ces tristes soirées de la seconde quinzaine de novembre où l'hiver fait déjà sentir rudement son approche, un jeune homme d'une vingtaine d'années, fredonnant et sifflotant tour à tour quelques lambeaux d'airs rustiques, cheminait à grands pas dans un des sentiers qui aboutissaient au plateau du manoir la Grand'-Ferme.

Ce garçon, ni grand ni petit, plutôt petit que grand, paraissait surtout agile et robuste. Aussi marchait-il parfaitement à l'aise malgré son lourd costume de chasseur, costume solide et complet, mais qui ne révélait en celui qui le portait aucune prétention à l'élégance.

Une simple blouse de bonne toile écrue; une ceinture de cuir jaune, de grandes guêtres de même, et de bons souliers ferrés; une carnassière fanée et comme fatiguée par de fréquents services, une arme qui pouvait avoir coûté cher en son temps, mais dont l'ancienneté se reconnaissait sans peine, car il était facile de voir que le fusil à piston avait été primitivement un fusil à pierre; tout cela constituait bien plutôt l'attirail du véritable braconnier que celui de l'amateur en chasse. Aussi la carnassière était-elle sérieusement garnie, témoignant d'une façon bien visible que notre chasseur n'avait pas gaspillé sa poudre et perdu sa journée.

En novembre, comme chacun sait, les jours sont courts et la nuit tombe brusquement, surtout dans les chemins boisés.

Le jeune homme, dont la démarche assurée montrait assez qu'il n'avait pas grand souci de l'obscurité, et qui semblait familiarisé avec les lieux au point de n'avoir même plus à se donner la peine de regarder avec attention devant lui, hâtait cependant le pas, tout en se retournant quelquefois pour rappeler ses chiens.

Les deux beaux épagneuls, plus las certainement que leur maître, avaient, en effet, besoin qu'un énergique coup de sifflet ou un cri d'encouragement vînt d'un moment à l'autre ranimer un peu leur vigueur.

Ces rappels du chasseur qui sentait les deux belles et bonnes bêtes attardées assez loin derrière lui, étaient devenus de plus en plus fréquents. Décidément le jeune homme était pressé d'arriver. Et si, comme nous l'avons dit, la nuit venue ne l'inquiétait guère, s'il n'avait aucune crainte de s'égarer dans un pays qu'il paraissait connaître à merveille, on eût sans doute deviné juste en supposant que le désir de trouver le souper au gîte, devait être pour quelque chose dans l'empressement avec lequel il accélérait à chaque instant sa marche.

Depuis un instant déjà il était sorti du sentier couvert, et l'obscurité croissante ne l'empêchait pourtant pas

encore de chercher de l'œil à l'horizon les masses sombres
des bâtiments du manoir la Grand'Ferme, lorsqu'il aperçut enfin la lueur mobile de l'unique fenêtre qui fût
alors éclairée.

Cette fenêtre était celle de la cuisine, la flamme du
foyer de la cuisine ne prêtant naturellement qu'à celle-
là sa joyeuse et capricieuse clarté.

« Parbleu, dit alors à demi-voix le jeune homme, la
cuisine flambe fort à propos ; et ce n'est pas malheureux
qu'on ait songé de bonne heure au souper. Depuis neuf
heures du matin j'ai perdu trop complétement le souvenir
de mon maigre déjeuner. Il est vraiment temps d'arriver.

— Arriver est bien sans doute ; et ne pas partir, ça
serait peut-être quelquefois encore mieux, répondit une
voix grondeuse, dont la rudesse familière avait néanmoins quelque chose d'affectueux. Vous rentrez tard,
notre maître, mais ce ne serait rien si vous ne sortiez
pas sitôt.

— Bon ! C'est encore toi, mon brave Peau-de-Bique ?
et tout en disant qu'il est tard, tu éprouves toujours le
besoin de sermonner un peu. Mais je t'avertis tout de
suite que je ne suis pas disposé à t'écouter ce soir. Je
suis parti de bonne heure, comme tu dis, à quatre heures
du matin. J'ai fait la halte à neuf heures ; les chiens
m'ont dévalisé de moitié de mon pain. Je suis donc pour
ainsi dire à jeun depuis hier. Et tu juges que s'il y a deux
grives pour moi à la broche, j'ai plus de hâte d'aller leur
dire deux mots que je n'ai d'envie de t'entendre.

— C'est connu, reprit celui qui répondait sans la
moindre humeur au nom pourtant assez mal sonnant de
Peau-de-Bique, vous n'avez pas l'envie de m'entendre,

pas plus ce soir qu'hier, et pas plus demain que ce soir.

— Ah! répliqua le jeune homme, tu es injuste, mon vieil ami; tu sais bien qu'après mon père il n'y a que toi au monde avec qui je sache dire quelque chose et j'aie plaisir à causer. Mais écoute donc, vieux, tu as déjà soupé, moi non. Tu dois comprendre que je n'ai pas de temps à perdre et que tu ferais tort à ton ami en le retenant davantage. Ainsi bonsoir et bonne nuit! Ferme le parc, détache les chiens, gagne ta hutte et dors sur tes deux oreilles. Je ne tarderai pas à en faire autant de mon côté; mais après avoir soupé, par exemple, point avant, tu peux en être sûr. Du reste la journée n'a pas été mauvaise; un lièvre, trois perdreaux rouges, deux bécasseaux et dix cailles, c'est honnête, n'est-ce pas? et tu vois qu'on gagne sa vie tout comme un autre.

— Oui, oui, murmura le bonhomme, le garde-manger est rarement vide à la Grand'Ferme. La broche ne chôme guère, et le rôti jamais ne manque. Mais du train dont va cette ferme, ce qui manquera bientôt...

— Ce qui manquera bientôt? parle, voyons! dit le jeune homme.

— Ce qui manquera bientôt? Je vous le dirai tout de même bien, si vous y tenez; ce qui manquera bientôt c'est le pain.

— Ah bah!

— Ah bah! tant qu'il vous plaira. Ne savez-vous donc pas que je ne me trompe jamais? Depuis cinquante ans, monsieur Armand, quiconque n'a pas voulu croire à ce que disait le fils unique de ma mère, s'en est toujours mordu les doigts et quelquefois cruellement. Eh bien,

souvenez-vous de ce que je vous annonce : dans le domaine où vous devriez aujourd'hui aider votre brave
père à se tirer d'embarras, la semence du froment, cette
année, va se perdre. L'an qui vient, les maîtres comme
les valets vivront de pain de seigle. Et quant à l'an suivant, par exemple....

— Eh bien, l'an suivant ?....

— Rien, rien, mon bon monsieur Armand ; je m'entends... Vous n'avez pas le loisir de m'écouter ; et moi je
n'ai pas le goût de parler sans qu'on m'écoute. Allez
souper, vous avez si grand faim ! Vos grives vont se
brûler à la broche ; allez-y mordre. Deux grives bien
rôties, ça vaut mieux qu'un sermon d'un vieux pâtre. »

Et le bonhomme fit mine de s'éloigner. Mais le chasseur le retint par la manche du manteau de peau de
chèvre que le vieillard portait depuis vingt ans peut-être,
été comme hiver, ce qui nous explique d'où lui était
venu son durable surnom de Peau-de-Bique ; et Armand,
puisque nous savons déjà que le chasseur s'appelait
Armand, frappant du pied avec impatience, ajouta :

« Mais parle ! parle donc, mon vieil ami ! Tu dis ?...
l'année suivante ?...

— Eh bien, l'année suivante... Mais ce qui arrivera
alors serait si long à dire...

— Va donc, va toujours ! »

Le vieillard eut l'air de récapituler en se parlant à
lui-même :

« Et d'abord les huissiers, les frais de justice, les
jugements, puis l'expropriation, les biens vendus, les
plus vieux serviteurs jetés sans épargne et sans pain sur
a grand'route... Et mettons encore que tout ça ne soit

rien, quoique ce soit bien quelque chose; mais le vieux maître, mais le vieux père! qu'en fera-t-on? qu'en ferons-nous quand la débâcle sera venue? Et elle vient, et on la verra plutôt que personne certainement ici ne peut le croire.

— Mais quand? comment? pourquoi? dit le chasseur avec vivacité.

— Quand? comment? pourquoi? je vais vous le dire. Quand le beau Parisien aura fini de dévorer les derniers débris de ce qui reste encore à la Grand'Ferme. Comment? je l'ai déjà dit : par les commandements, les protêts, les jugements, les saisies; par les huissiers, les sergents, les recors. Pourquoi? enfin, parce que votre brave père est vieux, infirme, et désormais incapable de gouverner cette grande terre; parce qu'il est faible et qu'il l'a malheureusement toujours été pour ses enfants, pour ses deux enfants; parce que son aîné le gruge, et que... son second...

— Eh bien, le second? que veux-tu dire?

— Ah! vous croyez peut-être que je craindrai de parler franc, et de vous dire tout net et en face ma façon de penser? moi? un vieux soldat du premier empire!... A soixante et douze ans, je craindrais de dire une vérité à quelqu'un? Nenni, mon brave monsieur Armand, nenni... Je disais donc : parce que le second, le braconnier, le grand chasseur, le maître tueur de lièvres, néglige son premier devoir, déserte sa besogne, comme un mauvais soldat qui laisse le drapeau... Ah çà, monsieur Armand, vous n'avez donc jamais pensé sérieusement à rien? Vous ne voyez donc rien? vous ne savez donc rien? Cette maison, votre maison et aussi un peu la mienne, car les vieux serviteurs ont bien quelque droit à mourir là où ils ont servi, à ne pas crever de faim au bord des champs qu'ils ont fécondés; cette maison, vous ne le voyez donc pas? elle va à la ruine. Elle est perdue, nous sommes perdus!

— Mais, mon pauvre vieux, tu exagères, Dieu merci! tout n'est pas désespéré, tant s'en faut. Mon frère a coûté gros à notre pauvre père, c'est vrai. Pour Fabien, pour son éducation, pour le pousser dans le monde, il a fallu faire bien des sacrifices. Mais sa fortune est en bon train désormais, et si la ferme s'est longtemps épuisée pour lui, c'est lui maintenant qui sauvera la ferme.

— Lui, reprit Peau-de-Bique avec plus d'amertume encore que d'ironie, lui, le beau Parisien, sauver quelque chose? vous êtes fou, notre maître. Si c'est là-dessus que vous vous reposez pour continuer à fermer les yeux sur tous les intérêts de cette maison, nous sommes plus mal encore que je ne pensais. Allez, allez souper, monsieur Armand, je ne vous retiens plus, je m'en vais, je vous laisse. Ah! il serait décidément plus facile d'éventrer un chêne de cent ans avec un couteau de deux sous que de faire entrer une idée de bon sens dans la tête d'un tueur de lièvres. »

Et le vieux pâtre, grommelant toujours et prononçant déjà ces dernières paroles à distance, disparut dans la nuit devenue noire, sans vouloir répondre davantage à son interlocuteur qui le rappelait encore.

« Bah! le brave Peau-de-Bique est ce soir de méchante humeur, dit le chasseur en s'éloignant à pas lents; comme il exagère!... »

Et le jeune homme cherchait à se défendre de l'impression fâcheuse que devait lui laisser cette conversation de nuit; mais il avait beau faire, il se sentait sérieuse- ment troublé, et son magnifique appétit venait tout à coup de diminuer de plus de moitié.

III

INTÉRIEUR DE CUISINE — LE PÈRE VALADY, ET COMMENT ON SOUPAIT A LA GRAND'FERME.

Huit heures viennent de sonner au vieux coucou suspendu derrière la porte de la cuisine.

Un grand feu de bois résineux flambe dans la vaste cheminée. Sous le manteau de la cheminée, deux fauteuils de bois de chêne, noircis par la fumée et le temps, sont placés vis-à-vis l'un de l'autre. L'un de ces fauteuils est vide, l'autre est occupé par le maître. Le maître, c'est monsieur ou maître Marc-Antoine Valady, que les anciens du pays, les notables, ainsi que M. le curé, nomment avec une affection et une familiarité pleine de déférence : le père Valady.

Marc-Antoine Valady est un digne vieillard à la face sereine et aux longs cheveux blancs. Son front limpide, et son œil, bien qu'à demi voilé, dénotent l'intelligence, la droiture et la bonté ; une bonté peut-être hélas ! excessive. L'âge a pu, en effet, la faire dégénérer quelquefois en faiblesse ; et la suite de cette histoire dira s'il n'en fut pas malheureusement trop souvent ainsi.

Quoi qu'il en soit, l'aspect du patriarche de Saint-Bertin n'en est pas moins vénérable, et l'on se sent naturellement disposé à aimer un homme qu'on juge dès le premier abord excellent et toujours prêt à obliger tout le monde.

Ce paysan est resté paysan parce qu'il n'a pas voulu cesser de l'être. Il porte le costume que son père et son aïeul ont porté : le vieil habit à la française, la culotte courte et les grandes guêtres montant jusqu'au genou, le tout de même étoffe brune et de la couleur naturelle des laines noires; avec cela, le gilet croisé à revers en drap blanchâtre, également sans teinture.

Marc-Antoine présente l'une après l'autre à la flamme joyeuse ses mains amaigries, des mains toujours pures devant Dieu, et restées longtemps fidèles au travail sacré de la terre.

Le vieillard est grave, il est triste peut-être et demeure silencieux; mais il donne de temps en temps un regard familier et bienveillant à ce qui se fait près de lui, à tout ce qui l'entoure.

Huit heures, nous l'avons dit, ont sonné; l'heure du souper se fait proche. Les laboureurs, les bouviers, le vacher, le porcher, rentrent en quittant la cour ou l'étable.

Ceux qui viennent de faire la traite du soir déposent devant la première servante leur seau de bois blanc rempli jusqu'aux bords, et qui laisse déborder par-ci par-là quelque flocon de blanche écume.

La servante, à son tour, vide prestement chaque vase dans de larges terrines de grès en faisant couler le lait qui fume et qui mousse à travers un treillis de grosse toile écrue.

Peu à peu les nouveaux venus se rapprochent de la cheminée ; on salue le maître, on s'assied, on se presse plus ou moins civilement sur le banc trop court. Puis, toutes les mains à l'envi commencent à jeter au feu des brindilles de sarment ou des rameaux de sapin tout vert, qui petille et flamboie brusquement.

C'est l'heure la plus vivante pour le foyer. La soupe qui gronde dans la marmite de fonte, secoue à gros bouillons les choux, les raves et les pommes de terre que la seconde servante vient d'y verser, après avoir plongé dans le même gouffre deux grosses tranches de lard. Devant un monceau de braises rouges, une petite rôtissoire placée en biais dans la cheminée du côté qui fait face au maître, laisse dorer à fond sous le jus une brochette de grives dont la fumée odorante va se perdre dans la vapeur de la soupe, comme un tout petit ruisseau dans une honnête rivière.

Travaillant ainsi pour son propre compte non moins que pour le compte d'autrui, chacun s'efforce en activant le feu, de hâter le moment où la large cuiller qui pend au coin de la cheminée pourra puiser dans les flancs de la marmite cet appétissant et substantiel mélange de porc, de légumes et de bouillon, propre à fournir, en de si heureuses proportions, à manger tout autant qu'à boire.

Aussi, la flamme montant toujours plus haut dans l'âtre, et touchant de ses langues de feu le rochet de la crémaillière répand, par moments, comme un vrai reflet d'incendie sous les voûtes noires de la cuisine, et y met subitement toute chose en pleine lumière.

Vis-à-vis de la cheminée le dressoir de noyer centenaire, luisant du vernis respectable que la fumée et le temps donnent aux vieux meubles, fait tout à coup apparaître les faïences à fleurs rouges et bleues, les larges soupières de terre violette et la vaisselle d'étain qui brille comme de la vaisselle d'argent. Du haut du plafond qui garde encore çà et là des places d'ombre, pendent, dans la clarté, de massives girandoles d'andouilles, de saucisses et de saucissons, des hures, des oreilles ou des langues de porc, des jambons brunis par la suie, et de grands quartiers de lard où les gouttelettes de saumure cristallisée étincellent comme une broderie de métal.

Le panneau qui fait face à la porte d'entrée, offre également en étalage tout un riche approvisionnement d'un autre genre.

A côté de deux fusils placés au râtelier, au milieu des engins de chasse ou de pêche, le gibier de poil ou de plume, tué les jours précédents, forme un groupe abondamment fourni. En gros : deux énormes lièvres au poil fauve piqué de mouchetures noires, des ramiers aux petits pieds roses, des bartavelles aux belles pattes rouges, et de plus un véritable chapelet de menu gibier enfilé par le bec : pieds-noirs et becs-fins, grives, merles, ortolans, mauviettes, le tout prouvant surabondamment combien Peau-de-Bique, le brave pâtre avec lequel nous avons déjà fait connaissance, eut raison de dire que ce n'était pas le rôti de gibier qui manquerait le premier à la Grand'Ferme.

Cependant, la soupe après avoir crépité comme avec colère au contact du gros sel gris que la deuxième servante vient d'y jeter à pleine poignée, semble arrivée à point et soulève à peine quelques derniers bouillons de plus en plus rares.

C'est le moment attendu. La ménagère demande avec autorité qu'on lui fasse place. Chacun se range. Armée de sa grande poche de fer étamé, elle plonge dans la marmite pour y mélanger les divers ingrédients dont la soupe est si avantageusement pourvue. Puis, après avoir dit encore une fois : « Place! place! et gare aux éclaboussures, ça brûle! » sans se préoccuper davantage du danger d'échauder ceux qui ne se seront pas éloignés, elle commence à remplir, avec la plus irréprochable impartialité, les écuelles que lui tend la petite servante. Celle-ci va les poser sur la grande table du milieu, en partant du haut bout où vient d'abord s'asseoir le premier valet, et ainsi de suite jusqu'au petit porcher.

Tout le monde a déjà pris place. Les deux tranches de lard entourées, dans leurs grands plats d'étain, d'une abondante garniture de choux et de pommes de terre, fument aux deux extrémités de la table. Un religieux silence règne pour un long moment, chacun ayant bien assez à faire de souffler dans sa cuiller pleine et brûlante. Les deux servantes restées debout songent alors à s'occuper aussi d'elles-mêmes. Chacune d'elles veut bien s'offrir et accepter sans se faire prier, l'écuellée de soupe qu'elles vont avaler sans s'asseoir.

IV

TRISTES RÉVÉLATIONS; ET COMMENT IL SE FIT QUE LES DEUX CHIENS D'ARMAND SOUPÈRENT MIEUX QUE LUI.

C'est précisément au début de cette intéressante besogne, et au moment où chacun y vaquait avec une application édifiante qu'un pas bruyant et bien connu se fit entendre. La porte s'ouvrit, et Armand que nous venons de quitter après son colloque avec Peau-de-Bique, entra dans la cuisine, suivi de ses deux chiens harassés, dont l'oreille et la queue étaient basses. Les domestiques attablés se levèrent à demi, portèrent la main au chapeau pour saluer; et, sans perdre de temps, se remirent à fonctionner comme devant. Le jeune homme, après avoir replacé son fusil au râtelier et son havre-sac au clou, s'avança vers son père, lui prit respectueusement la main et lui dit un affectueux bonsoir.

« Et la chasse? dit le père, avec une tristesse indulgente.

— Mais pas plus mauvaise qu'à l'ordinaire, répondit Armand; un beau lièvre et quelque chose encore pour lui tenir compagnie dans le sac. Seulement je suis allé loin, mes pauvres chiens n'en peuvent plus, et il ne fait pas chaud.

— Allons, vous avez faim sans doute? allez souper, dit le père, en désignant la petite table où tous deux s'asseyaient d'ordinaire en face l'un de l'autre. Le rôti vous attend, vous lui ferez honneur je suppose. Pour moi je reste dans mon coin. J'ai déjà mangé ma soupe et ça me suffit.

« A table, chasseur, vous avez faim n'est-ce pas ?

— Si j'ai faim, père, ma foi, je n'en sais vraiment trop rien. Je sais pour le moment que j'ai quasiment froid. Quand je me serai ragaillardi quelques minutes, devant cette belle braise, l'appétit dira, je pense, plus clairement ce qu'il a à dire. En attendant ce n'est ni oui ni non. »

Et le jeune homme, les pieds dans la cendre chaude, se laissa aller de nouveau à réfléchir en silence aux observations et aux avertissements menaçants, peut-être exagérés, mais à coup sûr sincères, de son ami le pâtre.

Il avait beau se dire que Peau-de-Bique était plus entêté et plus absolu que personne dans le canton, voire même dans le département; il avait beau vouloir secouer l'impression fâcheuse qui lui restait de l'entretien que nous savons; il se sentait mal à l'aise dans ses idées. Les prophéties du vieux pâtre l'obsédaient et lui pesaient plus qu'il n'eût voulu se l'avouer à lui-même; et, comme nous l'avons dit, son appétit en était sérieusement endommagé. Cependant les domestiques, en robustes et vigoureux compagnons qu'ils étaient, continuaient à se comporter vaillamment devant les vivres.

Armand tournait de temps en temps les yeux sur eux; et il se disait que de pareils gaillards, aussi nombreux, plus nombreux même qu'en aucune autre ferme de la même importance dans le pays, ne pouvaient pas laisser une exploitation en souffrance au point que Peau-de-Bique le voulait bien dire. Il ne songeait pas, le brave chasseur, que la plus belle compagnie, sans capitaine ne fera jamais merveille, et que la meilleure armée sans général ne gagnera jamais 'la bataille. Il ne songeait pas que son père, incapable désormais de porter une surveillance active sur tous les points éloignés, et que lui-même, absent presque toujours pour poursuivre quelque misérable lièvre parfois jusqu'à dix lieues de chez lui, ils laissaient également tous deux, le père comme le fils, l'un malgré lui, et l'autre bien par sa faute, la compagnie sans capitaine et l'armée sans général.

Aussi, dans son erreur grossière à ce sujet, la vue des domestiques si bien campés, si solides et si valeureux à table, le réconfortait et le réjouissait un peu; et leur formidable appétit en action, commençait à réveiller le sien; et comme il eut pris place à sa petite table, il vit bientôt, non sans plaisir, en face de lui, une belle assiette de potage, riche en légumes, les deux grives rôties un peu plus même qu'à point, de bon pain de ménage fait avec la fleur des farines de la maison, et une chope d'un petit vin clairet du pays, très-buvable pourvu qu'on eût suffisamment soif.

Tandis qu'il s'installait de la sorte, hésitant encore à attaquer la soupe trop chaude, les domestiques ayant achevé leur repas avec conscience, se rapprochaient du foyer, et par conséquent du maître.

C'était, en effet, l'heure et le lieu où de temps en temps celui-ci demandait compte à chacun de sa besogne et de l'emploi de la journée.

Armand, de son côté, n'ayant pour l'instant mieux à faire, tandis que d'une main distraite il agitait son potage trop lent à refroidir, se prit à écouter avec quelque attention le colloque qui s'établissait entre les serviteurs et son père.

« Eh bien, Grand-Jean, disait le père au premier laboureur qui était en même temps le semeur, où en sommes-nous de nos semailles?

— Mais ça va tout de même, répondait le domestique, quoique ça va lentement. Nous ne sommes pas trop avancés, pour bien dire. Voilà le mois de novembre qui s'achève, et il nous faudrait de bien beau temps pour terminer avant le dixième de décembre comme c'est réputé si nécessaire dans ce pays.... Et au lieu de beau temps nous avons de la bruine tous les jours. Nos guérets ne se ressuient pas; nous semons véritablement dans la boue. — Ça va tout de même, je vous dis, notre maître; mais ça pourrait aller diablement mieux sans aller encore trop bien. »

Armand qui s'apprêtait à porter une première cuillerée de potage à sa bouche, s'arrêta court sur ce propos, et reposa la cuiller dans son assiette. « Le terrible Peau-de-Bique, se dit-il à lui-même, aurait-il donc à moitié raison? »

Le maître en attendant, continuait son interrogatoire.

« Et toi, Baptiste, demanda-t-il à un valet, as-tu fini dans le champ des grands ormes?

— Fini? répondit assez indifféremment le jeune laboureur, oh que nenni! j'en ai bien pour du temps encore. Avec ça que mes deux bœufs boitent déjà depuis près de quinze jours, l'un de trois pieds, l'autre des quatre pieds; un pied de bon comme vous voyez sur les huit; et c'est aisé à comprendre quand on sait que, depuis dix-huit jours, ils se démolissent du matin jusqu'au soir dans un champ plein de cailloux et plein d'eau, d'où l'on n'a pas sorti en six ans une seule pierre, et où l'on ne fait pas une seule saignée.

« Les pieds de mes bœufs ne gardent plus leurs fers même pendant vingt-quatre heures. Et si on les fait travailler encore trois jours, autant dire que ce sont des bœufs perdus.

— Et pourquoi donc ne m'as-tu pas averti dès qu'ils ont commencé à boiter; on les aurait laissé reposer jusqu'à ce qu'ils eussent pu supporter un nouveau ferrage.

— Pardine, il aurait fallu alors qu'on m'en pût donner de rechange, et je ne voyais pas qu'il y en eût de reste à l'étable; les miens ne sont pas seuls de boiteux, faut bien croire. D'ailleurs, j'aurais pensé que M. Armand pouvait en savoir autant que moi, rapport à mes bœufs. Il les voit peiner assez souvent par les chemins; il n'est pas nécessaire d'être connaisseur pour s'apercevoir que les pauvres bêtes boitent; elles ne peuvent pas se traîner; et ça fait honte s'il passe un étranger qui ne soit pas de chez nous. »

Armand écoutait toujours et ne mangeait pas davantage.

« Dis-moi au moins, Grand-Jean, reprit le père, si nos blés ensemencés déjà depuis cinq semaines, ont convenablement levé.

— Pour lever, ils ont levé tout de même en partie, dit Grand-Jean; mais pour dire qu'ils ont bien levé et que ça fait de beaux blés, ma foi, non; ça ne fait pas de beaux blés.

— Ils ont été semés, cependant, par un temps favorable, ceux-là; et c'était certainement alors le bon moment; c'était assez de bonne heure, répliqua le maître.

— Oui, bien, dit Grand-Jean; mais quand j'ai demandé à M. Armand, aux premiers jours de la semaille, s'il ferait acheter un peu de bonne semence, il m'a répondu de prendre au grenier, dans notre propre récolte. Et, pour dire la franche vérité, les blés de notre récolte ne sont pas cette année trop nets; ils n'étaient pas trop mûrs non plus, ni trop secs. De cette manière, nous avons semé autant de folle-avoine, d'ivraie et de grain charbonné que de bon froment. D'après ça, ce ne sera étonnant pour personne qu'il y ait chez nous des blés qui ne lèveront pas bien. Si le maître avait pu sortir dans ces derniers temps, il aurait vu, comme M. Armand a bien dû le voir, que les guérets ensemencés et ceux qui ne le sont pas encore, ça se ressemble beaucoup; de sorte, pour tout dire, notre maître, qu'on pourrait bien se demander si c'est la peine de continuer à enterrer de la semence de cette qualité, dans des terres mal préparées et mouillées au point que les bœufs s'y enfoncent jusqu'au genou. Chacun son idée; mais, pour moi, m'est avis que si pareille semaille donnait jamais récolte passable, c'est que le bon Dieu voudrait y mettre beaucoup du sien, et même un peu de miracle. »

Armand, de plus en plus attentif à ce triste exposé de

l'état des choses, restait toujours inactif devant son souper. Son appétit avait disparu de nouveau.

Il lui semblait qu'un abîme longtemps invisible à ses yeux, apparaissait tout à coup devant lui. Cependant tout le monde s'était levé pour gagner chacun son lit. Armand se leva aussi et jeta sous la table à ses chiens les deux grives, ne voulant pas qu'on s'aperçût qu'il n'avait rien mangé. Puis, tous les domestiques ayant disparu, son père même s'étant retiré après lui avoir serré la main, il revint s'asseoir tout pensif devant les dernières braises du foyer, et murmura très-bas, mais non sans une émotion profonde :

« Peau-de-Bique avait donc trois fois raison! Je ne vois donc rien? Je n'ai donc rien vu jusqu'à ce jour? Je n'ai donc jamais rien compris de ce qui se fait et de ce que tout le monde voit ici? Quoi! la ruine est déjà sur cette maison, et hier encore je ne m'en doutais même pas. Oui, tout ce que je contemplais ce soir ici avec complaisance, les grosses salaisons, les belles provisions, le gibier surtout, oui, tout cela abonde; ce qui va manquer, le vieux pâtre l'a dit, C'EST LE PAIN! »

Et tout en se faisant d'amers reproches, le jeune homme succombant à la fatigue, s'endormit d'un sommeil pénible et lourd, devant le feu presque éteint.

V

**RETOUR SUR LE PASSÉ. — LA FAMILLE DE SAINT-BERTIN
ET LA FAMILLE VALADY.**

Tandis que notre jeune homme dort, à l'aise ou non,
dans son fauteuil de bois, il nous semble indispensable
de faire maintenant sur le passé un retour rapide, et de
donner au lecteur quelques explications qui puissent
l'aider à comprendre dès à présent la situation dont on
vient d'entrevoir quelque chose.

Les Valady formaient une lignée de dignes cultivateurs qui, de père en fils et depuis plusieurs siècles sans
doute, avaient tenu en fermage le domaine de Saint-
Bertin.

Le domaine de Saint-Bertin, d'autre part, et le fief
d'assez minime importance qui en dépendait, étaient
avant la Révolution la propriété d'une ancienne famille
à laquelle fief et domaine avaient donné leur nom Or,
cette famille n'ayant jamais possédé une grande fortune, vit plus d'une fois la petite seigneurie s'amoin-
drir, d'une manière assez notable, par des partages suc-
cessifs entre cohéritiers.

De leur côté les fermiers de Saint-Bertin, grâce à l'ordre et à la bonne conduite de plusieurs générations, grâce aussi à quelques héritages et à quelques dots assez rondes du côté des femmes, acquirent à la longue, une aisance au moins égale à celle des maîtres du lieu. Ils purent donc, d'intervalle en intervalle, acheter des portions plus ou moins considérables du domaine, vendues par ou pour les cadets de la maison, que l'insuffisance du patrimoine commun forçait d'aller chercher fortune ailleurs.

C'est ainsi que, quelques années avant la grande Révolution, les Valady possédaient déjà la bonne moitié des terres de Saint-Bertin, tout en continuant à exploiter l'autre moitié comme fermiers.

Le meilleur accord, n'avait, du reste jamais cessé d'exister entre les fermiers et les maîtres ; ceux-ci appréciant, comme ils le devaient en toute justice, la bonne foi et le dévouement sincère avec lesquels les Valady s'étaient constamment montrés disposés à rétrocéder les acquisitions faites aux dépens de la propriété démembrée.

C'est dans cette situation que la Révolution surprit les deux familles : l'une, celle des fermiers très à l'aise dans sa complète obscurité ; l'autre gênée, presque pauvre eu égard aux nécessités de son rang.

En ce temps-là le représentant de la maison de Saint-Bertin était un brave militaire qui, après avoir fait avec honneur la guerre d'Amérique, venait de se marier à la Guyane française.

M. de Saint-Bertin était donc hors de France depuis longues années déjà, lorsque éclatèrent les grands orages de la Révolution. D'indignes spéculateurs qui convoitaient les débris de sa fortune, tirant habilement parti des apparences, parvinrent sans trop de peine à le faire considérer comme émigré. Ses biens furent alors séquestrés, confisqués, et puis mis nationalement en vente.

Heureusement Jean Valady, le père de Marc-Antoine, se trouvait en mesure d'opposer un obstacle imprévu aux projets de ceux qui avaient jeté leur dévolu sur le patrimoine de ses anciens maîtres. Il put, en effet, la dot de sa femme étant disponible, acheter, dans les biens de la maison de Saint-Bertin, tont ce qui dépendait de la Grand'Ferme. Il acheta : en raison de la concurrence, il paya un prix élevé pour l'époque, un prix néanmoins bien inférieur encore à la valeur réelle.

Vers 1800 M. de Saint-Bertin avait perdu sa femme. Après de vains efforts pour recueillir quelques débris de la fortune de celle-ci, fortune engloutie comme tant d'autres dans le désastre de nos colonies, l'ancien officier songea à revoir la France.

Il y ramenait deux pauvres enfants sans mère, deux charmantes fillettes tendrement aimées; mais l'affection si douce qui semblait promettre encore des consolations et des joies à son cœur de père, devenait au contraire pour lui un sujet d'amères douleurs. Brisé par ses longues fatigues et ses nombreux chagrins, portant déjà les signes d'une vieillesse prématurée, et ne s'y trompant pas lui-même, le pauvre père se sentait mortellement atteint.

Songeant dès lors trop souvent qu'il restait sans fortune, que ses deux enfants seraient peut-être le lendemain sans parents, sans appuis, presque sans ressource, il ne pouvait envisager l'avenir sans une terreur profonde qui devenait presque du désespoir.

Jean Valady, fidèle aux exemples de ses ancêtres, lui avait cependant fait savoir, aussitôt que cela était devenu possible, que lui, Valady, se considérait simplement comme le dépositaire et le fermier des biens vendus, et que l'ancien maître du château devait, dès son retour, rentrer en pleine possession de sa moitié du domaine, et se regarder au château comme chez lui.

Le digne fermier se gardait même avec soin de toute allusion au prix payé par lui de ses propres deniers.

Mais la délicatesse de M. de Saint-Bertin se refusait naturellement à admettre des conditions si peu conformes à ce que semblaient exiger les règles d'une stricte équité.

Il n'aurait eu certainement aucune répugnance à devenir l'obligé de son fermier. Il eût consenti à rester chargé d'une dette de gratitude égale à la générosité de celui-ci ; le fardeau de la reconnaissance ne pèse qu'aux cœurs mal faits. Mais encore, pour qu'il pût se croire autorisé jusqu'à un certain point à reprendre la jouissance de sa terre, au moins eût-il fallu qu'il ne fût pas hors d'état de restituer le prix d'achat. Or, nous venons de le dire, toutes ses espérances de fortune, soit en France, soit aux colonies, étaient à jamais détruites.

Que faire alors ?

C'est l'esprit agité par ces tristes pensées, que M. de Saint-Bertin regagna le manoir de ses pères.

L'accueil qu'il y reçut, la joie qui lui fut manifestée de son retour, cette cordialité sans effort, d'une générosité qui s'ignore elle-même, eurent néanmoins bientôt fait une vive impression sur son cœur.

Le fermier et la fermière rivalisaient de délicates prévenances. L'exilé se laissa donc faire, c'est-à-dire que, subissant peut-être à son insu l'influence des procédés les plus affectueux, respectant peut-être, d'un jour à l'autre une fois de plus, la répugnance des Valady à aborder les questions d'intérêt, il remit sans cesse au lendemain la difficulté; et l'on vécut ainsi quelque temps, sans regret, dans un provisoire qui n'engageait en rien l'avenir.

Pendant ce temps, les liens qui unissaient l'ancien seigneur et son fermier se resserraient constamment davantage. Une estime réciproque, un attachement réel développaient chaque jour entre eux une familiarité que la réserve d'une part, et la gratitude de l'autre, rendaient réellement touchante.

Les jours, les mois, les années même, quelques années, s'écoulèrent ainsi, dans une paix et une intimité qui sont peut-être du vrai bonheur ici-bas. Mais les douloureuses appréhensions du père sans avenir, ne l'avaient pas trompé. Ses forces déclinaient pour ainsi dire à vue d'œil. Il comprenait, et l'on comprenait sans doute autour de lui qu'il n'avait plus longtemps à vivre.

Du moins avait-il trouvé, depuis son retour au manoir, un grand allégement à sa peine. Il avait pu se dire que ses fillettes ne devaient plus être considérées comme étant sans famille.

Aussi, quand vint le jour fatal, le jour où il devait embrasser pour la dernière fois les deux jeunes filles, belles et bonnes créatures si vite acclimatées aux graves et simples félicités de la vie rurale, il y eut dans son âme une immense douleur; il n'y avait plus de désespoir.

Quelques heures avant de mourir, après avoir mis sa

conscience en paix avec Dieu, il voulut, dans un suprême entretien, confier à son ami Jean son dernier souci et sa dernière pensée.

« Mon brave ami Jean, lui dit-il, c'en est fait, je meurs, et je mourrais bien malheureux si, laissant après moi deux orphelines sur la terre, je n'avais pas la consolation de pouvoir les léguer, sans hésitation et sans crainte, à ta noble femme et à toi. Vous aviez deux enfants, vous en aurez quatre. Et que dis-je là? ne les avez-vous pas déjà depuis longtemps ? — Quant à moi, la vie m'appartenait si peu, que je ne pouvais, pour ainsi dire, compter dans la famille que pour un jour. Mes filles, mes chères petites filles ont donc en vous un père et une mère, je le sais; j'ai foi en vous, c'est pourquoi je meurs consolé.

« Maintenant, il faut bien que nous abordions une fois au moins la question que votre délicatesse à tous deux éloignait toujours, et sur laquelle vous m'avez si souvent fermé la bouche.

« Peut-être aurais-je dû y revenir avec plus d'insistance; mais je comprenais qu'en voulant mettre mon amour-propre plus complétement à couvert, je risquais de vous contrister dans vos sentiments les plus généreux; vous auriez pu croire que je rougissais de vous devoir quelque chose; je me suis laissé faire. — Cependant, il faut bien, une fois pour toutes, régler notre situation. Jean, mon ami, tu as voulu que je n'eusse rien perdu de ce que je possédais avant la Révolution. Tu as jeté au feu ton contrat d'acquisition; tu m'as dit : Le château et la moitié du domaine sont à vous comme ils étaient à votre père.

« Eh bien ! soit ; je tiens pour bien fait ce que tu as voulu.

« Mes filles jouiront de la moitié de Saint-Bertin ; toutefois, il serait trop injuste que leur fortune ne se refît qu'au détriment de celle de ta famille. Après avoir accepté toutes tes volontés, j'ai à dire la mienne, et la volonté d'un mourant te sera sacrée. Si mes filles ne se marient pas, j'entends que leur droit de propriété ait été purement viager. La nue propriété reviendra à tes enfants après elles. Tout cela est réglé par moi dans mes dernières dispositions. — Si l'une ou l'autre, ou si l'une et l'autre doivent se marier… eh bien ! Jean, tu as deux fils comme j'ai deux filles. Voilà deux couples à former. Que ces enfants soient unis un jour ; le plus cher de mes vœux sera accompli, et je ne songerai même plus à me demander si la dot de mes filles n'aura pas été quelque peu inférieure à la fortune de tes fils. — Si cela te va, Jean, et si cela convient plus tard à tes enfants….

— Oh ! monsieur de Saint-Bertin, reprit Jean Valady en interrompant le mourant avec vivacité, je n'aurais sans doute jamais osé vous faire connaître mon propre désir à ce sujet ; j'aurais craint de paraître abuser du peu que le hasard m'a mis à même de faire pour vous et pour vos filles ; mais, puisque vous venez ainsi au-devant de ma propre pensée, puisque vous vous serez chargé de lever vous-même tous mes scrupules, je puis maintenant tout dire. Le double projet dont vous parlez, c'était aussi notre rêve à ma femme et à moi. C'est le rêve de mes enfants, j'en suis sûr ; car, s'ils ne me l'ont pas dit, je l'ai pourtant deviné. Et pour que tout cela nous donnât véritablement un bonheur sans mélange, il ne nous

manquerait qu'une chose, il ne nous manquerait que de
vous voir recouvrer la santé, reprendre à la vie, et rester
longtemps encore le chef respecté de nos deux familles
fondues en une seule.

— Pourquoi, reprit M. de Saint-Bertin, pourquoi
mêler de vaines espérances à nos projets? Je meurs,
mais je meurs consolé, je te l'ai dit déjà. Ramène-moi
mes filles; qu'elles posent une dernière fois leurs lèvres
sur mon front; tu les éloigneras ensuite, et tu reviendras me donner ta main, pour que la main d'un véritable ami reçoive la dernière pression de la mienne.

« Jean!... hâte-toi! mes forces s'en vont, l'heure est
proche!... »

Le pauvre père, vieillard avant l'âge, ne se trompait
pas. Quand il eut donné à ses filles un nouvel embrassement, et à ses amis de la ferme un nouvel adieu, lorsque le prêtre rappelé eut murmuré à son oreille une
prière de plus, et posé un crucifix sur son cœur, le mourant se souleva un instant comme pour regarder autour
de lui, saisit le Christ d'ébène, le porta à ses lèvres, prit
la main de Jean, la serra avec force et retomba sans
mouvement.

La vie venait de s'éteindre et de faire place, sur ce lit
funèbre, au mystère de la mort.

VI

SUITE DU PRÉCÉDENT.

C'est ainsi que Marc-Antoine Valady, et son frère
Jérôme, les deux fils de Jean, durent quelques années
plus tard, épouser les deux sœurs orphelines.

Marc-Antoine, fidèle au manoir de Saint-Bertin et à
la culture, continua l'œuvre agricole des siens. Il vécut
des jours heureux dans une union sans nuages avec la
femme de son choix.

Julie de Saint-Bertin, en effet, avait de bonne heure,
même avant la mort de son père, pris goût à la vie
rurale et aux choses de la ferme. Elle associa donc sans
hésitation sa destinée à celle d'un homme d'un esprit
droit et d'un cœur excellent, qui dans sa modeste existence de cultivateur, devait recueillir l'estime de tous.

De ce mariage naquirent deux fils, Fabien, le premier
né, celui que Peau-de-Bique appelait, sans beaucoup de
sympathie comme nous l'avons vu, *le beau Parisien*, et
Armand que nous connaissons déjà.

Lorsque Marc-Antoine perdit sa digne femme, quel-

ques années seulement avant l'époque où nous avons
pris ce récit, elle avait déjà pu voir l'aîné de ses fils
recueillir, dans de nombreux succès de collège, les promesses d'un bel avenir.

Quant à Armand, plus jeune d'un certain nombre
d'années, il fut considéré de bonne heure comme devant
seconder d'abord, et plus tard remplacer son père dans
l'exploitation rurale de Saint-Bertin; et nous aurons
bientôt à dire combien, par toutes sortes de raisons, la
tâche lui devait être difficile.

Amélie, la seconde fille de M. de Saint-Bertin, eut,
elle aussi, les qualités de cœur de sa sœur aînée.

Elle ne fut ni moins pénétrée, ni moins reconnais-
sante de l'affection dont l'une et l'autre s'étaient
senties entourées dans la famille Valady. Il ne serait
même pas entré dans sa pensée que l'une ou l'autre
pût ne point acquitter autant qu'il était en elles, la
dette de gratitude, la dette sacrée que leur avait léguée
leur père. Mais Jean Valady, et son fils Jérôme, à qui
Amélie était destinée, comprirent que la jeune créole,
moins éprise que sa sœur de la vie agricole, ne s'y rési-
gnerait pas sans quelques regrets.

Aussi Jérôme, obéissant d'ailleurs à une vocation décidée, et voulant offrir à celle qui devait porter son
nom, une position qui dût lui plaire, se prépara-t-il avec
ardeur à la carrière militaire.

Après de bonnes études dans une école spéciale, le
jeune fils du fermier de Saint-Bertin était bientôt devenu un brillant officier. Dans un premier séjour en
Afrique, il atteignit promptement au grade de capitaine.
C'est alors qu'il revint à Saint-Bertin, réclamer la main

qu'Amélie lui avait déjà promise, et qu'elle lui gardait comme la douce récompense de ses premiers faits d'armes.

Malheureusement, le bonheur qui semblait sourire aux deux jeunes époux non moins qu'à leurs aînés, ce bonheur d'une union assortie, ne devait pas être do longue durée.

Peu d'années plus tard, Jérôme Valady, déjà décoré, mais impatient d'aller faire consacrer devant l'ennemi, le grade de chef de bataillon qu'il venait d'obtenir, repartait pour l'Afrique, et tombait mortellement frappé, dans un de ces obscurs combats d'avant-garde, où notre brave armée prodiguait alors si souvent l'héroïsme et l'abnégation.

Amélie, sur le point d'être mère pour la première fois, ne devait pas supporter le coup fatal qui lui enlevait l'époux dont elle était si justement fière. Elle mourut en mettant au jour une fille qui ne devait connaître ni son père ni sa mère.

Elle se vit mourir; mais si elle eut de la sorte toute l'angoisse de la séparation, elle trouva du moins dans ceux qui l'entouraient, la consolation suprême qui n'avait pas manqué à son père. La mère mourante, confiait à la généreuse affection d'un couple ami, le soin de veiller sur l'enfant qui devait lui survivre.

Julie sa sœur, et Marc-Antoine frère de son mari, étaient dignes d'une telle confiance; tous deux se dévouèrent de cœur aux devoirs que leur double parenté rendait d'ailleurs faciles et naturels. Ils se considérèrent dès ce moment comme ayant un enfant de plus. Et, d'après leurs projets d'avenir, l'adoption devait plus tard devenir plus complète encore.

Celle qui était deux fois leur sœur à l'un et à l'autre, la pauvre mourante à laquelle ils avaient fermé les yeux, leur avait, en effet, dans son dernier adieu, témoigné le vif désir qu'une nouvelle union vînt, s'il était possible, resserrer un jour les liens déjà multipliés entre les deux branches d'une même famille. Ce vœu devint aussi le leur. Ils résolurent donc, tout d'abord, de faire donner à Fabien, l'aîné de leurs fils, une éducation qui lui permît de prétendre à la main de sa jeune cousine, sans que celle-ci eût à oublier qu'elle était la fille d'un officier supérieur, sans qu'elle eût trop à déchoir du rang où s'était si rapidement élevé son père.

Fabien devait donc être un lettré, un bachelier, un avocat.

Pour Armand, on ne visait pas si haut. Marc-Antoine ne songeait pas à en faire un autre savant. Il entendait cependant que l'enfant reçût, à l'école du canton, une instruction convenable en vue de sa profession future.

Cette instruction, celle que peut donner l'enseignement primaire, celle qu'on peut appeler l'instruction suffisante, elle n'est certes pas de trop pour le cultivateur.

Et il n'est pas question ici, comme quelques-uns pourraient le croire, de savoir seulement lire, écrire et compter. Lire, écrire et compter, c'est le strict nécessaire ; mais la lecture, par exemple, la chose indispensable entre toutes, elle n'est rien par elle-même, elle n'est qu'un simple moyen ; et, si elle n'est qu'un moyen, il faut s'en servir ; il faut l'utiliser assidûment. Il ne suffit donc pas d'avoir appris à lire. Il ne faut point oublier, comme il arrive trop souvent, ce qu'on a appris, ce qu'on a su. Or, pour ne point oublier, il s'agit de lire.

Et qu'on ne croie point que, pour réaliser ce que j'indique ici, il soit absolument nécessaire d'avoir fait des études complètes. Les études complètes exigent de l'argent, du temps, des loisirs dont les hommes qui vivent du travail de leurs mains peuvent rarement disposer.

Non; ce qui est bon, ce qui est essentiellement désirable et ce qui doit suffire, c'est que la famille agricole vive, pour ainsi dire, dans l'intimité avec quelque bon livre. Ce qui est désirable, c'est qu'on lise régulièrement à la ferme, qu'on fasse graduellement des lectures d'un ordre un peu plus élevé, de celles qui agrandissent le cœur et l'esprit. Et cela, bien entendu, sans qu'on néglige les autres lectures qui perfectionnent la science de la profession.

C'est ainsi qu'après avoir commencé par les premiers éléments de la religion, de la morale, de la littérature ou du métier, l'enfant, le jeune homme et l'homme fait lui-même, arriveront constamment un peu plus haut dans l'échelle du savoir, gagneront chaque jour quelque chose de plus dans la notion de ces devoirs supérieurs : la soumission à Dieu, le dévouement aux hommes, l'estime et le respect de soi-même, amélioreront enfin leur condition matérielle et celle des leurs, par la pratique de plus en plus habile de l'art qui les fait vivre.

Telle est l'instruction moralisatrice et véritablement bienfaisante qui convient à tous, qu'il faut souhaiter et conseiller à tous, qu'il faut faire aimer de tous, qu'il faut rendre accessible et facile pour tous.

Et c'était celle qu'à peu de chose près, Marc-Antoine avait reçue lui-même, celle aussi dont il était disposé à se contenter pour le second de ses fils.

Malheureusement, les circonstances ne devaient pas seconder à cet égard les intentions du père de famille. Mal pris dès le début par un maître inhabile, Armand devait rester dans une infériorité absolue pendant toute la durée des cours élémentaires qu'il était appelé à suivre.

VII

L'ÉDUCATION DES DEUX FRÈRES. — M. BARNAVOUX.

Voici du reste comment se passèrent les choses au début de l'éducation des deux frères.

Le village de Saint-Bertin avait possédé pendant quelques années un instituteur jeune, patient autant qu'instruit, dévoué à ses devoirs autant que modeste. Grâce à son zèle, le niveau du savoir s'était promptement élevé dans la commune; et non-seulement les enfants admis alors à l'école avaient appris convenablement tout ce qu'on apprend d'ordinaire sur les bancs, c'est-à-dire qu'ils savaient lire, écrire et compter, mais ils avaient pu se pénétrer, en outre, dans une proportion très-suffisante, des premières notions élémentaires d'une agriculture rationnelle et progressive.

Malheureusement pour le village, les mérites de M. Martin, le jeune instituteur, l'eurent bientôt signalé à la justice de ses supérieurs; et, sans avoir jamais sollicité, il se vit tout à coup appelé à un poste plus élevé.

Or, les fonctionnaires se suivent et né se ressemblent pas toujours.

M. Barnavoux le successeur de M. Martin, était certainement un digne homme; mais, pour son bonheur et pour le malheur d'un grand nombre de ses élèves, il savait le latin. Savoir le latin! il lui semblait que ce fût, à peu de chose près, aussi glorieux que d'avoir du génie. Il empruntait au sentiment de supériorité que lui donnait cette science, la conviction qu'il avait de grands devoirs à remplir vis-à-vis de lui-même et aussi vis-à-vis des autres. Dans les fonctions les plus vulgaires de la vie, il se rappelait toujours à temps qu'il savait le latin.

Qu'il eût à se faire la barbe, à manger sa soupe, à mettre ses lunettes ou simplement à se moucher, il se sentait obligé d'être digne; il voulait être digne et il devenait solennel. En somme, il se traitait lui-même et pensait devoir être traité par les autres avec tous les égards dus à un homme qui sait le latin.

Il comprenait mal que les paysans d'un obscur village ne sentissent pas plus visiblement tout le prix d'un maître tel que lui; qu'ils n'en parussent que médiocrement fiers.

En réalité, les paysans regrettaient M. Martin, et ils avaient bien raison.

J'ai dit que le bonhomme Barnavoux voulait des égards, et il y avait tous les droits du monde, étant, après tout, un brave magister, tout plein des meilleures intentions, sinon des plus rares capacités; mais il eût, en outre, bien accueilli le respect; un peu de vénération même ne lui eût paru rien gâter.

Aussi, ce qu'il ne rencontrait pas, sous ce rapport,

parmi les villageois, il se flattait de l'obtenir tôt ou tard d'un certain nombre de ses élèves, de ceux qu'il aurait pu dégrossir suffisamment, et élever, de la sorte, à une juste et saine notion des choses.

Son rêve donc, c'était de trouver, un jour ou l'autre, au nombre de ses élèves, quelques enfants, un enfant tout au moins, capable de mordre au latin, et dont les parents voulussent bien consentir à ce qu'on fît son bonheur en l'appelant à cette destinée privilégiée.

Oh! si les enfants qu'on lui confiait eussent déjà su lire et écrire, et qu'on eût bien voulu lui permettre de leur enseigner exclusivement le latin, quels merveilleux progrès ne leur eût-il pas fait faire!

Malheureusement, avant de prétendre si haut, il fallait passer par les épreuves ingrates de l'A, B, C, D et des grosses lettres. Il fallait que les enfants apprissent la lecture et l'écriture, hélas! Et c'était là que M. Barnavoux perdait, je ne dirai pas son latin (tant de latin, que cela! était-ce possible?), mais sa patience et son jugement, la petite dose de patience et de jugement que lui avait donnée la nature.

Quelle fête ce fut donc pour la science et pour lui, le jour où le père Valady conduisit ses deux fils à l'école!

Armand, le plus jeune, ne savait rien, il est vrai; il n'avait rien commencé, ni lecture, ni écriture. Mais Fabien, en revanche, Fabien, plus âgé que son frère, avait pu déjà recevoir les excellentes leçons du prédécesseur de M. Barnavoux, et il en avait merveilleusement profité. Fabien savait lire et écrire. Il fallait donc lui enseigner désormais autre chose; et qu'enseigner à un enfant qui savait lire et écrire? que lui enseigner, si ce n'est le latin?

Eh bien, n'était-ce pas au mieux? Le père Valady laissait entrevoir qu'il ne serait pas éloigné de faire de son fils aîné un lettré, qu'il ne s'agissait de rien moins que de préparer en lui une recrue pour le collége, et de le pousser dans ses classes aussi loin qu'il serait possible.

Le zélé M. Barnavoux se contenait à peine.

Pour ne pas sauter de joie, pour ne pas jeter son chapeau en l'air, il lui fallut se rappeler que l'enthousiasme même le plus insensé d'un latiniste érudit, devait ne rien perdre de la gravité et de la dignité de la science.

Mais quelles félicitations il prodigua en même temps au père et au fils !

Le père ! c'était la seule lumière du canton ; lui qui, sans avoir, plus que les autres, l'avantage d'être initié au latin, n'en avait pas moins, seul dans le pays, aspiré pour son fils à l'honneur incomparable dont lui-même avait été privé.

Quant au fils, il serait l'enfant chéri de la science et l'enfant chéri du maître. Il deviendrait à coup sûr la gloire de l'école. Et quel avenir devait s'ouvrir devant lui ! Ah ! M. Barnavoux se chargeait de le mener loin ! et si M. Barnavoux eût possédé le grec, comme on se serait passé du collége ! Par malheur, M. Barnavoux ne savait pas le grec. Mais enfin, avec deux années de collége, Fabien, l'heureux Fabien serait un homme complet ; il serait bachelier. M. Barnavoux aurait la suprême satisfaction qui lui avait manqué jusque-là, la satisfaction d'avoir fait un bachelier, d'avoir donné au monde un vrai bachelier, propre à tout, pouvant arriver à tout. Avocat, médecin, avoué, maître d'étude, notaire, clerc de notaire, ministre; il n'y avait pas encore bien longtemps qu'on avait vu tous les avocats ou presque tous devenir ministres; Fabien, le futur bachelier, n'aurait qu'à vouloir; il serait, il pourrait être tout cela, à son choix.

Voilà quel était l'avenir promis à l'enfant privilégié qui savait lire et écrire. Quant à Armand, il allait se voir bien négligé, bien oublié, bien dédaigné; il allait demeurer terriblement dans l'ombre.

Le maître donna, en effet, tout son temps et tout son zèle à Fabien d'abord, et ensuite à quelques élèves qui, ayant, comme Fabien, commencé à fréquenter l'école au temps de M. Martin l'ancien instituteur, n'avaient point à arrêter le nouveau, plus qu'il ne convenait à sa science, dans les premières difficultés de la lecture. Pour les autres, ils s'en tireraient comme ils pourraient. Le maître mettait sa responsabilité à couvert en disant :

« Ce sont des ânes. Voyez les forts, ajoutait-il, voyez ceux qui ne sont pas dénués de toute intelligence, voyez comme je les pousse. Voyez ce Fabien Valady, un enfant, il est vrai, réellement digne de ce qu'un maître instruit peut et veut faire pour lui; tel qu'on le voit, cet enfant, pas plus haut que ça, monsieur, il saura un jour le latin, monsieur, comme moi !!! Ce sera un bachelier fait de ma main, et un fameux, j'ose le croire ! Pour son jeune frère, Armand, c'est autre chose. Il ne saura jamais le latin, celui-là. Saura-t-il seulement jamais lire? pourra-t-on lui apprendre à lire? Ce n'est pas moi, dans tous les cas, qui voudrais en prendre la tâche à prix fait. »

Qu'Armand dût savoir à peine lire et écrire, et ne rien savoir autre chose quand il quitterait les bancs de l'école, cela n'aurait eu rien de bien surprenant.

Le savant Barnavoux n'enseigna vraiment jamais sérieusement à lire au dernier tiers des élèves de sa classe. Ceux-là furent voués à un oubli complet, et Armand plus encore que tous les autres; le maître se trouvant assez justifié, vis-à-vis de la famille Valady, par les triomphes incomparables de Fabien.

Armand était jugé; sur l'arrêt sans appel d'un sot, l'opinion générale était fixée à son égard.

Quant à Fabien, par les progrès réels qu'il avait faits, et par les conseils ou les éloges exagérés que lui donnait le magister, ses parents se sentirent de plus en plus encouragés à le pousser en avant toujours, dans la voie de ses études littéraires.

M. Barnavoux triomphait pleinement; et, comme on le pense, il avait acquis à la Grand'Ferme une autorité difficile à entamer.

Tout le monde, d'ailleurs, était charmé de l'entendre et heureux de le croire. Tout le monde, excepté pourtant Peau-de-Bique.

« Belles inventions! disait Peau-de-Bique lorsque, par hasard, il avait assisté à l'une des longues dissertations de l'homme au latin. Du latin! des bacheliers! je sais maintenant ce que c'est que les bacheliers; on en a assez parlé dans cette maison, Dieu merci! Et qu'est-ce que nous ferons de ça, bonnes gens! Ah! pauvre père Valady, notre bon maître, on vous en siffle de drôles! On vous fait voir, cette fois, la lune au coup de midi! Oui! oui! faites ce qu'on vous conseille! Changez nos jeunes gens, de bons et honnêtes paysans, en bacheliers sans le sou! Des bacheliers! de jolis mignons, vantards comme le marchand de grammaire et pétris de fainéantise et de vanité. Ça portera des mitaines pour ne pas enrhumer ses pattes blanches; et ça regardera la terre de haut. Comme ça nous aidera à mettre la Grand'Ferme en valeur! Père Valady! père Valady! Ainsi, vous allez avoir, au premier jour, vos garçons en bel habit bourgeois et en gants jaunes, pour qu'ils craignent dorénavant de faner leur drap noir en coudoyant ma vieille peau de chèvre, et de salir leurs gants en serrant votre main!

« Pauvre Saint-Bertin! pauvre vieux domaine! Qu'est-ce que le latin y est venu faire, et pourquoi un animal en habit de savant y est-il plus écouté qu'un homme de bon sens vêtu de peau de bête? Ailleurs, on dit que l'habit ne fait pas le moine; ici, c'est donc l'habit qui fait la bête!

« Foi de Peau-de-Bique! l'avenir leur apprendra quelque chose, mais il sera trop tard....

« Enfin Armand nous reste. Celui-là, on ne nous l'aura pas encore pourri de latin. Il ne sait rien, c'est vrai; il ne sera pas fort en commençant. Mais avec du temps, de la patience et de bons conseils, on pourra en faire encore quelque chose.

« Je n'ai plus d'espoir que de ce côté-là. Faudra voir! C'est égal, tous les imbéciles ne sont pas muets; le maître d'école parle bien et parle longtemps, et parle souvent....»

Ainsi disait, ou murmurait ou grommelait de temps en temps, en phrases entrecoupées, l'irritable et peu patient Peau-de-Bique.

On l'entendait, ou on ne l'entendait pas. En tout cas, malgré toute l'affection que lui portait Marc-Antoine, malgré le bon sens qu'on lui reconnaissait, et le prix qu'on attachait ordinairement à ses avis, il est certain qu'il n'en fut ici tenu aucun compte. M. Barnavoux, nous l'avons dit, avait triomphé sur toute la ligne.

Voilà comme il se fit que quelques années plus tard, tandis qu'Armand demeurait oisif et sans instruction à la ferme ; tandis qu'Hermance la jeune orpheline fille du commandant Valady était mise dans un pensionnat distingué de Paris, Fabien dut aller terminer ses classes au collége du chef-lieu, et s'y fit remarquer, il faut le reconnaître, par des succès rapides et de bon aloi.

Ses études achevées, le jeune homme fut envoyé lui aussi à Paris, pour y commencer son cours de droit, et se préparer à occuper dignement, un jour, la charge importante de notaire au chef-lieu de canton.

VIII

FABIEN A PARIS.

L'ambition de Marc-Antoine Valady pour son glorieux fils n'allait pas au delà; et c'était déjà bien quelque chose. Dans cette position que les talents et l'intelligence de son futur sauraient grandir encore, Hermance la jeune cousine, qui était, comme nous le savons, destinée à Fabien, ne devait-elle pas trouver le bien-être, les relations distinguées et la considération à laquelle elle pouvait prétendre? Mais pour atteindre ce but déjà élevé, combien la famille avait à s'imposer de sacrifices! Et encore, quelle grosse et lourde hypothèque viendrait peser un jour sur le domaine, lorsqu'il s'agirait de trouver les cinquante mille francs que valait l'étude de maître Herbin, le notaire du chef-lieu!

Hélas! l'hypothèque devait même précéder de beaucoup l'acquisition de la charge; et l'on va voir pourquoi. Tout d'abord, les frais de l'éducation d'Hermance, et l'entretien de Fabien à Paris, avaient commencé à absorber le plus clair des revenus de Saint-Bertin. Toutefois, pendant les deux premières années de son cours de droit, notre étudiant avait travaillé avec une ardeur méritoire ; et le travail lui ayant alors servi de sauvegarde contre les entraînements dangereux et les dissipations coûteuses, Marc-Antoine avait pu, sans s'obérer, suffire à toutes les dépenses. Le travail est un bon gardien : qui l'ignore ?

Malheureusement, le jeune homme étendit peu à peu le cercle de ses connaissances ; il retrouva d'anciens camarades de collége plus riches que lui, et céda à la dangereuse tentation de se faire introduire dans leur monde. Là, il devait bientôt se laisser gagner par l'ambition ; il allait se corrompre au spectacle du luxe d'autrui ; et les rêves de l'orgueil et de l'amour-propre vinrent troubler sa raison.

Jeune, capable, intelligent, il fut bientôt enivré par cette sorte de succès facile et d'ailleurs tout à fait sans conséquence, que le monde accorde si volontiers à ce qu'on appelle un jeune homme charmant ; il se persuada sans peine qu'il ne tenait qu'à lui de faire son chemin comme les plus favorisés du sort.

L'avenir modeste mais assuré que son père avait voulu lui créer, lui parut alors bien peu digne d'un mérite tel que le sien.

« Notaire en province ! se disait-il, la belle gloire ! »

Il se représentait en même temps qu'il devait avoir un jour un patrimoine de quelque valeur ; que par son mariage projeté avec sa charmante cousine, cette petite fortune serait plus que doublée, et que, dans une telle situation, ils n'étaient faits, ni l'un ni l'autre, pour aller enterrer au fond d'une ville de troisième ordre les brillantes qualités que donnent l'éducation et l'intelligence.

« Mon digne père, ajoutait-il, ne se rend vraiment pas exactement compte du précieux emploi que je puis et dois trouver à mes facultés.... Faire fortune, devenir un des privilégiés à qui le monde appartient, l'égal de tant de mes camarades qui ne me valent pas, est-ce donc impossible? est-ce même bien difficile? — Ils ont plus de capital, j'ai plus de talent : tout se compense; et nos chances doivent être les mêmes.... Que me faut-il pour réussir? une première mise de fonds suffisante. Que ma famille se gêne quelque temps encore; que la ferme me fasse les avances nécessaires; tout lui sera amplement restitué plus tard; l'avenir est à moi.... »

Voilà par quels raisonnements le jeune ambitieux se justifiait à lui-même les calculs de son égoïsme. Car l'ambition est égoïste autant au moins qu'elle est audacieuse. Elle sera toujours prête à jouer le tout pour le tout; et souvent au besoin, elle jouera aux dépens d'autrui.

Voilà comment les sollicitations que Fabien adressait à son père, devinrent de plus en plus fréquentes. Timidement d'abord, avec insistance et importunité bientôt, le jeune homme multiplia les demandes d'argent.

Le bon Marc-Antoine s'efforça bien de résister; il voulut parler raison; il voulut faire comprendre à l'exigeant Parisien que tous avaient à souffrir de ces appels de fonds réitérés; qu'Armand avait aussi quelque droit à n'être pas toujours sacrifié; que la ferme s'épuisait à la peine, et que l'avenir de tous finirait par être sérieusement compromis. Fabien ne se tint pas pour battu. Il eut, toujours et pour tous, de bonnes paroles et de belles promesses; en un mot il finit par enjôler tout le monde, — tout le monde excepté Peau-de-Bique, s'entend. — Il en résulta que l'on continua à lui envoyer de l'argent aussi longtemps qu'on en eut, et encore après; on vendit, on fit argent de tout, on emprunta.

C'était toujours très-bien — mais ce n'était jamais assez. Fabien recevait avec une gratitude profonde tout ce qu'on lui envoyait; avec une gratitude plus profonde encore, il en aurait reçu bien davantage. Qu'en faisait-il cependant? — Nous allons le voir.

Par une vraie fatalité, les premières opérations très-hardies auxquelles il s'était livré, n'avaient pas été malheureuses, bien au contraire.

Quelques spéculations dans lesquelles il marchait à la suite de gens très-habiles, lui donnèrent de beaux résultats. Mais à mesure qu'il réalisait des bénéfices, il augmentait aussi ses dépenses. Il gagna donc de l'argent mais sans rien restituer à la ferme, et bien loin de là.

Puis il se dit un jour que, si, en engageant une quinzaine de mille francs dans les affaires, il était arrivé pendant un an, à se procurer un gain à peu près égal au capital exposé, il ne s'agirait que de doubler ou de tripler la mise de fonds pour doubler ou tripler aussi les produits; — la fortune était donc là.

Fatal raisonnement qui en a perdu et qui en perdra bien d'autres!...

IX

UN AMI DANGEREUX. — LES MANGEFER PÈRE ET FILS.

J'ai déjà dit que Fabien avait formé successivement de nouvelles et dangereuses relations. Or, au nombre de celles qui devaient avoir sur son avenir une influence particulièrement fâcheuse, il faut signaler entre toutes, la connaissance qu'il fit par hasard, d'un jeune banquier à la mode depuis peu, le bel Oscar Mangefer, originaire lui aussi, de Saint-Bertin ou des environs.

Oscar était le fils de l'un des spéculateurs qui, à l'époque de la Révolution, s'étaient flattés un moment de pouvoir acquérir à vil prix les biens de M. de Saint-Bertin. L'intervention généreuse du père de Marc-Antoine avait, comme on a vu, mis obstacle à la réalisation de ce projet cupide. Or, le vieux Mangefer en conserva toute sa vie contre les fermiers de Saint-Bertin une rancune qu'il dissimula constamment, mais sans jamais l'oublier. La vie de cet ancien meunier enrichi par beaucoup de rapines et suffisamment d'usures, s'était donc passée à convoiter d'abord, à regretter ensuite cette

terre qui ajoutée à celle qu'il possèdait déjà, l'eût con-
stitué possesseur du tènément le plus étendu et le mieux
conformé de tout le département.

Les Valady, par le fait seul de leur acquisition, étaient
devenus à ses yeux des spoliateurs. Aussi pendant longues années, avait-il assidûment surveillé la Grand'-
Ferme, cherchant s'il ne trouverait pas enfin la brèche
par où pût y pénétrer sa vengeance, pour y porter la
ruine. L'occasion de nuire à cette famille qui, disait-il,
avait méchamment détruit ses plus chères espérances,
lui ayant, à son grand regret, toujours manqué, il avait
voulu croire que son fils Oscar serait quelque jour plus
heureux. Il s'efforça, en conséquence, d'inspirer à ce fils
toute sa haine; et le bien-aimé Oscar fut élevé dans
l'idée que Saint-Bertin devait lui appartenir tôt ou tard;
que si le manoir et la Grand'Ferme appartenaient à d'autres, c'est que des manœuvres déloyales avaient traversé
les légitimes ambitions de son père.

« Garçon, avait coutume de dire le vieil usurier enrichi à son digne fils, très-bien préparé de son côté, d'instinct et de nature, à comprendre et goûter de tels conseils; garçon, il faut être riche avant tout. Plus on a
d'argent, plus il est facile d'en gagner encore. Les écus
de celui qui a peu, viennent à celui qui a beaucoup,
presque sans qu'il s'en mêle. Adonc, enrichis-toi; personne ne te fera la loi; tu pourras la faire à bien d'autres. Puis, si l'occasion s'en présente, tu nous vengeras;
tu nous vengeras des Valady, par exemple; des gueux
qui nous ont escamoté Saint-Bertin, qui habitent nôtre
château, parbleu! Oh, mais tu l'auras; il faudra bien que
tu finisses par l'avoir un jour, le château! Et pour l'a-

voir, sois riche. Quant à moi, tu verras ça plus tard, j'aurai mis en bon train la chose. Fais ton droit : sois ferré sur ton code. Le code, vois-tu, c'est sacré. Lorsqu'on a son code dans la tête aussi bien qu'un enfant sage y met son alphabet, on connaît à fond le bien et le mal. On sait tout ce qui est défendu et ce qui est permis. On est vraiment prêt pour les affaires. Étudie le code et pars de là. Fais fortune sans quitter le code des yeux ; car enfin, garçon, il faut être honnête ; et ce n'est pas moi certainement qui te dirai de t'exposer jamais à avoir des difficultés avec la justice, bien au contraire, grands dieux ! Personne dans notre famille, jamais, au grand jamais ! personne n'a eu l'infamie de s'y laisser prendre. C'est qu'on est honnête de père en fils chez les Mangefer ; ni assez mouton pour se laisser tondre par le voisin, ni assez sot pour donner dans la laine du voisin un coup de ciseaux où le procureur impérial pût trouver quelque chose à dire. En résumé, retiens bien ceci : la crainte du procureur impérial c'est le commencement et la fin de la sagesse ; le respect du code, c'est le commencement et la fin de la vertu. Respecte le code comme on respecte le feu, — car ça brûle ; — et enrichis-toi…. »

Ainsi disait le vieux Mangefer. Peine inutile, du reste, et paroles perdues. Le vieux prêchait un converti. Dès sa vingtième année, le bel Oscar ne rêvait qu'à s'enrichir par tous les moyens quels qu'ils fussent. Et pendant que l'un parlait des écus qu'il devait laisser un jour, l'autre se demandait tout bas si ce jour se ferait éternellement attendre. Calculs affreux d'un fils pervers ; trop juste châtiment des leçons prodiguées à ce fils par un père digne de lui !

Voilà donc dans quelles dispositions Oscar Mangefer avait quitté son village pour aller travailler à Paris, d'abord dans une étude d'huissier, puis dans une étude d'avoué, et enfin dans une étude de notaire.

A la mort de son père, Oscar avait suivi de point en point les conseils dont il avait été nourri. Comme le plus vieux routier de la chicane, il connaissait ce qu'il appelait les bons coins du code, c'est-à-dire les impuissances, les lacunes de la loi. Aussi, lorsqu'à la tête des cent cinquante mille francs qu'il trouvait dans la succession paternelle, il résolut de suppléer par beaucoup d'audace aux capitaux qui lui manquaient encore, suivant l'expression familière employée à son sujet dans les trois études où il avait passé successivement, Oscar Mangefer *les savait toutes;* c'est-à-dire qu'il possédait, avec toutes les habiletés d'un charlatanisme effronté, toutes les roueries à l'aide desquelles on croit pouvoir, et l'on peut quelquefois long-temps, frauder la justice et cheminer impunément en contrebande, à travers les embûches du code pénal. Il est sans doute inutile de dire que le fils du meunier devenu banquier ne commença pas par faire de très-grosses affaires. Confiné dans un quartier peu brillant, c'est au petit commerce qu'il consacra d'abord ses services. Il se produisit au début, comme un agent, comme un associé secondaire d'une compagnie financière ayant pour objet principal les assurances de toute nature. Mais il ajoutait qu'à ses risques, c'est-à-dire pour son compte, il était autorisé, et disposé à venir quelquefois en aide, par des prêts directs ou par l'escompte de leurs signatures, à de petits négociants honnêtes, que le défaut de capital empêchait seul d'entre-

prendre des opérations plus étendues et plus fruc-
tueuses.

La compagnie, les assurances, tout cela était de son
invention. Il opérait sur ses propres fonds; mais il trouvait dans cette combinaison mensongère le moyen de tirer deux moutures d'un même sac.

Il cumulait les profits de banquier et ceux de commissionnaire. Les droits qu'il s'imputait comme droits de
banque, pouvaient paraître modérés. Mais les prêts
étant à très-courte échéance, les droits de commission se
renouvelaient souvent; si bien que le capital accumulé
par le père Mangefer finissait, par rapporter, bon an,
mal an, de trente à quarante pour cent.

Grâce à cette usure habilement déguisée, grâce à cette
banque sans frais qu'il semblait exercer en amateur, et
presque uniquement pour le plaisir de rendre service à
d'anciens clients des trois études où il avait appris tout
ce qu'il voulait apprendre, maître Oscar trouvait encore
parfois le moyen de se faire remercier cordialement par
ceux-là même qu'il avait le plus rudement exploités.

D'ailleurs, il était, quant aux apparences, ce qu'on
appelle un bon enfant. Bon vivant, bon compagnon à
table, beau joueur, payant bien, sachant dépenser à
propos, et tirant gaiement sa bonne part de la dépense,
c'était certainement au fond un usurier très-dangereux;
mais ce n'était pas un avare déplaisant.

Frais, rose et dispos, bien taillé, bien découplé,
était plutôt beau garçon qu'autre chose; il avait le|mot
pour rire, de belles dents à montrer quand il riait,
avec de belles dents, la manière de s'en servir.

Ainsi partagé pour l'extérieur, et quant au moral débarrassé aux trois quarts du fardeau gênant de la conscience ; adroit, intelligent, né presque riche, le bel Oscar n'avait eu qu'à aller gaiement dans la vie comme dans les affaires, et il avait prospéré sans effort.

A l'époque où nous avons à nous occuper de lui pour la première fois, c'était un homme de trent-huit à quarante ans, qui paraissait en avoir tout au plus trente-cinq.

Déjà depuis cinq ou six ans il avait quitté sa rue obscure, et il s'était logé dans un quartier à la mode.

Le chiffre de ses affaires s'était progressivement élevé ; et à partir de ce moment, M. Mangefer était devenu à peu près un véritable banquier, un homme presque considéré dans un certain beau monde qui n'y regarde pas de très-près.

C'est alors qu'il se rencontra avec Fabien Valady, au moment même où celui-ci, jeune homme réputé intelligent, et déjà répandu, se laissait follement enivrer de ses premièrs succès et s'aventurait bien imprudemment dans des spéculations périlleuses.

Mangefer resté, sans effort, fidèle à toutes les mauvaises inspirations de son père, comptait certainement, un jour ou l'autre, s'occuper des Valady, et s'en occuper à leur grand dommage. Il aspirait, comme avait fait si long-temps le peu estimable auteur de ses jours, à installer sa personne et sa fortune, sa femme, s'il devait prendre femme, dans ce manoir de Saint-Bertin qui lui semblait à lui aussi un bien de famille. Mais s'il avait gardé bien présentes en pareille matière les instructions de monsieur son père, il savait jusqu'à nouvel ordre dissimuler sa pensée. Il se posa donc en compatriote dé-

voué, presque en patron et en protecteur du jeune Valady;
il lui offrit ses conseils, son crédit; il finit par lui offrir
sa bourse.

« Rencontrer un enfant de Saint-Bertin, de ce cher
village qu'on ne peut pas oublier; rencontrer un compatriote et pouvoir l'obliger n'était-ce pas un vrai bonheur
pour un homme qui avait passé dix années de sa vie de
Paris à regretter la terre natale, et qui vers sa vingt-
cinquième année, avait failli mourir du mal du pays?... »

Fabien n'avait aucune raison de se méfier d'une amitié si chaude, et de voir un piége dans ces offres faites
avec une cordialité si touchante. Il n'avait même jamais
su que le vieux Mangefer eût autrefois songé à devenir
le maître de la Grand'Ferme; à plus forte raison ignorait-
il la haine et la cupidité toujours vivantes que le père
avait léguées à l'âme perverse de son fils.

La jeunesse, d'ailleurs, est confiante; aussi Fabien
se laissa-t-il entraîner peu à peu à accepter les inspirations d'abord, et plus tard, quand vinrent les moments
difficiles, les offres d'argent de Mangefer.

Celui-ci semblait d'ailleurs se considérer comme
l'obligé de son jeune compatriote. « L'avenir est à vous,
lui disait-il. Avec votre intelligence des affaires, avec ce
talent de parole qu'on a déjà remarqué, vous irez loin.
Vous êtes fait pour les hautes positions des grandes ad-
ministrations financières; et vous pourrez, certes, si
vous le voulez, me rendre un jour des services bien autrement sérieux que les avances insignifiantes dont, je
l'espère, vous voudrez bien user à votre entière conve-
nance. »

Notre homme se gardait bien d'ajouter tout haut ce

qu'il murmurait tout bas; mais voici comment il complétait sa pensée : « Prends toujours, mon garçon, prends; mets la main dans mon coffre; ce sera comme un engrenage; où sera la main le corps passera. Grâce à la procuration du père Valady (Fabien avait fini par être nanti d'une procuration générale de son père pour le déplacement des capitaux d'Hermance), je vous tiens tous, je tiens Saint-Bertin. Puise dans mon sac; ce sont des arrhes que je donne pour mon achat; ce sont de belles et bonnes hypothèques que je prends moi-même. »

Fabien arrivé à la crise préparée de longue main contre lui, pressé par les engagements énormes qu'il avait pris sans calculer ses ressources, Fabien, qui avait tiré de la maison paternelle tout ce qu'elle pouvait donner et plus encore, ne sut pas résister aux offres perfides du banquier Oscar; et comme disait Oscar : « On les tenait! les Valady étaient pris. »

X

COMMENT LES AFFAIRES CONTINUAIENT A SE GATER
A LA GRAND'FERME.

On voit en quelles mains Fabien était tombé ; on devine aussi sans peine sur quelle pente, au bord de quel gouffre la famille entière était prête à glisser ; et il n'est pas besoin de montrer avec plus de détail comment le contre-coup des œuvres de Fabien s'était fait sentir à la Grand'Ferme.

Une exploitation où le capital nécessaire avait graduellement manqué ; où le blé, c'est bien le cas de le dire, se mangeait depuis longtemps en herbe ; où les récoltes étaient constamment vendues par anticipation, devait arriver promptement à l'irréparable détresse qui précède la ruine absolue.

Qui songerait à s'en étonner ? Il serait bien plutôt permis d'être surpris que les choses eussent traîné si longtemps ; que les intéressés eussent pu jusque-là se faire illusion sur leurs propres affaires, et qu'un si fâcheux état de choses eût échappé, en grande partie, du moins, à l'œil d'Armand le fils de la maison présent sur les lieux mêmes. Il est vrai qu'Armand n'y regardait pas de très-près, bien s'en faut.

Mais il y a dans les infortunes humaines une heure où ce qu'on nomme la catastrophe, et ce que Peau-de-Bique appelait, plus simplement et non moins énergiquement, la débâcle, semble se précipiter vers un brusque dénoûment.

Alors les plus distraits eux-mêmes et les moins clairvoyants s'effrayent, mais trop tard, en face de la ruine prochaine qu'ils n'ont su ni deviner ni prévoir.

C'est ce qui était arrivé pour Armand dans la soirée mémorable où, comme nous l'avons déjà raconté, les gens de la ferme, poussés à bout, si on peut le dire, par l'impossibilité d'aller plus loin et de dissimuler plus longtemps, mirent pour la première fois la réalité complétement à nu devant le père et le fils.

On s'étonnera peut-être que les domestiques eussent gardé le silence jusque-là, et qu'aucun d'eux n'eût marqué quelque dévouement pour cette maison où quelques-uns d'entre eux étaient nés. Mais les domestiques attachés par une véritable affection à leurs maîtres deviennent malheureusement tous les jours plus rares. Comment, d'ailleurs, eût-on, sans injustice, exigé plus de zèle de ceux-ci, quand le fils de la maison, tout le premier, négligeait sans cesse les intérêts qui auraient dû le toucher plus que personne ?

Règle générale : l'insouciance des maîtres explique l'incurie des serviteurs. Là où le patron fait largement la sieste, tenez pour certain que les domestiques font, l'après-dîner, un fier somme à la grange. Quand le chef de la ferme perdra douze heures par jour à chasser, les laboureurs seront presque raisonnables s'ils ne perdent que trois heures à flâner.

Le vieux Peau-de-Bique était donc le seul, à la Grand'-Ferme, qui eût conservé pour les maîtres un attachement réel et une fidélité touchante. Seul aussi, il n'avait pas pris son parti des calamités qui semblaient inévitables désormais.

Pour les autres, la plupart se demandaient où ils pourraient se placer ailleurs. Mais, nous le répétons, ils avaient gardé jusque-là le silence de l'indifférence, facilement résignés qu'ils étaient aux désastres que tous voyaient venir sans les vouloir attendre.

Toutefois, lorsque, dans le cours des semailles, les choses allant de mal en pis, la récolte à venir parut gravement compromise, Grand-Jean le semeur sentit qu'il se trouverait, lui surtout, exposé plus tard à un grand blâme, et qu'il allait risquer sérieusement de se nuire s'il continuait à se taire. C'est ainsi qu'après avoir hésité bien des fois, il fut enfin conduit à faire les révélations dont Armand devait être si vivement et si justement alarmé.

Quant au père Valady, il n'avait appris, dans cette circonstance, que ce dont il se doutait déjà plus qu'il n'eût voulu se l'avouer à lui-même.

Marc-Antoine avait été, en son temps, sinon un agronome habile, au moins un cultivateur soigneux. Sans avoir créé de grandes choses, sans avoir introduit beaucoup de nouveautés dans sa culture, suppléant à ce qui lui manquait, en fait de science, par l'assiduité et la régularité du travail, il avait su, tant que durèrent sa force et son activité, faire aussi bien que ceux qui avaient fait le mieux avant lui ou qui faisaient le moins mal autour de lui.

En deux mots, n'ayant rien amélioré grandement, il n'avait certes rien laissé dépérir.

Au bon temps, le domaine, réputé le plus important du canton, avait donc produit constamment des récoltes ordinaires, des récoltes moyennes en qualité comme en quantité, mais régulières et suffisantes pour les besoins de la famille et de la maison.

Il se vendait peu de choses; on faisait, par conséquent, peu d'argent; juste peut-être ce qu'il fallait pour payer les impositions, l'entretien de chacun, l'éducation inégalement dispendieuse des deux fils et les gages des domestiques. Mais, sans qu'on pût songer à mettre rien à l'épargne, il y avait eu encore là une sorte de prospérité; et, comme nous l'avons dit, ç'avait été le bon temps.

Malheureusement, Marc-Antoine avait vu venir prématurément la vieillesse, et avec la vieillesse des infirmités sérieuses. Après un demi-siècle de labeurs assidus dans des terres mal assainies, le digne vétéran du travail était atteint de rhumatismes violents qui le condamnaient trop souvent au repos absolu. Pour comble de calamités, sa vue allait s'affaiblissant chaque jour. Le médecin, en dernier lieu, lui avait interdit toute sortie; il devait éviter avec soin le grand air sous peine de devenir complétement aveugle en peu de temps.

Dès que sa santé avait commencé à s'altérer gravement, c'est-à-dire environ trois ans avant l'époque où nous voici parvenus, Marc-Antoine eût bien voulu se décharger, peu à peu, sur Armand, du fardeau de sa gestion culturale; il eût aimé à voir le jeune homme

actif et robuste mettre à profit les dernières leçons de
l'expérience paternelle. Le père et le fils se fussent ainsi
complétés l'un par l'autre ; et l'exploitation eût eu, dès
lors, le double avantage d'une surveillance assidue donnée
par le fils, d'une direction expérimentée continuée par le
père.

Mais, pour bien des raisons, l'exécution de ce programme, si sage en apparence, était devenue de plus en
plus difficile.

Et d'abord l'exploitation, mise, comme nous l'avons
dit, au pillage pour les besoins de Fabien, était cruellement gênée. L'argent, c'est facile à croire, manquait
plus souvent qu'il n'eût fallu, plus souvent qu'on n'osait
le dire. En de telles conditions, Marc-Antoine pouvait-
il exiger d'Armand que celui-ci acceptât la tâche avec
quelque courage, avec le désir et aussi l'espoir suffisant
de bien faire ? Vouloir qu'un débutant se mît à l'œuvre
des améliorations urgentes et nécessaires, quand on était
à peu près à bout de ressources, quand il fallait, au jour
le jour, vivre d'expédients ou de privations, n'eût-ce pas
été demander réellement l'impossible ?

D'un autre côté, le père trop faible, sciemment trop
faible pour l'aîné de ses fils, se croyait tenu, en équité,
de se montrer bien indulgent tout au moins, pour
l'autre. Après avoir cédé tant de fois si imprudemment,
si follement même aux prétentions du premier, après lui
avoir sacrifié, pièce à pièce, ce capital qui eût été pour le
présent si indispensable au fonctionnement régulier de la
ferme, Marc-Antoine se regardait comme ayant, jusqu'à
un certain point, perdu le droit d'imposer au second une
volonté quelque peu rigoureuse.

Enfin, et c'était là peut-être encore le pire, Armand portait la peine de sa première éducation si complétement manquée.

De l'aveu de tous, Armand était le garçon le plus droit, le meilleur, le plus dénué de toute jalousie, le plus serviable et le plus dévoué qui se pût rencontrer. Il adorait son père; il affectionnait tendrement son frère malgré toutes les préférences dont celui-ci avait été constamment l'objet. Il avait eu plus d'une occasion de se rendre utile à autrui, en faisant preuve à la fois d'intrépidité, de résolution, de présence d'esprit. On lui reconnaissait de grandes qualités de cœur et de caractère; mais il restait avéré pour tous que son intelligence était au-dessous de l'ordinaire.

Ne parlant pour ainsi dire, jamais, à moins que ce ne fût au milieu des siens, il avait du moins l'avantage que ant de gens d'esprit dédaignent trop souvent, de n'avoir jamais dit une bêtise; et cependant ses camarades, sans le moindre mauvais vouloir contre lui, tout en lui rendant pleine justice à tous autres égards, auraient volontiers, pour exprimer l'idée d'une complète incapacité, dit en forme de proverbe :

« Bête comme le brave Armand. »

— Bête comme Armand, » tout le monde avait dit ou pensé cela; tout le monde, excepté son père dont l'affection ne pouvait le juger si sévèrement; excepté aussi Peau-de-Bique.

Peau-de-Bique, pour sa part, souriait dédaigneusement, chaque fois qu'on parlait devant lui de la supériorité éclatante de Fabien comparé à son frère. Or le vieux pâtre, tel que nous le connaissons, avait en ses propres lumières une confiance très-grande ; il s'en fallait de fort peu qu'il ne se regardât comme infaillible ; et quand il avait dit son avis, ceux qui soutenaient un avis contraire lui paraissaient bien près d'être absurdes.

Certainement il avait grand tort d'être ainsi ; mais qu'y faire ; il était comme cela. « C'était, disait-il, à prendre ou à laisser » ; et il ne songeait pas le moins du monde à changer.

Ce qu'on trouvera peut-être plus singulier, c'est qu'ayant pour ses jugements un respect si visiblement excessif, il eût su faire partager ce respect à beaucoup d'autres. Il ne manquait vraiment pas de gens dans le canton, pour qui ces quatre mots : *Peau-de-Bique l'a dit !* avaient la valeur d'une très-bonne raison, d'un argument à peu près sans réplique.

Mais, pour le moment, il nous suffira de savoir que l'avis de Peau-de-Bique au sujet de son jeune maître n'était pas du tout conforme à l'avis de tout le monde ; et que cette opinion hautement professée, et par conséquent bien connue, empêchait seule quelques personnes de se prononcer sur Armand avec la même rigueur que les autres.

XI

LES JOIES D'UN FRANC CHASSEUR.

En réalité, Armand était profondément ignorant, de cette ignorance absolue qui ne se doute même pas qu'il lui serait facile d'apprendre quelque chose.

Il ne se faisait pas la première idée des transformations merveilleuses que l'intelligence peut accomplir sur elle-même, par l'étude et la volonté. Il était convaincu de son impuissance radicale à s'instruire ; et il s'était résigné ; il ne prétendait plus à rien sous ce rapport, car tout lui semblait l'impossible. De là une timidité facile à comprendre ; de là surtout cette profonde défiance de lui-même dont nous avons déjà dit un mot, et qui semblait compléter l'homme en lui donnant toutes les apparences de la sauvagerie et de la nullité.

Le jour donc où ce jeune et vigoureux garçon dont l'esprit s'assoupissait dans le désœuvrement, reçut de son père, un fusil et la clef des champs, dès ce jour-là même, la chasse c'est-à-dire la liberté, la solitude, l'espace enfin ouvert devant ses pas, la chasse devint pour lui une passion, une ivresse, une folie, une véritable fureur.

Ni halte ni repos; ni paix ni trêve. Il donnait à la chasse ses jours tout entiers et une bonne part de ses nuits, car s'il rentrait à la nuit, il partait, en revanche le matin bien avant qu'il ne fût jour.

Comme il se trouvait à l'aise, notre intrépide chasseur, et heureux et oublieux de toute autre chose, lorsqu'il marchait résolûment à travers la campagne, accompagné de ses deux beaux chiens si souples, si dociles, bientôt si parfaitement dressés, et avec lesquels il n'avait pas, du moins à rougir, de n'être lui aussi qu'une bête.

Comme il jouissait, pour ainsi dire à son insu, presque sans y penser, de la beauté des vastes ombrages, de l'âcre senteur des bois, des profondeurs obscures de la forêt, des rumeurs vagues de l'écho, des grondements lointains du torrent, de toute cette vie, enfin, de tout ce charme des grands paysages !

Et que de gibier immolé !

Armand était devenu un maître chasseur de première force, parce qu'il avait porté dans cet art deux choses qui vont rarement ensemble : la passion et la réflexion. De plus, il avait l'instinct de l'observation; et, sans qu'il s'en doutât le moins du monde, il possédait en ceci une qualité qui trouvant enfin à s'exercer, ne fût-ce que dans un ordre tout à fait secondaire, devenait une véritable supériorité. Il avait donc un succès constant à la chasse; et il trouvait du gibier là même où d'autres en auraient cherché vainement.

D'ailleurs, quand il n'y en avait plus autour de lui, plus loin il y en avait encore. Et dix, douze et quinze lieues de marche ne l'étonnaient guère. Son coup portait toujours. C'était comme en se jouant, avec une aisance et un sans façon merveilleux qu'il avait tiré, tué, et rechargé son fusil; et qu'il allait ensuite, lentement mais comme à coup sûr, ramasser le gibier abattu. On eût dit vraiment qu'il faisait coup double tout en s'occupant d'autre chose. Il ne s'occupait pourtant de rien autre chose que la chasse; pour mieux dire, il n'y songeait même pas; mais il jouissait pleinement. Il sentait, et ne pensait pas. Et il était en somme, parfaitement heureux.

Il n'avait certes pas besoin de compagnons. Toute société l'eût gêné, en troublant les satisfactions si complètes qu'il éprouvait dans sa chère solitude.

Parfois, à l'heure de la halte du matin, ou encore au soleil couchant, avant d'avoir songé au retour, il rencontrait l'ami Peau-de-Bique; et, par exception en ce cas, la rencontre était loin de lui déplaire.

C'était la seule distraction qu'il pût souffrir dans le cours de cette vie de chasseur, constamment la même et dont il ne se lassait cependant jamais.

Le vieux pâtre marchait lentement derrière son troupeau, tandis que le troupeau lui-même s'arrêtait en s'éparpillant dans quelque coin de pâtis plus herbeux.

Le pâtre apercevait Armand et faisait quelques pas de son côté; mais Armand plus rapide, l'avait déjà rejoint.

« Bonsoir bonne vieille Peau.

— Bonsoir massacreur de bêtes. »

Et tous deux s'asseyaient à l'ombre de quelque chêne.

Ils causaient longuement, et leurs entretiens duraient quelquefois des heures entières.

Peau-de-Bique racontait ses campagnes de vieux soldat sous le grand Empereur. Armand racontait ses
prouesses de chasseur.

Souvent aussi Peau-de-Bique signalait à son jeune
ami, nous pourrions dire à son élève, quelques faits curieux, intéressants ou utiles à remarquer. Il pronosti-
quait le temps à venir; et il ne se trompait guère.
Il *devinait*, comme on dit au village. Il devinait le
temps, la rigueur probable des saisons, les changements plus ou moins soudains de la température. Et ce
n'est pas qu'il fût ou prétendît être *devin* ou *sorcier*.
Les sorciers sont des imposteurs qui exploitent la crédu-
lité du voisin. — Peau-de-Bique n'était pas sorcier.
Mais il était lui aussi, et même au plus haut degré, un
observateur perspicace. Enfin, pour nous servir d'une
expression usitée dans les campagnes et qui dit bien ce
qu'elle veut dire, il avait *beaucoup de remarque*.

Les yeux constamment ouverts sur la nature, il avait
pénétré quelques-unes de ses secrets.

Il faisait donc connaître à Armand ce que l'expérience
lui avait révélé à lui-même. Il lui expliquait sa manière
d'observer et le résultat de ses observations. Il lui enseignait quels effets seraient produits par telles et telles
causes; il lui apprenait à consulter le ciel, les astres, la
lune, les étoiles; il disait quelle signification pouvaient
avoir leurs différents aspects; quelles indications on peut
demander à ce qu'on appelle les Météores: le vent, la
pluie, le brouillard, les nuages; et quelles indications
encore peuvent fournir les animaux, les oiseaux, les in-
sectes, les reptiles, par leurs habitudes, par les manœuvres diverses et les précautions de tout genre que leur

suggère l'instinct, contre la pluie ou l'orage, contre la neige ou la gelée, contre la durée de l'hiver, ... etc.

Le vol de l'hirondelle, le coassement de la grenouille, le cri du crapaud, les évolutions d'une fourmilière, le mouvement et l'agitation des abeilles, autant de signes à étudier, autant de signes que l'homme familiarisé avec les contemplations de la nature, et habitué à bien observer, interrogera presque toujours utilement.

Souvent aussi le vieux pâtre parlait au jeune homme de choses qui auraient dû toucher celui-ci de plus près.

Suivant les lieux du domaine où ils s'étaient arrêtés, Peau-de-Bique signalait sur place, et en examinant l'endroit même, les inconvénients ou les avantages de la culture. Ce champ était bien exposé ; la terre en était profonde, substantielle et de bonne qualité ; il eût été certainement facile, après un épierrement et un défoncement convenable, d'y faire prospérer une vigoureuse luzernière ; et quel avantage n'était-ce pas dans une exploitation qu'une luzernière en plein rapport ? Ce pâturage était misérable et d'un maigre produit ; il donnait plus de jonc que de bonne herbe. Un berger ignorant de son métier, qui eût conduit là son troupeau, sans précaution, pendant huit ou dix jours de suite, aurait certes bien vite vu son troupeau atteint de la *pourriture*. Et cependant, rien de plus facile que d'améliorer ce joli lopin de pâture, en creusant un fossé tout au milieu et en faisant de chaque côté deux ou trois branches de rigoles d'assèchement ou *pierrées*.

Ce tertre inculte qui faisait dos d'âne au sommet de cette prairie, la meilleure du domaine, ce tertre, c'était simplement un atterrissement ou amas de terre formé par les eaux qui, d'année en année, recouvraient l'ancien gazonnement. Le tertre si désagréable à la vue et si improductif, c'était donc une énorme provision d'excellent terreau accumulé par le temps, et qui servirait à fumer merveilleusement un hectare au moins de prairie, quand on voudrait niveler le sol en cet endroit.

Cette haie enfin, qu'on ne châtrait jamais et dont les racines affamées, gagnaient toujours plus avant dans les terres, elle dévorait le champ. Et le champ, si on laissait faire la haie, ne vaudrait bientôt plus qu'on se donnât la peine de le cultiver.

Peau-de-Bique indiquait de la sorte, en peu de mots, et pour ainsi dire au hasard de la rencontre et de l'occasion, quelque amélioration urgente qu'on aurait pu exécuter à peu de frais, et dont Armand aurait dû, sans doute, s'occuper sans retard, s'il eût eu la volonté de bien faire.

Malheureusement, sans contredire jamais le pâtre, et tout en comprenant même très-bien ce que disait celui-ci, le chasseur écoutait la leçon mais n'en profitait guère. Il restait chasseur comme devant; et pour les raisons que nous avons déjà dites, il ne songeait pas un instant à se mettre à l'œuvre du progrès agricole.

Déjà dequis quelque temps, à l'époque où nous avons commencé ce récit, le pâtre terminait chacun de ses entretiens par quelques paroles d'avertissement plus sérieux. — En dernier lieu même, le vieux serviteur fidèle ne s'était pas gêné pour y joindre à demi-mot quelques reproches sévères.

Mais Peau-de-Bique n'aimait pas les paroles perdues; il ne voulait parler que pour être écouté, et ne donnait de conseils que pour qu'ils fussent suivis. Il tournait facilement le dos à quiconque n'était pas promptement convaincu. Si bien qu'au temps dont nous parlons, dans les dernières semaines surtout, il n'avait pas recherché beaucoup la rencontre d'Armand.

Armand de son côté, sentant très-bien ses torts, et peu jaloux de s'exposer aux semonces de plus en plus vertes de son vieil ami, n'avait pas fait grand effort pour se trouver bien souvent face à face avec lui.

Les deux amis se boudaient un peu. — Voilà ce qu'il nous faut avouer à regret.

Cependant, quand les choses prirent une tournure de plus en plus fâcheuse à la ferme, Peau-de-Bique comprit la nécessité de parler une fois pour toutes sans ména-gement, et de dire, bon gré mal gré, toute la vérité.

C'est alors qu'eut lieu, comme le lecteur se le rappelle encore, l'entretien nocturne du pâtre et du chasseur. C'est alors que le pâtre avait annoncé des malheurs prochains, et qu'il avait été trop bon prophète.

XII

CONSULTATION.

Après ces explications nécessaires, reprenons maintenant notre récit au point où nous en étions restés lorsque nous avons cru devoir jeter un rapide coup d'œil sur le passé, et faire connaître au lecteur les antécédents de Saint-Bertin et la famille Valady tout entière.

On a pu deviner quel triste réveil attendait Armand au lendemain du jour où, la pensée cruellement agitée par les révélations de tous les domestiques, il s'était endormi d'un bien mauvais sommeil, devant un feu éteint.

En novembre, les nuits sont longues; et le soleil se lève tard quand il se lève. Le jour n'avait point encore paru lorsque notre jeune homme se réveilla. Il était transi; et après quelques minutes de réflexion, lorsqu'il eut recueilli dans son souvenir toutes les impressions de la veille, il se sentit profondément découragé.

Bientôt, néanmoins, songeant aux causes nombreuses qui pouvaient avoir préparé la ruine de la Grand'Ferme, loyal et bon comme il était, il arrêta surtout sa pensée

sur ses propres fautes. Cette sorte d'examen de conscience lui révélait, en l'aggravant peut-être, la part
qu'il avait à s'imputer à lui-même dans le désastre de sa
maison. Se jugeant enfin pour la première fois, avec
une sévérité rigoureuse, il se reprochait amèrement sa
longue incurie et ses fatales négligences.

Il comprenait, il voyait, comme il ne l'avait jamais vu
jusque-là, ce qu'il aurait pu, ce qu'il aurait dû faire ; et
ses profonds regrets devenaient presque des remords,
lorsqu'il se répétait que son vieux père serait, hélas ! la
première victime des événements dont tous étaient me-
nacés ; lorsqu'il songeait surtout que le digne vieillard
n'avait pas devant lui ce long avenir qui permet au
malheur lui-même d'espérer et d'attendre des jours
meilleurs.

Mais il arrive des moments dans la vie, où le repentir
et la bonne volonté, où la droiture et le dévouement ne
sauraient suffire à réparer les fautes du passé. — Armand venait enfin de l'apprendre.

« Quoi ! se disait-il, est-ce vraiment possible ? Lui,
mon père, mon bon père !... ruiné, exproprié, chassé de
ce domaine où s'est écoulée si paisiblement et si ho-
norablement sa vie ; de cette demeure qui rappelle toutes
les joies de son passé, qui renferma toutes les affections
de son cœur, où ses pères sont morts, où ses enfants
sont nés, où le souvenir de ma pauvre mère est partout !... Quelle mortelle douleur ! Oh ! que n'ai-je cru
plus tôt à tout ce que disait le vieux pâtre ?

« Si j'avais écouté ses leçons, si j'avais consenti à
m'instruire auprès de lui, combien il m'eût appris de
choses que j'ignore !

« Et je ne puis pas dire qu'il ne s'y soit pas offert ; il m'a assez poursuivi de ses reproches et de ses railleries sur ma répugnance à étudier ce qui devait m'être utile. Je suis vraiment bien coupable, et tout cela est bien ma faute, ô mon Dieu !

« Du moins, même à la veille de la ruine, de cette ruine qu'il annonce depuis longtemps, Peau-de-Bique ne me refusera pas ses conseils. Je l'ai contristé, j'ai paru dédaigner les avertissements de sa vieille amitié ; mais s'il a un bon avis, s'il entrevoit encore un moyen de nous tirer d'affaire, il me dira certainement son secret. Allons trouver Peau-de-Bique !... »

Et le jeune homme, livré aux plus tristes réflexions, se dirigea d'un pas incertain, presque timide, vers le champ en friche où il savait rencontrer le vieux pâtre et son parc et sa hutte.

Il était déjà huit heures du matin, mais il faisait petit jour encore. Les collines et les arbres les plus élevés trouaient de leurs cimes la brume grise qui pendait çà et là comme un voile inégalement tendu, et semblait, en tombant, s'accrocher ou se déchirer aux branches couvertes de givre des buissons dépouillés.

Le vieux pâtre, tête nue, sans se soucier du brouillard humide, était assis sur un petit mur en pierres sèches, au coin de son champ et non loin du parc encore dressé. Son bon chien Levreau, accroupi sous la hutte, semblait dormir, mais n'en surveillait pas moins, d'un seul œil qu'il entr'ouvrait à peine, une brebis indisciplinée et gourmande ; celle-ci, de son côté, lorgnait dans le champ voisin, les jeunes blés, et s'apprêtait à franchir d'un bond une claie du parc, dans le dessein mal dissimulé d'aller prendre en maraude un premier déjeuner fort appétissant de blés verts. Mais Levreau était là ; et Peau-de-Bique était bien tranquille.

Peau-de-Bique, ce modèle des pâtres, ne savait même pas ce que c'était que de rester oisif. Une botte d'osier était placée près de lui, sur le mur ; et il était en train de tresser une corbeille à porter le pain au four ; de plus, sur une boîte de sapin blanc, boîte de sa façon, qui lui servait à la fois de bibliothèque, de pharmacie pour le troupeau et de garde-manger pour lui-même, il avait posé tout ouvert son *Manuel du bon berger*.

C'est là qu'il puisait, en effet, à toute heure l'indication du traitement que pouvait réclamer chaque maladie ou chaque accident qui survenait à ses bêtes. Or, la pharmacie portative, étant pour l'instant dépourvue de médicaments, il songeait qu'il faudrait aller bientôt en chercher à la ville ; mais il ne lui plaisait guère de demander de l'argent à la ferme ; il savait que pareille demande, fût-ce pour la somme la plus minime, pourrait y paraître importune ou gênante.

Et voilà pourquoi Peau-de-Bique s'était mis, dès la pointe du jour, à tresser la corbeille d'osier, sachant qu'à la ville même, il ne manquerait pas d'acheteurs.

Quelque assidu qu'il fût au travail, il avait la main trop experte pour être obligé de tenir les yeux constamment attachés sur l'ouvrage ; aussi son attention n'était-elle pas si complétement absorbée, qu'elle ne lui eût permis de reconnaître Armand venant à lui.

Mais comme il boudait quelque peu, ainsi que nous le savons déjà, son ami le chasseur ; comme il lui gardait rancune de tant de bons conseils, de tant de sages leçons, prodigués en vain par l'expérience et le dévouement, il n'eut pas l'air de s'apercevoir qu'Armand fût debout à ses côtés.

Le jeune homme se décida alors à prendre le premier la parole.

« Eh bien ! Peau-de-Bique, lui dit-il, mon vieil ami, tu ne parles pas ?... tu ne regardes pas seulement les gens ?

— Ah, tiens ! vous voilà ! c'est vous, monsieur Armand, repartit Peau-de-Bique, je ne vous voyais, parbleu guère.

« Et qu'est-ce que vous venez faire par ici ? Vraiment, mais je ne vois pas de chien, continua-t-il, en regardant encore autour de lui, et en levant ensuite les yeux sur Armand, pas de fusil, pas de chien, pas de gibecière.... et qu'y a-t-il donc, grand Dieu ! de si extraordinaire ? le premier chasseur de quatre départements ne chasse pas un jour comme aujourd'hui ; la fin du monde est donc proche ?

— Oui, balbutia à voix basse le pauvre Armand très-confus ; oui, tu as raison de rire de moi, je l'ai mérité.... ou plutôt non, tu as tort, car je suis, car nous sommes bien malheureux.

— Ah çà quoi ? Qu'y a-t-il ? Qu'est-ce que cela signifie ? s'écria Peau-de-Bique qui, regardant cette fois la figure d'Armand, venait d'être frappé de l'altération de ses traits, de sa pâleur et des larmes qui roulaient dans ses yeux ; qu'y a-t-il ? reprit le bourru affectueux et regrettant déjà ses paroles ironiques, mais parlez donc, parlez ! qu'est-il arrivé ? qu'y a-t-il ?

— Il y a que toi seul tu y voyais clair. Tu avais malheureusement trop raison quand tu devinais le malheur, comme tu devines l'orage ; quand tu me disais : elle est perdue la maison, vous ne voyez donc pas qu'elle est perdue ? Oui, j'ai compris maintenant ; mes yeux se sont ouverts. Aujourd'hui nous sommes perdus. La ruine arrive pour nous tous.... Que faire, mon brave Peau-de-Bique ! que faire ?

— Ah ! répliqua le pâtre, que faire ? qui peut maintenant le dire, et qui le sait ? Ce n'est pas facile, vraiment ; et il n'est pas trop tôt pour y songer. Mais quand je répéterais cent fois : « je vous l'avais bien « dit », ça m'avancera peu, ça ne vous consolera guère, et ça ne nous sauvera pas. Au diable ceux qui l'ont dit et qui ne savent pas dire autre chose ! Réfléchissons cependant ; par où commencer ?

« Bon, voilà que c'est moi qui vous le demande, quand c'est vous qui voudriez le savoir. Voyons donc : en toute chose, il n'y a d'ordinaire qu'une seule bonne manière de s'y prendre, c'est de regarder bravement sa besogne en face. Pour nous, en ce moment, de quoi s'agit-il ? Il s'agit de changer complétement la conduite de la ferme. Il s'agit de gagner de l'argent là où on en perd gros. Il s'agit de faire des économies là où se font d'inutiles dépenses ; et il s'agirait surtout de faire d'utiles dépenses là où l'on fait de fâcheuses économies. C'est bien cela, n'est-ce pas ? Mais pas le sou ; voilà le diable ! C'est ça le pire, nous n'avons pas le sou. — Et cependant, actuellement, dans l'état des choses, qu'y a-t-il à conserver ? Rien ! Qu'y aurait-il à changer ? Tout.

« Voyons, êtes-vous résolu à vous occuper sérieusement de bien faire ?

« En ce cas, debout ! suivez-moi. J'ai dit qu'il fallait regarder notre besogne en face. Attaquons la difficulté par devant; prenons le taureau par les cornes. Allons jeter un coup d'œil sur l'ensemble du domaine.

« Ce ne sera pas un joli spectacle ; mais ça nous donnera des idées. En voyant ce qui se fait, nous saurons ce qu'il faut ne pas faire. En examinant ce qui ne se fait pas, nous comprendrons ce qui devrait être fait; debout et suivez-moi. »

XIII

TRISTE INVENTAIRE.

Nos deux amis se mirent alors à parcourir le domaine tout entier; et comme l'avait annoncé le vieux pâtre, cette promenade matinale par un temps de brume grise, ne pouvait beaucoup alléger leur ennui.

Les terres de labour, restées, pour la majeure partie, en jachère inculte ou en friche, étaient hérissées de chardons ou d'oseille sauvage, dont les têtes à demi coupées et pendantes, livraient quelques dernières graines au vent de l'hiver : fâcheuse semaille du hasard, qui préparait mauvaise compagnie aux récoltes futures. Sur le bord des champs, de larges bandes, depuis longtemps désertées par la charrue, laissaient s'étaler à leur aise les ronces et les rejetons d'aubépine ou de prunier sauvage, qui s'émancipaient en sortant de la haie.

Au milieu des champs, çà et là, des pierres éparses, dont quelques-unes plus grosses que la tête d'un bœuf, ou des dents de rocher qui pointaient insolemment hors du sol, semblaient défier le regard du passant. Partout donc, dans les jachères, l'aspect désolé des terres abandonnées. Les champs emblavés offraient de leur côté, un spectacle plus triste encore s'il est possible. Les jeunes plants de blé clair-semés et jaunissants, n'étaient vigoureux nulle part. Sur bien des points, en revanche, de vastes portions du sol, complétement dénudées témoignaient que la semence avait pourri en terre, et que le grain n'avait même pas levé. En plus d'un endroit encore, des flaques d'eau stagnante, ou des surfaces d'où l'eau s'était retirée, et que le hâle avait desséchées en y formant une croûte impénétrable à la végétation, révélaient clairement le vice le plus funeste de ce domaine et de cette culture dont les terres s'égouttaient si mal. Et comment n'en eût-il pas été ainsi? autour des plus belles pièces de terre, les fossés obstrués ou même à demi comblés par l'éboulement des talus, faisaient déborder leur contenu dans les champs ensemencés, et ne donnaient plus d'issue aux eaux de pluie que les chemins y déversaient naturellement. De même pour les prairies. Leur sol tourbeux et mou comme une éponge humide gardait partout la trace des pieds du bétail. Le trou formé par chaque pas des animaux restait plein d'une eau ferrugineuse, rousse ou bleuâtre comme de la nacre sale. Enfin, dans les bas-fonds surtout, la prairie, où l'herbe disparaissait étouffée par les joncs, les carex et la mousse, se transformait, après la moindre pluie, en un vrai marécage.

« Eh bien oui, s'écria Peau-de-Bique, oui, tout cela pourrait changer; tout cela pourrait se corriger, tout cela pourrait s'améliorer avec du temps, de la peine—et aussi de l'argent! Mais que d'argent! que de peine et que de temps il faudrait!...

— Le temps, reprit Armand, peut-être à la rigueur nous pourrions le prendre ; la peine, pour ma part, je serais bien résolu à ne pas y épargner la mienne. Mais l'argent ...., où le trouver? Hélas! notre pauvre maison aujourd'hui n'a pas plus de crédit que de ressources immédiatement disponibles.

— Trop vrai! dit le pâtre, l'argent manque. Et je crains encore que vous ne fassiez erreur quand vous croyez avoir du temps. L'argent, en cherchant bien je ne désespérerais pas d'en trouver un peu. Mais le temps, aurons-nous le temps? nous le laissera-t-on?

« J'ai vu, ajouta-t-il en baissant la voix comme s'il eût craint d'être entendu, et en entrecoupant les mots, comme s'il eût hésité à tout dire, j'ai vu l'huissier sur son bidet, passer de bonne heure près de mon parc ; c'était quelques instants avant le moment même où vous êtes venu. — Et je m'étonnerais bien qu'il n'y eût pas déjà de ses nouvelles au manoir....

— L'huissier? murmura Armand.

— Eh mon Dieu oui, l'huissier, repartit le pâtre ; l'huissier. C'est-à-dire quelque commandement d'avoir à payer quelque nouveau billet du Parisien.

« Enfin, nous saurons cela toujours assez tôt. Continuons, en attendant, notre visite du domaine. Quand nous aurons regardé jusqu'au fond de notre misère, quand nous aurons vu le pire, rien de fâcheux ne pourra plus nous surprendre ; ce sera toujours ça de gagné. »

Armand, la tête basse et le regard attristé, marchait avec résignation à côté du pâtre. Et quelqu'un qui les

eût ainsi rencontrés, eût cru voir un vieux garde con-
duisant un maraudeur pris en faute ou un braconnier
très-contrit.

Ils firent ainsi lentement le tour du plateau de Saint-Bertin, et partout ils trouvèrent la culture générale dans un
état déplorable; partout apparaissait la preuve de la négligence et de l'abandon; partout on pouvait juger au
premier coup d'œil que, depuis plusieurs années déjà, les
labours insuffisants et faits, pour ainsi dire, à regret, n'a-
vaient pas sérieusement ameubli la terre, convenablement enterré les fumiers, ou détruit à propos les plantes
nuisibles.

« Mon Dieu oui, disait Peau-de-Bique, il faut peu de
choses pour ruiner une culture.

« Une première année on a négligé les labours. Les attelages étaient faibles, les bouviers ne se tenaient pas à
leur charrue. Les charrues ne valaient guère; enfin
c'était mal labouré. On a enterré tant bien que mal une
fumure médiocre, et on a semé là-dessus.

« L'an d'après la récolte a porté la peine du mauvais
labour. Peu de paille et pas beaucoup de grain.

« Pas beaucoup de grain, et on n'a pas fait beaucoup
d'argent au marché. — Mais, ce qui est pire, — peu de
paille, et par conséquent bien peu de fumier. — Voilà le
résultat d'un premier manquement. — Et ce n'est pas
tout.

« L'engrais diminuant, les récoltes suivantes s'en sont
ressenties toujours davantage; et ainsi de suite de pire
en pire, jusqu'à la débâcle. Une faute, unique peut-être,
aura de la sorte ruiné tout un avenir. Et voilà comme
l'huissier fait connaissance avec une ferme; voilà comme

le propriétaire finit par aller un beau jour coucher à la porte de chez lui. »

Tout en parlant ainsi, les deux promeneurs s'étaient rapprochés des bâtiments et des étables.

Là encore bien des dégradations et bien des misères allaient attrister leur regard.

Des constructions délabrées, des fourrages largement entamés et désormais insuffisants pour les besoins de l'année, fourrages aménagés sans soin, piétinés par les passants dans les granges, ou exposés aux intempéries sous des hangars mal couverts; un bétail digne de cet approvisionnement, c'est-à-dire un bétail de hasard, mal choisi, mal nourri, exténué de travaux excessifs et irrégulièrement dirigés; de pauvres animaux maigres, écloppés, traînant la jambe, les uns depuis longtemps boiteux, d'autres complétement estropiés : voilà ce que nos deux compagnons pouvaient et devaient rencontrer dans cette sorte d'expertise de la ruine, qu'ils achevaient tristement.

« Ici comme partout! reprenait Peau-de-Bique; bâtiments et bestiaux en sont au même point que le reste; et toujours par la même raison. Ici encore, une première négligence a peut-être suffi pour faire un tort irréparable à bien des choses.

« Faute d'une tuile on perd un toit. La tuile se brise; les pluies ou les neiges d'hiver baignent les charpentes, les solives pourrissent et le toit s'effondre.

« Faute d'un clou on perd un bœuf. Le fer perd un clou; le sabot perd son fer, le bœuf perd son sabot. C'est un bœuf perdu... Oh! la première négligence! on ne saura jamais ce qu'elle peut coûter!... »

Tout en disant ces mots, Peau-de-Bique se dirigea de nouveau vers les champs; et le jeune Valady le suivit machinalement d'un pas découragé.

Dans tout ce nouveau parcours, pas un détail satisfaisant ne compensait d'ailleurs l'état misérable où se trouvait l'ensemble.

Cependant, tout en cheminant de la sorte avec une tristesse résignée, nos deux promeneurs avaient atteint l'extrémité du domaine de Saint-Bertin. Là, sur le bord du plateau, une large bande de terrain, plantée en diverses essences, semblait former, par plusieurs rangées de grands arbres mêlés, la limite de la propriété.

Arrivé jusqu'à cette bordure touffue et profonde, qui masquait brusquement l'horizon vers le nord, Peau-de-Bique s'arrêta un instant, et son regard devenu tout à coup plus serein, contempla avec complaisance les grands sapins vêtus de mousse, dont les tiges élancées plongeaient dans le brouillard, et les chênes trapus aux feuilles teintées de rouille, qui étalaient au milieu des bois toujours verts leurs robustes rameaux.

« Enfin, s'écria Peau-de-Bique, voici pourtant quelque chose de bien sur ce plateau. De beaux arbres, jeune homme, voici de beaux arbres. Eh! il y en a là pour de l'argent, savez-vous? il y a quelques bons sacs de mille francs à prendre dans ce fourré qui n'est pas grand, mais qui est dru. De fiers sapins, notre maître, de rudes chênes, et quels rares noyers sur le bord! Vous n'admirez pas ça, vous? Ça ne vous dit rien, ces maîtresses plantes? C'est pourtant beau, allez! et au prix où est en ce moment le bois, on battrait joliment monnaie là dedans, pendant quelques jours, à coups de hache. Ce serait, il est vrai, dommage, grand dommage, bien sûr. C'est égal, en un cas pressé, un coin de bois de cette venue serait une ressource plus considérable qu'un chasseur n'aimant et ne comprenant que son métier ne doit le croire.

— Eh ! pauvre vieux, reprit Armand, je t'avoue que je suis peu en train, en ce moment, d'admirer quoi que ce soit. Tu me fais remarquer ici la seule chose qui ait bonne apparence dans tout Saint-Bertin ; et c'est précisément une chose qui ne fait pas partie du domaine ; ce bois n'est pas à nous. Il forme la limite, mais il n'est pas chez nous. Il y a là un hectare détaché des propriétés environnantes, un hectare isolé, qui nous sépare des voisins de la ferme des Beaux-Versants. Le bois n'appartient ni à mon père ni à notre cousine Hermance ; il n'a jamais fait partie de la Grand'Ferme. Je ne sais même pas quel en est le propriétaire ; et je ne vois guère alors en quoi nous aurions à nous réjouir de ce qu'il s'y trouve de beaux arbres à exploiter, et beaucoup d'argent en espérance.

— Possible ! repartit Peau-de-Bique, possible que, d'après votre idée, à vous, vous ayez l'air d'avoir raison. Mais, étant ce qui est, je n'ai pas tort non plus, et je soutiens que ce bois me réjouit l'œil. J'avais besoin de venir y voir d'un peu plus près, en sortant d'examiner tous les autres aspects affligeants, toutes les autres plaies du domaine. Cette petite visite aux grands sapins que je regarde pousser depuis cinquante ans en promenant mes bêtes sur ce plateau, m'a remonté un peu le cœur. Après ça, chacun sait ce qu'il sait et pense ce qu'il veut ; l'avenir dira si Peau-de-Bique parle jamais à tort et à travers.

En attendant, j'aurais voulu vous voir regarder ces arbres avec un peu plus de respect. »

Et le pâtre, reprenant avec soin et en détail l'examen des arbres du bois, se mit à les mesurer du regard, comme s'il eût voulu les évaluer d'après leurs dimensions.

Armand qui n'avait guère écouté et moins encore compris les paroles du pâtre, le laissa faire avec l'indifférence du découragement.

Et bientôt, après avoir dit adieu au brave confident de ses peines, le jeune homme s'achemina vers la Grand'-Ferme, le cœur toujours de plus en plus serré.

XIV

LE PAPIER TIMBRÉ.

Peut-être, hélas! plus d'un lecteur, grâce à une cruelle expérience, le sait-il déjà par lui-même : lorsque le malheur s'abat sur une maison, il s'y arrête trop souvent avec acharnement et comme avec une sorte de haine. Il y revient coup sur coup. Il semble multiplier ses assauts, comme s'il craignait que le vaincu pût encore se relever d'une première atteinte, et se consoler un jour de sa défaite.

Armand, revenu près de son père, apprit d'abord que le pâtre ne s'était pas trompé en supposant que l'huissier avait fait visite au manoir.

Sur de bon papier très-solide et très-fort, dûment marqué au timbre de l'État, au nom de l'Empereur, et en vertu d'un jugement rendu par le tribunal de la Seine contre Fabien Valady et consorts ; par le ministère de maître Éliacin-Barnabé Pichenard, huissier près le tribunal de première instance de la ville de ***, il était fait commandement à Marc-Antoine Valady, propriétaire, demeurant au lieu dit le manoir la Grand'Ferme, commune de Saint-Bertin, d'avoir à payer intégralement ce jour même, la somme de vingt et un mille francs, somme égale à la valeur de trois billets de chacun sept mille francs, souscrits par le susdit Fabien Valady, au profit du sieur Oscar Mangefer, banquier, demeurant à Paris, lesdits billets portant l'endos d'autre Marc-Antoine Valady, propriétaire à Saint-Bertin; et encore d'avoir à payer pour tous frais, protêts, enregistrement, assignation, jugement, expédition, signification et commandement, et loyaux coûts de toute nature, autre somme de sept cent cinquante-neuf francs soixante-dix-neuf centimes, le tout faisant avec les vingt et un mille francs susdits, la somme totale de vingt et un mille sept cent cinquante-neuf francs soixante-dix-neuf centimes...

Faute duquel payement, il y aurait lieu de pratiquer la saisie des biens meubles et immeubles appartenant au dit Marc-Antoine Valady, pour être ensuite procédé sans surseoir, à l'expropriation par licitation judiciaire et adjudication publique des biens saisis, etc., etc.

Cette communication foudroyante venait d'être faite à l'instant même à Marc-Antoine; et voici comment s'était passée la chose.

Le malheureux père de famille, assis, suivant sa coutume, à la droite du foyer, sous le grand manteau de la cheminée, allait prendre son frugal repas du matin. Maître Éliacin-Barnabé Pichenard, l'huissier, très-ému de la mission qu'il avait à remplir, ou tout au moins feignant de l'être afin d'éviter d'embarrassantes explications, était entré en saluant sans rien dire. Tirant ensuite une plume de son encrier portatif, il avait présenté la plume au vieillard, avec la minute à signer. Puis, après avoir déposé la copie, sur une chaise, à côté du père Valady, il s'était retiré en balbutiant confusément quelques paroles de politesse et d'excuse.

Marc-Antoine, malgré sa vue affaiblie, avait pu, non sans peine il est vrai, déchiffrer une partie du grimoire de l'huissier; il en avait du moins assez lu pour comprendre de quoi il était question.

Fabien, par ses dernières instances, avait obtenu, en effet, la signature de son père pour la somme considérable mentionnée ci-dessus; mais, d'après les protestations réitérées, les promesses les plus positives, les engagements les plus solennels de son fils, Marc-Antoine avait cru et dû croire que cette somme était uniquement destinée à remplir de simples formalités provisoires.

Fabien était, en effet, parvenu à convaincre sa famille que l'argent demandé devait lui servir pour un cautionnement indispensable, pour un dépôt momentané, à fournir dans l'administration d'une grande entreprise où un poste éminent lui était assuré.

En ce qui concerne les billets, il s'était chargé d'en acquitter le montant et de les retirer bien avant l'échéance, afin que la signature de son père n'eût point à entrer dans la circulation, et qu'elle ne sortît même pas un instant du portefeuille du banquier.

Voilà ce qu'avait annoncé et promis formellement Fabien. Par malheur, la réalité allait se montrer toute autre; la réalité contenait en germe des calamités aussi cruelles qu'elles étaient encore imprévues.

Jaloux de se donner de l'importance dans l'entreprise où il espérait une grande position, excité par un tenta-

teur perfide, le jeune ambitieux avait bel et bien sous-
crit des titres et pris à ses risques une grande quantité
d'actions. On lui cédait, il est vrai, ces actions au-dessous du pair, c'est-à-dire à un prix moindre que celui
auquel on devait les livrer au public ; et de plus on lui
affirmait qu'avant deux mois, il les revendrait avec
une forte prime, c'est-à-dire avec un gros bénéfice.
Rentrant de la sorte dans tout son argent, il aurait,
pensait-il, outre les profits, qui ne semblaient pas douteux, un emploi élevé et lucratif, avec les avantages
qu'assure à un capitaliste l'idée qu'on se fait de l'étendue de ses ressources. Malheureusement, la plupart des
actions se trouvèrent de peu de valeur ou de nulle valeur, lorsqu'il fallut forcément les vendre.

C'est là ce qui arrive huit fois sur dix. Mangefer avait
tout prévu. Son piége avait parfaitement réussi ; il tenait
Fabien pieds et poings liés, et avec Fabien il croyait bien
tenir Saint-Bertin tout entier, les gens et les choses.

Valady ne devait apprendre qu'un peu plus tard les détails complets et les conséquences possibles d'une telle
situation ; mais ce qu'il comprenait déjà pouvait bien
suffire à le terrifier. Vingt-deux mille francs à payer immédiatement, quand il n'avait plus ni crédit, ni ressources, ni approvisionnement quelconque de produits agricoles à vendre, n'était-ce pas déjà la ruine certaine ?

Hélas ! une angoisse plus cruelle encore était réservée
au vieillard. Après quelques minutes de réflexion, un
affreux soupçon traversa son cerveau.

Fabien, investi presque jusqu'à la fin de l'entière confiance de son père, avait été l'intermédiaire naturel d'un
placement relativement considérable, que ce dernier

avait dû faire récemment, comme tuteur de sa nièce Hermance Valady.

Outre ses droits indivis sur le domaine de Saint-Bertin, lesquels étaient à peu près d'un quart de la valeur de la propriété, Hermance avait hérité de ses père et mère une somme de près de quatre-vingt mille francs. Si donc on pouvait évaluer Saint-Bertin à raison de mille francs l'hectare, l'un dans l'autre, au prix total de cent cinquante mille francs, les quatre-vingt mille francs en espèce formaient, pour Hermance, les deux tiers environ de sa modeste fortune.

Cette somme, placée d'abord sur bonne hypothèque, avait été remboursée depuis quelque temps par l'emprunteur.

Fabien, consulté sur le nouvel emploi à donner à un capital ainsi disponible, avait affirmé tout d'abord la supériorité des placements en valeurs industrielles, c'est-à-dire, notamment, en actions et obligations de chemins de fer, qui seules pouvaient produire des revenus sérieux, de gros revenus.

Ayant pris conseil auprès de quelques personnes expérimentées, Marc-Antoine avait donné la préférence aux obligations, qui, ne rendant pas, il est vrai, un intérêt aussi élevé, n'étaient pas sujettes aux mêmes brusques changements de valeur que les actions.

Quelque temps s'était depuis lors écoulé; et Fabien, malgré la demande une ou deux fois répétée de son père, n'avait point encore renvoyé à celui-ci les titres des obligations achetées. Un semestre des intérêts allait échoir, disait-il, et il renverrait le tout prochainement ensemble. Tel est le souvenir qui venait d'assaillir tout à coup l'esprit du vieillard, en y éveillant, comme nous l'avons dit, un soupçon terrible.

Si ce dépôt sacré de la fortune de l'orpheline avait été compromis! Si Fabien, dans les entraînements de son ambition et de ses folles espérances, puis au milieu de la déconfiture que révélaient les billets non payés, avait oublié les lois les plus sacrées de la conscience et de l'honneur; si, dans la folie subite que peut causer un grand désastre, dans l'illusion par laquelle les jeux de bourse égarent jusqu'à l'abîme le spéculateur désespéré; si Fabien, réduit à risquer son dernier enjeu, avait confié à de dangereuses opérations les fonds qui ne lui appartenaient pas; s'il avait joué, s'il avait perdu!... perdu le bien d'autrui!... s'il avait volé!... Toucher à un dépôt, le risquer, le perdre, n'est-ce pas voler?...

Et le père Valady s'étonnait de pouvoir supporter l'angoisse d'une pareille incertitude.

C'est alors qu'Armand, déjà bien attristé lui-même, entra dans la cuisine.

Il s'approcha vivement de son père. Il le vit pâle, l'œil fixe et la lèvre tremblante, et comprit immédiatement que le malheur était venu.

Marc-Antoine, sans prononcer une seule parole, tendit à son fils le message de l'huissier.

Armand prit, en gros, connaissance du contenu, et, quoique l'obligation de payer vingt-deux mille francs sans savoir où trouver un premier écu, lui parût de nature à consterner le digne vieillard, il eut peine cependant à s'expliquer l'excès d'abattement et de désolation où il le voyait plongé.

Absolument étranger jusque-là à toute espèce de notion sur ce monde dangereux des affaires, ne soupçonnant même pas l'existence de ces gouffres du jeu, de ces abîmes de la spéculation, où la fortune et l'honneur d'une famille peuvent s'engloutir en un jour, Armand s'effrayait sans nul doute, en croyant voir dans un prochain avenir de bien rudes épreuves ; mais il était encore loin de croire aux calamités irréparables qui laissent après elles un éternel désespoir.

Et, tout en pleurant aussi lui-même, il ne se rendait pas encore bien compte de l'immense douleur qui faisait rouler de grosses larmes dans l'œil éteint de son vieux père.

XV

DÉSOLATION.

Au point où en étaient désormais les choses, tout allait, hélas! s'expliquer trop vite.

L'huissier d'abord, comme c'est assez l'ordinaire, s'était fait le porteur de mauvaises nouvelles; le facteur rural, à son tour, devait être un messager de malheur.

Le facteur, en effet, venait d'arriver, et, comme il entrebâillait la porte, Armand, redoutant une seconde secousse pour son vieux père, s'avança vivement, dans l'espoir de s'emparer à la dérobée du message assez volumineux que tenait à la main le nouveau venu.

Mais la présence du facteur n'avait pas échappé à Marc-Antoine qui comprit également le mouvement précipité de son fils. Saisi lui-même d'inquiétude, obéissant aussi à de fâcheux pressentiments secrets, le vieillard, par un geste impératif et avec un accent qu'on ne lui connaissait guère, manifesta sa volonté de tout voir.

« Ici, dit-il, qu'on me donne tout ici. Je veux tout. »

Armand remit avec une douloureuse déférence, aux

7

mains de son père, le paquet, dont l'enveloppe portait un timbre étranger.

Marc-Antoine commença par examiner l'adresse, reconnut l'écriture de son fils aîné, mais sans se rendre compte que la lettre était adressée à Armand, hésita un instant, rompit enfin le cachet et déploya avec une vivacité fébrile la lettre principale qui devait expliquer le reste, et qui, d'ailleurs, lui était réellement destinée à lui-même.

Il parcourut alors rapidement du regard les premières lignes, porta la main à ses yeux, comme s'il eût voulu éclaircir sa vue troublée, reprit sa lecture; puis, passant de nouveau la main sur ses yeux et sur son front, où ruisselaient quelques grosses gouttes de sueur, il laissa échapper la lettre, poussa un cri sourd, tomba à la renverse sur sa chaise et perdit complétement connaissance.

Armand s'était élancé pour soutenir son père; d'un œil effaré, il contempla un moment le malheureux vieillard. Celui-ci était pâle et glacé comme si la mort l'eût déjà frappé; ses yeux restaient ouverts sans voir; ses bras pendaient immobiles des deux côtés de sa chaise; et sans le souffle intermittent qui venait faiblement expirer sur sa lèvre, Armand eût pu croire qu'il n'avait plus qu'à s'agenouiller devant un cadavre.

Bientôt cependant, après la première minute d'incertitude, de stupeur et d'effroi, le jeune homme appela les domestiques et les servantes.

Choisissant d'agiles messagers parmi les jeunes valets, il donna l'ordre d'aller prévenir en toute hâte et de ramener s'il était possible, M. le curé de Saint-Bertin, le médecin, et aussi Peau-de-Bique.

Se faisant ensuite aider par Grand-Jean, le premier laboureur, il transporta le vieillard toujours évanoui, dans sa chambre, et le déposa sur son lit.

Averti le premier par un des messagers, qui passait en courant près de sa hutte, le pâtre fut promptement arrivé au logis.

Vieux pâtre et vieux soldat, on a de l'expérience, et on sait bien des choses. Peau-de-Bique, après s'être rapproché du lit et avoir examiné un instant le malade, donna laconiquement, c'est-à-dire brièvement et impérieusement ses ordres.

« Du vinaigre, dit-il, du poivre, un linge et bon feu dans la cheminée, tout de suite ! »

On obéit sans retard. Le feu allumé, tandis que le vinaigre chauffait, le pâtre présenta devant la flamme des serviettes pliées qu'il appliqua ensuite toutes brûlantes sur les jambes nues du vieillard. Il arracha ensuite une des lanières de cuir qui servaient de patte et de boutonnière à sa cape de peau ; et prenant la lampe des mains d'une des servantes, il fit brûler le morceau de cuir assez près du visage de Marc-Antoine pour que celui-ci dût en aspirer l'odeur. Puis s'adressant à Armand : « Maintenant, dit-il, le vinaigre doit être presque bouillant, mettez-y le poivre ; trempez là-dedans un linge, et frottez vivement les pieds ; frottez ferme et ne craignez pas d'écorcher.

Ces diverses opérations durèrent assez longtemps sans résultat apparent.

Cependant à la longue, l'œil observateur de Peau-de-Bique devina un imperceptible mouvement de la paupière, et quelques légers signes de vie dans la lèvre.

« Ah! enfin! se dit le pâtre, la mort n'est point encore là. Le premier danger est écarté, pour le moment du moins. Le prêtre et le médecin auront l'un et l'autre le temps d'apporter leur secours. — Courage mon pauvre monsieur Armand, ajouta-t-il à demi voix, en s'adressant au jeune homme. L'espoir n'est pas perdu, espérons! »

Mais l'œil d'Armand, moins expérimenté que celui de Peau-de-Bique, n'avait pu saisir les mêmes indices à demi-rassurants. Le jeune homme restait donc atterré. Aussi l'arrivée du prêtre et du médecin fut-elle un grand soulagement pour lui.

Le pasteur s'acquitta avec un religieux empressemen de tous les offices pieux qui pouvaient être rendus à un malade privé de toute connaissance.

Quant au médecin, il donna son approbation aux premiers secours que l'esprit inventif de Peau-de-Bique avait suggérés, mais sans vouloir toutefois se prononcer encore sur les chances de salut. — « Une franche attaque d'apoplexie, avait-il murmuré, c'est grave, bien grave, et je ne puis rien dire encore !... »

.... Après plusieurs heures de veille, lorsqu'il fut manifeste que leur présence à tous deux n'était pour le moment d'aucune utilité, le prêtre et le médecin se retirèrent, en recommandant qu'on vînt les prévenir immédiatement s'il se produisait quelque changement dans l'état du vieillard.

Les domestiques s'étaient éloignés l'un après l'autre, en voyant qu'on n'avait plus besoin de leurs services. Peau-de-Bique, sorti le dernier, était allé de son côté, donner un coup d'œil à son parc.

Armand restait donc seul auprès de son père.

La nuit était déjà avancée. La lampe épuisée répandait une lueur douteuse sur cet intérieur. Le vieillard, étendu, toujours immobile, sur ce lit trop semblable à un lit mortuaire, avait gardé sa pâleur de cire. Son œil toujours ouvert sans regard, trahissait encore l'impression de la surprise et de la désolation dont le vieillard avait été foudroyé à la lecture de la fatale lettre. Cette rigidité de la mort qui précède quelquefois la mort et semble l'annoncer infailliblement, donnait, comme nous l'avons dit, au malade l'aspect lugubre d'un cadavre.

Devant le lit, tantôt à genoux, tantôt debout et penché sur la noble figure de son père pour y saisir un changement qui pût éveiller une lueur d'espérance, Armand murmurait quelques mots entrecoupés de prières, et pleurait.

Jusque-là, tant que l'agitation des premiers moments avait apporté une diversion machinale à sa douleur, cette douleur était restée confuse et s'égarait, si on peut le dire, dans une incertitude et un trouble faciles à comprendre. Armand ne s'était, pour ainsi parler, point encore reconnu. Il oubliait les circonstances aussi bien que la cause. Il ne voyait que l'effet principal, l'effet terrifiant. — Et il pleurait.

Son père ! son père en danger de mort ! Son père qui lui semblait la grande raison de sa propre vie, qui représentait pour lui tout le sérieux des choses humaines ! N'était-ce pas à son père qu'il devait et qu'il rapportait aussi, justement, toutes les traditions, tous les enseignements de droiture et d'honneur qu'il avait su comprendre sans le secours d'aucun autre maître, et qui à défaut de ces mérites de l'intelligence et du savoir, dont il était si absolument dépourvu, faisaient toute la valeur de cette âme honnête, lui donnant, même à un degré élevé, le sentiment de la dignité de l'homme? Son père était donc, après Dieu, son culte sur la terre. Il ne concevait pas l'existence, sans ce roi du foyer domestique, dont il retrouvait chaque jour avec joie la souveraineté bienfaisante, dont il adorait la bonté et la sérénité souriante, sous de beaux cheveux blancs.

Toutes ces idées et tous ces souvenirs se précisèrent de plus en plus dans sa pensée, à partir du moment où il fut seul ; et il envisagea alors, avec une terreur qui croissait sans cesse, la réalité, la réalité tout entière, la perte irréparable dont il était menacé.

Cependant, après s'être plongé de la sorte en des réflexions toujours plus douloureuses, une curiosité toute naturelle et qui, même, eût semblé devoir lui venir plus tôt, s'éveilla en lui. Il voulut apprendre quelle calamité sans recours avait pu, comme un coup de foudre, terrasser son père.

En quatre enjambées rapides, il descendit à la cuisine, il retrouva le paquet de lettres, et la lettre elle-même qui seule avait suffi à révéler au vieux chef de famille le secret de la ruine de tous les siens.

Il remonta ensuite précipitamment auprès du malade ; il se rapprocha de la lampe dont l'huile était déjà aux trois quarts consumée, et dont la mèche fumeuse semblait prête à jeter ses dernières lueurs. Il vit qu'il pouvait encore lire et il lut.

XVI

FABIEN A SON PÈRE.

Voici ce que lut Armand; voici la lettre que Fabien écrivait à son père :

« Mon père, mon père vénéré,

« Comment oser parler ? Comment oser vous porter ce coup fatal ? Mon père ! ô mon père comment oser tout dire ?

« Il le faut cependant. La première expiation de ma faute (et je dois me résigner à l'appeler par son nom), de mon crime !... c'est un aveu complet du crime lui-même. O Dieu ! pour moi, quelle humiliation trop méritée ! Mais pour vous, mon père, quelle injuste douleur !

« Eh bien, oui, votre misérable enfant a sali votre nom sans tache; il a renié lâchement l'héritage de votre honneur. Il a risqué, il a joué,... il a perdu le sien !

« Ma ruine est irréparable ; et je vous y entraîne, j'y entraîne tous les miens.

« Et non-seulement il m'est impossible de payer les

billets souscrits par moi et endossés par vous ; mais ces billets ne sont pas les seuls qui soient en circulation sous mon nom ! Et ce n'est pas tout!...

« Ah ! ce que j'ai osé faire, il est étrange que je n'aie pas la force de le dire : voilà que j'hésite encore !

« Il le faut pourtant.

« Ose donc, misérable, ose donc ! Ce que tu n'as pas craint de faire, ose le dire!

« Non, ce qui précède n'est pas tout. Ce qui précède n'est rien. Après votre bien compromis, volé, puisque je vous ai trompé, c'est le bien d'autrui qui ne m'est pas demeuré plus sacré. C'est le bien d'Hermance!

« Ces capitaux d'Hermance, ces capitaux dont vous vous regarderez comme responsable, ces obligations représentant les quatre-vingt mille francs que vous m'aviez confiés vous-même, et qui semblent ainsi vous mettre dans la complicité de ma honte ; je les ai engagés, en abusant de votre procuration ; je les ai donnés en nantissement pour une somme de cinquante mille francs, qui m'a été prêtée, que j'ai jouée, que j'ai perdue, et qu'il m'est absolument impossible de restituer. Ce dépôt des valeurs appartenant à Hermance, le bien d'autrui!... je l'ai volé, car je ne puis le dégager, je ne puis plus le rendre.... Combien la vie d'un homme est peu de chose ! Il ne se trouvera pas quelqu'un qui, pour un but utile, pour faire affronter un danger mortel, mais honorable, aurait besoin de la vie d'un homme, et la payerait au prix de cinquante mille francs.

« Ah ! comme je donnerais volontiers ma vie pour un pareil marché !

« Vain rêve, et à quoi bon ces folles pensées?... Tout

est irréparable, ô mon Dieu ! Et le pardon même d'un père, la commisération même d'une famille que je réduis à la condition la plus dure, n'y pourraient rien. Rien ne peut plus me sauver. Perdu ! je suis perdu !

« Si, du moins, dans un tel désastre, j'avais pu me dire et vous dire : tout est perdu ! la fortune est perdue ; mais l'honneur est sauf ! bénissez-moi, mon père ! vous m'auriez béni... et j'irais sans remords, sinon sans regret, où le sort me pousse.

« Vaine illusion et vain rêve encore !

« Après les aveux forcés que je viens de faire, après avoir publié une mauvaise action, pourquoi maintenant cacherais-je une mauvaise pensée ?

« Pour sortir de l'impasse sans issue où m'ont conduit mes fautes, errant dans Paris, durant trois jours, comme un fou, m'arrêtant sur les ponts et regardant, pendant de longues heures, couler au-dessous de moi le fleuve qui semblait m'appeler à lui, j'ai médité un nouveau crime, je m'y suis complu comme dans une dernière espérance. J'ai voulu mourir ; mourir dans l'inimitié de Dieu. J'étais décidé ! décidé à en finir ainsi.

« Mais avant d'en finir, ô mon père, il fallait vous écrire ; et, au moment de rentrer pour la dernière fois dans ma demeure afin de vous écrire, j'ai passé devant une église.

« Oh ! comme une église, le soir, pleine de solitude, d'ombre et de silence, comme une église parle éloquemment à l'âme ; comme elle donne au plus désespéré le meilleur, l'unique conseil !

« Je suis entré dans une église, et je me suis souvenu de la foi de ma mère, de la vôtre, ô mon père ! j'ai retrouvé tout à coup dans mon cœur les saintes croyances de mon enfance et de ma jeunesse|; et j'ai compris que si, dans une calamité semblable à la mienne, il pouvait y avoir encore une consolation, elle n'était, elle ne pouvait être que là ; j'ai compris que mourir, comme j'avais été décidé quelques instants avant à le faire, loin d'expier, c'était doubler mon crime, doubler votre douleur sans rien enlever à ma honte! Je me suis donc résolu à vivre encore. Je vivrai. Et cette résolution meilleure a déjà trouvé sa récompense.

« Un officier supérieur qui avait pris ma jeunesse en amitié, part demain pour l'armée d'Italie. Je lui ai révélé d'un mot mes embarras d'affaires; j'ai avoué des pertes à la Bourse. Il ne m'en a pas demandé davantage ; il a sans doute compris que j'avais à me soustraire à de nombreuses poursuites ; il me prend pour secrétaire ; il m'emmène en Italie, et m'attachera sans doute avec un grade inférieur à sa personne. Dans trois jours je serai sur un champ de bataille; et là je puis mourir sans crime, mourir mieux que je n'ai vécu, je n'ose pas dire : avec honneur.

« O mon père, mon vénéré père, si je ne puis vous demander de bénir; si vous ne pouvez, je le sais trop, bénir ma vie, n'est-ce pas que le cœur d'un père est un abîme de pardons? n'est-ce pas, mon père vénéré, que vous daignerez bénir ma mort?

« Je suis à genoux, en ce moment, devant votre image, et je vous demande à genoux de pardonner, sinon de bénir,

« Votre fils trop indigne,

« FABIEN. »

XVII

UNE DEUXIÈME LETTRE.

Armand lut la lettre qui précède d'un bout à l'autre, en s'interrompant seulement pour essuyer les larmes qui venaient obscurcir sa vue. Après une pareille lecture, il comprenait trop bien que son père, frappé d'une si immense douleur, eût défailli sous le poids, et que la vie même en lui pût être atteinte.

Au point où il en était, il voulait tout savoir; il lui allait s'éclairer encore. Il prit donc dans l'enveloppe une seconde lettre, et celle-là s'adressait à lui. Il la lut avec la même émotion que la première. Voici ce qu'elle disait :

« Mon bon, mon brave Armand, c'est à toi que j'adresse les révélations qu'un dernier devoir, un devoir absolu, inévitable, me contraint de faire au plus éprouvé comme au meilleur des pères.

« C'est à toi, c'est à ton excellent cœur, c'est à ton affection virile et pourtant si tendre, de lui ménager les émotions d'un pareil désastre, en l'y préparant peu à peu. Quels ménagements, du reste, pourraient atténuer sensiblement pour lui, à son âge, avec une santé ébranlée, le danger de ces funestes nouvelles?

« Je le vois trop aujourd'hui, — mais trop tard, — je puis tuer mon père. Je tue ou je blesse tout ce qui touche à moi. Toi-même, je ne me le dissimule pas, tu subiras dans ton avenir le contre-coup de ma chute. Et cependant, c'est sur toi que j'ose encore compter pour qu'une voix amie demande à notre père le dernier pardon qui m'aiderait à bien mourir.

« Je t'écris cette lettre à la veille d'une grande bataille. Nous campons sur le terrain même où vont, demain, se rencontrer probablement deux armées. Il est minuit, je viens de sortir un instant; je me suis assis au bord de ma tente, et j'ai contemplé la plaine. Par cette nuit claire comme ne sont pas bien des jours en France, la plaine semble se perdre dans les profondeurs lointaines d'un horizon qui n'a pas de nuage. Autour de moi, partout le calme, le silence, et sur ma tête, un ciel d'une douceur et d'une majesté infinies. Pas un bruit ne s'élève; pas une lueur n'apparaît; pas une pensée, hors la mienne, ne semble veiller au milieu de ce camp où sont entassés des milliers et des milliers d'hommes, qui demain tueront ou seront tués.... Oui, demain des milliers d'hommes qui sont innocents, qui n'ont pas comme moi à expier des fautes irréparables ici-bas; des hommes, la joie et l'espoir de leurs familles, et qui devraient en être un jour le soutien, seront morts. Et moi, vais-je mourir? Dieu sera-t-il assez bon, m'aura-t-il assez pardonné, lui aussi, pour me prendre? pour prendre avant tout autre celui dont la vie est désormais inutile, bien plus qu'inutile, impossible? Celui qui, il y a trois jours encore, ne pouvait traverser une rue de Paris qu'à la nuit, en marchant honteusement dans l'ombre, en se cachant, pour dérober non-seulement sa honte, mais sa personne même aux poursuites de l'ami perfide qui a tramé sa perte?

« Ah! j'espère bien mourir demain. Dieu me fera cette grâce.

« Et c'est pourquoi j'ai voulu cette nuit, pour la dernière fois, m'entretenir avec toi, mon frère, toi qui vaux cent fois bien plus par le cœur, que je n'ai jamais pu valoir par ces facultés trop vantées de l'intelligence, qui m'ont enivré, qui m'ont égaré, qui m'ont perdu.

« Oh! que n'ai-je fait comme toi? que ne suis-je resté, comme toi, fidèle à la noble et simple profession de nos pères? fidèle à cette bonne vieille demeure vers laquelle ma pensée se reporte aujourd'hui avec tant d'amour et de regret? Qu'on était bien là! qu'il faisait bon sous cette vaste cheminée si hospitalière, où le père et la mère, assis face à face, appelaient tour à tour sur leurs genoux, l'un des deux fils qui se disputaient leurs caresses!

« Oh! avec quelle émotion profonde, avec quelle émotion sacrée je me rappelle ces longues soirées où le cercle de famille se pressait autour d'un grand quartier de hêtre embrasé qui flambait dans l'âtre! Je vois, j'entends tout. J'entends encore, elles résonnent encore à mon oreille, comme si c'était d'hier, les leçons d'honneur, de probité, de modération dans la vie, de dévouement aux hommes, de soumission à Dieu, que nous donnait alors, en les entremêlant de réflexions moins austères, que nous donnait le père, de sa voix si douce et si grave. Nobles leçons, beaux enseignements ! l'un des deux enfants vous a précieusement gardés, il vous obéit encore, il vous obéira toujours ! Qu'il soit heureux, il l'aura mérité !... Mais l'autre !... O mon Dieu ! l'autre doit mourir et mourra déshonoré pour les avoir méconnus !...

« Armand, te rappelles-tu tout cela comme moi ? Te rappelles-tu combien, après avoir écouté respectueusement le père, nous aimions ensuite à faire jaser le vieux pâtre, ce brave Peau-de-Bique, si sévère pour moi, d'ailleurs, si constamment sévère.... Et qu'il avait raison ! Comme ma jactance l'irritait ! Comme le latin le mettait en fureur, lorsque ma précoce vanité se parait de latin au milieu de vous tous qui ne saviez pas le latin ! Ah ! quand j'affectais de la sorte une supériorité puérile et misérable, comme il prenait hardiment sa revanche. Il ne craignait pas, le vieux pâtre, de me remettre vertement à ma place, en montrant combien ton rôle, à toi, serait plus grand que le mien si tu pratiquais un jour avec succès ce noble métier de cultivateur auquel tu étais destiné ; tandis que moi je vendrais peut-être au plus offrant des phrases, ou je brasserais peut-être, en oubliant la délicatesse et ma propre dignité, des affaires véreuses.

« Il était donc prophète !...

« Ah pourquoi tant d'autres plus tard ne m'ont-ils pas, comme lui, dit constamment la vérité ?

« Oui, il était sévère pour moi, souvent même il était dur ; et pourtant, au fond, je l'aimais. J'aimais sa droiture et ses intentions ; j'admirais son bon sens, et cette rare et universelle intelligence qui le rend supérieur à tant d'hommes réputés supérieurs.

« Et dans ce pâtre obscur que de véritable fierté !
Dans une condition si dépendante en apparence, quel sentiment élevé, quel sentiment absolu de la liberté humaine !

« Il prête son corps à une besogne matérielle et vulgaire. Il garde son troupeau, comme il a fait autrefois
son service militaire, en aimant un devoir. Mais comme,
en gardant son troupeau, il se complaît aussi aux spectacles de la création ; comme il aime les œuvres du
Créateur ! Son corps sert, mais son âme n'a jamais eu,
n'aura jamais de maître que Dieu.

« De quoi et pourquoi serait-il esclave ? N'ayant pas
de besoins, peut-il envier quelqu'un ou quelque chose ?
Participant à une œuvre de production agricole dont il
sent la grandeur, il comprend comme personne la pré-
éminence de l'agriculture ; il ne voit rien au-dessus de
cela ; et l'obscurité de sa tâche ne l'humilie pas, au
contraire.

« Il a là, comme il l'aurait ailleurs, la satisfaction du
devoir accompli et du service rendu.

« Ah ! il est vraiment fier, plus fier que ne le sont
aucuns des hommes haut placés que j'ai pu connaître.
Voilà un homme ! Écoute-le, consulte-le, crois-le. Pour
moi, il est trop tard. Mais toi, mon bon frère, profite
des leçons d'une intelligence à part, tant que Dieu lais-
sera ce véritable ami près de toi....

« Brave Peau-de-Bique !

« En le revoyant en ce moment au fond de ma pensée, je crois retrouver à la fois tous mes souvenirs. Je
revois tout Saint-Bertin, tout le demaine paternel dont
il était la vie et l'âme, dont il me semble qu'il pourrait
être encore le bon conseil et le bon génie.

« Je le vois. C'est le soir. Le soleil vient de s'engloutir au fond des horizons embrasés. L'ombre des grands sapins s'allonge et gagne au loin dans la plaine. Adossé contre le tronc moussu d'un chêne, le vieillard, depuis longtemps rêveur, éveille son chien, se met en marche, et pousse de la voix et du chien ses moutons. Sa haute stature se dessine en noir sur le fond vague que forme le fourré déjà envahi par la brume. Il chemine lent et pensif derrière ses bêtes rassasiées dont la longue file se déroule inégale à travers les replis des sentiers.

« Voici l'heure pour tous de regagner le gîte. Au manoir, bêtes et gens sont déjà de retour. Les rateliers bien garnis, les animaux suffisamment pourvus de fourrage et de litière, les serviteurs se groupent au foyer que le grillon réjouit de son cri.

« Là est le maître, le doux, le noble maître, le père!... Oh! qu'il ferait bon encore là !....

« Mais, que vais-je rêver?... où m'égaré-je?... où suis-je?... où m'entraîne la magie du souvenir?...

« Joies amères du passé! Bonheurs de l'enfance, de l'obscurité, de la paix, de l'oubli; bonheurs sacrés, bonheurs perdus, où d'autres qui valaient mieux que moi auront su se complaire, qu'ai-je fait de vous, et pourquoi vous ai-je méconnus? Pourquoi vous ai-je dédaignés? A quel moment tardif et fatal mes vœux revolent-ils vers vous?

« Oui! Me voici sur la terre étrangère, seul, sans lendemain, sans espoir; et je vis par vous une dernière fois, douces images de la famille et du foyer domestique, je vis, hélas! à la veille d'une grande journée de la mort!...

« ....Frère, tout est fini. La nuit s'avance. J'ai le grand
pressentiment que demain Dieu me fera grâce en me
rappelant à lui. Hier, la bénédiction d'un prêtre m'a
préparé pour Dieu. Je tombe maintenant à genoux devant lui. Je lui demande encore pardon de mes fautes.
Je le prie, je le prie ardemment pour vous, pour vous
tous, pour votre bonheur à tous !... Adieu, mon père !
Adieu, Armand ! Adieu, Hermance ! A tous, adieu ! Ne
me maudissez pas ! pardonnez-moi !...

« Le jour va naître. Le camp s'agite déjà. Je viens de
voir ce que c'est que le commencement d'une bataille;
verrai-je aussi la fin ?...

« Adieu, frère ! Ton dévouement n'a pas besoin que
j'essaie de lui indiquer quelque chose. Tu n'as pas besoin que je te dise timidement, comme il convient à ma
position : Aide notre vieux père à sauvegarder l'honneur
de notre nom ! Pour que tu aies la joie pieuse de pro-
longer ses vieux jours, pour le sauver du désespoir,
pour que le tort fait par moi à tous et particulièrement
à Hermance, soit autant que possible réparé, je sais
assez qu'aucun sacrifice de travail ou d'argent ne te
coûtera.

« Mais que vais-je dire là ? Est-ce bien moi qui ose
prétendre à te donner une inspiration de délicatesse ?
Moi à toi ?...

« Pardonne ! Pardonne encore. Pardonnez tous.
Adieu ! — Je vous aurai fait bien du mal; mais vous
êtes bons, et mon repentir est sans bornes. Vous ne me
maudirez pas. Vous me pardonnerez.... »

La dernière page de cette lettre était écrite par une main
autre que celle de Fabien. Armand, surpris, n'en conti-

nua pas moins attentivement sa lecture : et voici ce qu'il lut encore :

« Frère, mes pressentiments ne m'avaient pas trompé. J'en bénis Dieu ; je n'ai plus une demi-journée à vivre. Quand vous arrivera le paquet de lettres que j'avais préparé hier et où tu trouveras placé ce dernier mot, tu n'auras plus de frère.

« Dès le commencement de la bataille, j'ai été blessé grièvement au flanc. Mais je n'ai pas voulu quitter le combat. J'ai voulu voir, j'ai vu la victoire se prononcer en faveur de nos armes. Quel admirable spectacle que celui d'une armée française au feu ! Quelle noble ardeur que celle de ces petits soldats de vingt ans, que rien n'étonne et que rien n'arrête. En les voyant chercher la mêlée sanglante et vaincre et tomber au cri sacré de : Vive la France ! on se sent électrisé par l'exemple. On fait son devoir de soldat et l'on oublie toute autre chose. J'ai fait ainsi tout le jour ; et pour la première fois depuis trois mois, j'ai oublié mon irréparable misère.... Avant la nuit, j'ai pu voir le drapeau français se substituer partout, sur toutes les hauteurs aux étendards ennemis. — L'armée française était partout victorieuse ; cependant, nous chargions toujours. Les feux de l'artillerie autrichienne s'éteignaient sur presque tous les points ; quelques batteries postées aux plus lointaines distances, tenaient seules encore. Pendant la journée, elles n'avaient fait aucun mal, ne portant pas jusqu'à nous ; mais nous nous étions rapprochés, nous arrivions vers elles. C'est alors que les dernières décharges ont fait quelques trouées dans nos rangs. Le nuit venait ; nous allions cesser la poursuite ; un dernier coup de ca-

non, le dernier peut-être de la journée a retenti : j'ai
été jeté à trois pas en arrière. Un boulet venait de m'em-
porter les deux jambes. Ramassé par les ambulances,
j'ai été transporté dans un barraquement où j'ai repris
connaissance, et où j'ai appris sans regret le sort qui
m'attend. Je ne passerai pas la nuit.... Je souffre hor-
riblement; mais ce sera court, on me l'assure. Je perds
mon sang; mes forces s'anéantissent. Dans quelques
minutes, vivant ou mort, je ne sentirai plus rien.

« La sœur de charité qui assiste ma dernière heure,
vient d'écrire ces lignes sous ma dictée faite à bâtons
rompus.... Elle m'aide à bien mourir.

« Je la bénis.... Pardonnez-moi, bénissez-moi, mon
père!... »

Fabien n'avait plus rien dit. La sœur avait d'elle-même
ajouté ces quelques mots :

« Fabien Valady vient de défaillir après quatre heures
d'horribles souffrances, supportées avec un courage admirable. Il va maintenant s'éteindre sans souffrir davantage. Sa dernière pensée comme sa dernière parole
a été pour son père. Si, comme il le donnait à entendre,
il avait à se reprocher des fautes graves, sa résignation,
son courage et sa mort auront beaucoup expié. Cette
mort m'a profondément touchée et elle m'a édifiée.

« Je prie de toute mon âme pour celui qui n'est plus
et pour ceux qui restent.

« SŒUR SAINT-JOSEPH,
« de l'ordre de Saint-Vincent-de-Paul. »

XVIII

LES GRANDES RÉSOLUTIONS.

Armand, arrivé au bout de sa lecture, laissa tomber la lettre, pencha la tête sur sa poitrine et s'abîma dans de douloureuses méditations

« Tout est donc fini ! murmurait-il, tout est fini ! Pauvre frère !... Eh ! ne suis-je pas plus à plaindre que lui ! Il a trouvé la paix de Dieu ; moi je reste avec un deuil dont je ne connais pas encore l'étendue. Plus de frère ! Et mon père ! ai-je encore un père ? ai-je l'espoir de le conserver ?

« Dût-on le conserver, dût-on sauver sa vie, comment le consoler ? comment réparer tout le mal accompli ? comment effacer la trace d'un passé tout plein de désastres ?

« O mon Dieu ! mon Dieu ! que faire ? »

Tout en parlant ainsi, il s'était rapproché de son père ; et, saisissant une des mains du vieillard, qui pendait au bord de la couche, la baignant de ses larmes, agenouillé, prosterné devant ce lit presque funèbre :

« Mon père, disait-il à demi-voix, mais avec un accent pénétrant qui eût semblé pouvoir éveiller la mort même, mon père, il ne reste que vous à votre pauvre fils, à votre dernier fils. Tout lui manque à la fois; vous seul pouvez donner encore à sa vie un but sérieux et le courage d'une grande résolution.

« Vivez! vivez encore pour me donner la force de marcher où votre conscience voudra que j'arrive.

« Vous vivant, je puis, je dois, je veux tenter un effort digne de vous plaire. Oh! l'infortune fait naître dans une âme des clartés imprévues. Je doutais de moi; je me méfiais de mon intelligence; je me sentais, je croyais me sentir incapable. Eh bien! s'écria-t-il comme s'il se fût fait un serment à lui-même, eh bien! non, je le jure, je ne suis pas incapable de tout. Je vous jure à vous, mon père, que je vaux dès aujourd'hui quelque chose. Oui, il m'a manqué cela jusqu'à ce jour; il m'a manqué un devoir qui commandât des résolutions généreuses. Vivez, mon père, et vous verrez. Vous verrez ce que je puis, ce que je veux, ce que vaut mon cœur. Je n'ai ni esprit, ni instruction, ni expérience, mais j'ai le cœur, et cela doit suffire. Vivez! je vous consolerai, je le jure!... »

Armand disait tout cela comme on ne peut le rendre, avec une ardeur fiévreuse, en phrases entrecoupées, d'une voix tantôt vibrante et tantôt étouffée dans les larmes, mais qui, par l'animation et la sincérité de l'accent, avait presque de l'éloquence.

Et qu'on ne s'étonne pas de voir un esprit réputé jusque-là si borné, arriver tout à coup à cette noble assurance de la force morale et de l'intelligence ayant enfin conscience d'elle-même ; qu'on ne s'étonne pas des aspirations élevées qui se manifestaient en lui d'une façon si soudaine. Armand, nous l'avons dit, avait cru longtemps à sa propre impuissance ; mais il n'était pas impuissant, car il avait du cœur, et il venait de former en lui le ferme propos du devoir.

Et puis la Providence lui avait donné deux grands maîtres.

Peau-de-Bique d'abord, le malheur ensuite. L'un avait patiemment et dès longtemps répandu dans son âme la semence bien lente à fructifier, mais non pas perdue, des bonnes idées, des projets utiles, des plans d'améliorations fécondes. L'autre apportait tout à coup ses impérieuses leçons. Peau-de-Bique avait longuement répété à son jeune ami que tout pouvait changer à Saint-Bertin, le jour où on le voudrait. Le malheur lui disait à son tour que le moment de vouloir était venu, qu'il fallait vouloir.

Aussi ses promesses n'étaient-elles pas le fait d'un bon mouvement irréfléchi ou d'une émotion momentanée. C'était en se pénétrant profondément de sa résolution, qu'il répétait encore à son père :

« Oh ! vivez, et vous verrez ce que je veux tenter !... Vivez, et vous verrez ce que vaut mon cœur ! Je n'ai que le cœur, mais cela doit suffire. Je vous consolerai, je le jure !... »

Lorsque Armand prononçait ces mots, Peau-de-Bique venait de rentrer sans bruit dans la chambre. Armand, se retournant alors, aperçut le vieux pâtre qui écoutait en silence.

« Bien dit, s'écria le vieux serviteur dont une larme

mouillait la paupière. Bien dit, fils. C'est bien, ça ! tu veux agir; tu veux travailler, tu veux bien faire; tu ne seras pas seul à l'œuvre. On t'aidera ; nous serons deux. Et tu verras toi-même ce qu'on peut entreprendre lorsqu'on a les conseils de Peau-de-Bique et qu'on veut les suivre. Non, tout n'est pas perdu; foi de paysan ! foi de vieux soldat !

— Hélas ! reprit Armand en montrant son père dans l'attitude immobile où semblait l'avoir déjà mis la mort, hélas ! mon vieil ami, certainement mes résolutions sont durables, les promesses que je fais devant ce lit funèbre ne seront pas stériles , car elles sont sincères.

« Mais il ne les entend pas, lui, ajouta-t-il en reprenant la main du malade. Il n'a rien entendu de mes supplications, de mes prières qui voulaient le rappeler à la vie. Le serment que je viens de lui faire, le serment de travailler avec ardeur, et de réussir, oui, de réussir, d'accomplir les restitutions que l'honneur commande, de sauvegarder ainsi la pureté de notre nom, de consacrer à cette œuvre de probité ma part de patrimoine d'abord, et ensuite toutes mes forces, toutes mes heures, toute ma volonté; ce serment de la conscience et de l'amour filial, il ne l'a pas reçu, il ne l'a pas béni; ces engagements, il ne les verra pas tenir ; il ne sera pas là, il ne vivra pas pour me stimuler par sa présence à y rester fidèle. Et alors, si cet appui me manque, si j'ai perdu la plus précieuse récompense de mes efforts, la seule qui me soit encore chère, que deviendra mon courage ?

« Tiens ! approche-toi, regarde. Regarde ces yeux éteints, ce front inanimé, ce corps presque glacé.... Tu vois bien qu'il ne m'entend pas, tu vois bien qu'il ne m'a pas compris... »

Et Armand donnait à ces paroles un accent déchirant, comme s'il eût fait un dernier appel à celui que la mort lui disputait déjà.

Tout à coup il tomba à genoux en s'écriant :

« Mon Dieu ! soyez béni ! »

La main de son père, qu'il tenait avidement dans les siennes, venait de lui répondre par une pression légère, donnant ainsi un heureux démenti à ses craintes.

En réalité, le père, immobile, et avec toutes les apparences de l'insensibilité absolue, avait été pourtant réveillé par les accents de douleur et d'amour de son fils.

Frappé, comme l'avait dit le médecin, d'une attaque d'apoplexie que la paralysie devait suivre, il venait du moins de recouvrer l'ouïe, il devait conserver la faculté d'entendre.

Le vieillard, à demi-mourant, avait entendu. Il avait pu comprendre et apprécier les généreux projets d'Armand : du fond même de son malheur et de son infirmité, il avait pu, grâce à son fils, entrevoir encore une faible lueur d'espérance.

Peau-de-Bique appela en toute hâte le médecin. Celui-ci, éclairé par les indications que la pression de la main du malade pouvait maintenant lui fournir, continua la médication énergique à laquelle on devait déjà de bons effets. Il multiplia les applications révulsives, ce qu'on nomme les dérivatifs, c'est-à-dire les moyens d'appeler le sang, la vie, l'énergie vitale aux extrémités, en dégageant la tête et le cerveau. Et bientôt, grâce à ces nouveaux efforts, l'homme de l'art croyait pouvoir répondre des jours du vieillard. Quant à l'état plus où moins grave où la paralysie devait laisser ce dernier pendant longtemps encore, le médecin se montrait plus réservé. Il ne promettait rien ; il ne défendait cependant pas d'espérer une amélioration lente et graduelle.

Des traitements dispendieux, des voyages aux eaux eussent offert, sans doute plus tard, des chances de guérison plus ou moins tardive ; mais il n'y avait pas lieu, dans tous les cas, d'y recourir immédiatement. Et si on songe à la situation d'argent où allait se trouver la Grand-Ferme, on comprendra que les grandes dépenses fussent en ce moment, non pas seulement difficiles, mais absolument impossibles.

Quoi qu'il en soit, Marc-Antoine Valady devait vivre. Son état d'infirmité était bien triste ; et pourtant cet état devait lui permettre encore de juger son fils à l'œuvre, d'apprécier pleinement ce que ce fils dévoué allait tenter pour combattre une infortune imméritée, pour lutter contre un désastre imminent. De son côté, après avoir redouté pendant toute une nuit de perdre sa plus chère, presque son unique affection, Armand trouvait déjà une consolation relative dans la pensée que son père vivrait.

Enfin, Peau-de-Bique était content de lui. Peau-de-Bique, comme on l'a vu, lui promettait assistance et conseils. Tout espoir n'était donc point encore perdu.

Ainsi remué, bouleversé, anéanti, puis réconforté dans une certaine mesure, le jeune homme s'était senti soudainement naître à une nouvelle vie de l'intelligence et de la volonté.

Devenu en un instant l'homme d'un grand devoir, il

n'était plus l'Armand d'autrefois ; il cessait d'être le chasseur insouciant, incorrigible, acharné, que nous avons connu, pour devenir, dans sa pensée et son ferme propos, le soldat du travail, le consolateur de son père, le préservateur fidèle du vieil honneur et du vieux nom de Valady.

FIN DE LA PREMIÈRE PARTIE.

DEUXIÈME PARTIE.

I

ÉTAT DES CHOSES. — VOYAGE EN CHEMIN DE FER.

La leçon du malheur fait quelquefois de semblables miracles. Une nuit d'angoisse avait accompli la transformation absolue d'une âme.

L'énergie d'Armand allait se trouver à la hauteur de ses résolutions. Il acceptait la tâche que lui donnait le sort; il n'en connaissait pas encore, il est vrai, toute l'étendue.

L'examen approfondi auquel il se livra, lui révéla bientôt un ensemble de difficultés en apparence insurmontables. Le brave jeune homme ne se laissa pourtant pas décourager. Les difficultés constatées, il voulut les juger, les peser, les classer suivant leur importance et suivant l'époque plus ou moins prochaine où il faudrait les résoudre.

La première, c'était assurément de payer les vingt-trois mille francs de billets souscrits par Fabien, endossés par son père et protestés à Paris.

La seconde qui, pour être moins urgente, ne semblait ni moins grave ni moins impérieuse, c'était la restitution à faire à la jeune Hermance, la restitution du capital perdu par Fabien.

La troisième, enfin, et celle-là en soulevait combien d'autres ! c'était le fonctionnement de la ferme, auquel il fallait pourvoir sans le moindre délai, si l'on voulait conjurer encore la ruine définitive ; c'étaient quantité d'abus à réformer dans le régime de l'exploitation, une organisation nouvelle à créer, les dépenses à restreindre, les ressources sans emploi à mettre à profit, la culture rationnelle à introduire, c'est-à-dire tout un système judicieux, progressif, améliorant, capable en un mot d'augmenter les produits immédiats tout en préparant un meilleur avenir.

Pour faire face à des besoins si pressants, à quels moyens avoir recours ? Peau-de-Bique avait bien soutenu, de tout temps, que la Grand-Ferme habilement conduite eût pu assurer le salut commun. Armand se complaisait dans cette consolante idée. Mais, vu l'état des choses que nous savons, une telle espérance prouvait simplement combien ses connaissances agronomiques étaient insuffisantes. Le jeune homme avait les plus excellentes intentions ; mais il n'avait guère que cela, la Grand-Ferme étant plus que jamais dépourvue de ce qu'on a justement nommé le nerf de la guerre, c'est-à-dire de capital.

On ne donne pas aux terres de plus amples fumures

et de meilleurs labours, on n'achète pas de meilleur bétail, on ne paye pas de bons domestiques, on ne fait pas, en un mot, tout ce qu'il faudrait faire pour améliorer une culture, rien qu'avec de bonnes intentions.

Si nous donnions à penser, ici, que la science, le travail, une habile direction, l'ordre et l'économie peuvent suppléer à ce premier élément de toute amélioration culturale, LE CAPITAL NÉCESSAIRE, si nous laissions supposer qu'avec la bonne volonté seule il est possible d'entreprendre et de mener à bien une grande œuvre de progrès agricole, nous induirions dans une dangereuse erreur ceux qui seraient tentés de nous croire.

Du travail, du temps et de l'argent ! avait dit Peau-de-Bique, et Peau-de-Bique avait eu grandement raison. Argent, temps et travail, il faut en effet tout cela pour commencer, pour bien commencer. L'illusion d'Armand prouvait, avons-nous dit, son ignorance. A tout prendre, pourtant, elle ne laissa pas que d'être jusqu'à un certain point avantageuse ; elle soutint son courage.

Mais n'allons pas plus vite que les événements ; contentons-nous de les suivre.

Huit jours s'étaient à peine écoulés depuis la nuit douloureuse où Armand avait pris ses grandes résolutions.

Marc-Antoine, privé de la parole et de l'exercice de ses jambes par la paralysie, semblait condamné pour longtemps, pour toujours peut-être, à cette triste situation.

Peau-de-Bique, partagé entre les soins qu'il donnait à son troupeau et des affaires extérieures dont il ne soufflait mot à personne, avait beaucoup délaissé la maison durant cette dernière huitaine.

Pour Armand, il s'était mis immédiatement à l'œuvre. Il s'occupait sans relâche des détails de l'exploitation. Grâce à une surveillance active, la ferme, enfin mieux gouvernée, semblait pouvoir vivre tant bien que mal pour arriver à des temps meilleurs.

Armand eût donc pu estimer que tout était sauvé, si le souvenir de l'huissier, des billets et des protêts, n'était venu chaque nuit troubler son sommeil....

Cependant le village de Saint-Bertin était dans une agitation inaccoutumée ; le bruit venait de se répandre que le banquier Oscar Mangefer arrivait de Paris ; qu'il s'arrêterait à la ville voisine, mais qu'il avait de grands projets sur Saint-Bertin ou les environs. On disait que le banquier, après avoir, en peu d'années, doublé ses capitaux, voulait arrondir son patrimoine et se fixer dans le pays, pour y établir l'influence de son activité, de son savoir-faire et de ses écus.

En quoi cette nouvelle pouvait-elle intéresser très-directement la maison Valady ? C'est ce que nous apprendrons bientôt.

Transportons-nous maintenant pour un moment à Paris.

Nous voici arrivés aux premiers jours de décembre. Le temps est sombre, et il fait froid. Quelques flocons de neige tombent par intervalle. Huit heures viennent de sonner à l'horloge de la gare du chemin de fer du Centre. Le coup de sifflet du départ se fait entendre. Le train *express* du soir va partir : il est parti. Et la locomotive emportant rapidement le convoi, jette à droite et à gauche d'épaisses bouffées de fumée bientôt disparues dans la nuit.

Les voyageurs plus ou moins également distribués dans chaque wagon, après avoir disposé leurs menus bagages sous les siéges et dans les filets, s'enveloppent dans leurs manteaux, se casent et s'établissent du mieux qu'ils peuvent pour toute une longue nuit d'hiver.

Bientôt, à la lueur terne de la lampe du plafond, les plus curieux cherchent à s'édifier sur le sexe, l'âge, la condition enfin des compagnons que leur a donnés le hasard. Et quelques-uns ont déjà, sans doute, par quelque réflexion insignifiante, tâté leur terrain, essayé un bout de conversation avec la voisine ou avec le voisin.

Après tout, c'est leur affaire; nous ne nous occuperons pas de ce qui nous importe si peu.

Mais nous arrêterons l'attention du lecteur sur un compartiment d'intérieur demeuré incomplet, et où l'entretien familier ne devait pas s'établir si facilement.

Dans cet intérieur, les quatre places de coin se trouvaient seules occupées. Sans parler de ce qu'une telle disposition a de peu favorable à la causerie, chacun des voyageurs eux-mêmes, livré à ses réflexions personnelles, semblait peu disposé à s'en distraire.

Je dis des voyageurs. Il y avait, en réalité, deux voyageurs, mais aussi deux voyageuses.

L'un des hommes paraissait dans la force de l'âge; c'est-à-dire qu'il était jeune encore et bien conservé. Il se serait fait remarquer, si quelqu'un eût été disposé à l'examiner avec quelque curiosité, par une mise de fantaisie élégante, un peu prétentieuse peut-être. La santé et la prospérité s'épanouissaient dans son teint fleuri. Un heureux embonpoint témoignait également des douceurs de son existence ordinaire. Ses traits ne manquaient ni de beauté ni d'intelligence. Un peu plus de distinction n'y eût cependant rien gâté. De plus, la finesse excessive du regard jurait parfois aussi avec la bonhomie peut-être étudiée d'une bouche sensuelle et ordinairement souriante.

En résumé, notre voyageur pouvait passer pour ce qu'on appelle généralement un bel homme.

Entré dans le wagon en même temps que lui, et voyageant sans doute avec lui, maigre, mince et fluet, long à n'en jamais finir, ayant une figure en lame de couteau, de petits yeux verts et une chevelure jaune comme un clair de lune malade, son compagnon formait avec lui un contraste absolu, presque risible. Ce deuxième personnage grelottait dans son vêtement noir, partout également rapé, partout également luisant. Sur ce vêtement, peu de taches, et point d'accrocs, bien que les coudes et les genoux anguleux, comme du bois sec, de son propriétaire parussent devoir à chaque instant se montrer à nu et percer l'étoffe amincie par l'usure. C'était bien là le costume décent d'un vétéran désespéré de la misère.

Des deux femmes, l'une était une religieuse appartenant à une maison d'éducation de Paris; l'autre une jeune fille de dix-sept à dix-huit ans, vêtue de deuil avec une extrême mais séduisante simplicité. La jeune fille faisait vis-à-vis à la religieuse, et voyageait évidemment sous son patronage. Malgré le silence qu'elles avaient gardé jusque-là, elles étaient souvent en communication par l'échange d'un regard affectueux. La religieuse priait, sans doute; et sa jeune compagne rêvait avec une certaine apparence de tristesse ou de mélancolie.

D'une taille à peine au-dessus de la moyenne, gracieuse et pleine, surtout, de naturel, blanche et blonde avec des yeux bleus au regard doux et profond, cette jeune personne était particulièrement remarquable par la noble franchise que révélait son front. L'ensemble de tous ses traits trahissait d'ailleurs également l'énergie et la fierté sincère que donne la droiture ; on sentait qu'il devait y avoir dans cette âme toutes les susceptibilités d'une délicatesse presque hautaine, et au besoin, une résolution toute virile.

En somme, sans qu'elle eût toutes les perfections d'une beauté absolue, la jeune voyageuse était certes une bien attrayante personne.

Placé sur la banquette opposée, le voyageur élégant, sans être en face d'elle, pouvait la voir obliquement et l'observer même fort à son aise.

C'est ce qu'il ne manqua pas de faire tout en paraissant jeter quelques coups d'œil sur les notes éparses de son carnet. Il put donc, en feignant de lire, ne pas mettre dans son examen une insistance qui fût devenue grossière ; et, d'un regard distrait en apparence, il revint souvent à son vis-à-vis indirect.

Son admiration croissant petit à petit, il éprouva bientôt le désir d'en exprimer quelque chose. Notre homme ne manquait certes pas d'aplomb. Son assurance avait souvent même passé pour de l'outre cuidance. Eh bien, malgré cela, devant la réserve et la dignité de cette jeune fille, il se sentit presque embarrassé.

Pour rompre le silence qui durait depuis bien longtemps déjà, l'élégant jugea bon de commencer la conversation avec son compagnon de voyage.

9

« Eh bien, lui dit-il, d'un ton de familiarité un peu dédaigneux, eh bien, mon pauvre monsieur la Moru, ce début de décembre est vif, savez-vous ? Vous ne paraissez pas avoir chaud.

— Qu'y faire ? répondit piteusement l'homme à l'habit noir luisant, je suis loin en effet d'être à mon aise dans ma peau comme vous dans la vôtre....

— Drôle d'idée, murmura l'élégant à demi-voix ; vous comparez-là des choses si différentes.... Enfin, je vous écoute ; allez !

— Oui, continua le pauvre diable qui n'entendit pas ou ne voulut pas entendre, et qui tenait à poursuivre son idée, j'ai chaud tout juste, mais j'en ai vu bien d'autres. M. Oscar Mangefer : Pour vous, ajouta-t-il plus bas, vous, mon riche et généreux patron, vous ne songeriez même pas, en voyant que je grelotte, à allonger de mon côté cette chaude et épaisse couverture qui traîne sur le tapis, et qui vous est bien de trop en ce moment. »

Au nom de Mangefer, la jeune fille avait levé les yeux, comme si ce nom ne lui était pas tout à fait inconnu.

L'élégant, ou Oscar Mangefer, puisque nous savons maintenant que c'est lui, tint à ne pas donner une trop fâcheuse idée de lui-même ; il ramassa donc la couverture égarée sous ses pieds, et l'offrant à son voisin avec une cordialité empressée jusqu'à l'affectation :

« Ah ! mon brave la Merl..., mon brave la Moru, que ne m'y faisiez-vous songer plus tôt ? Vous avez froid, et il y avait là une couverture inutile. Couvrez-vous donc ; enveloppez-vous bien, et gardez-vous du rhume ; c'est une vilaine acquisition à faire au commencement de l'hiver, d'autant que les rhumes sont mauvais cette année. »

Le pauvre la Moru, peu habitué à de pareilles attentions et qui n'avait pas parlé de la couverture sans quelque méfiance, ouvrit des yeux étonnés et se laissa faire avec un naïf contentement : il était gelé, et la couverture c'était pour lui le dégel.

Cependant, après un moment de surprise, il ne voulut pas paraître trop complétement la dupe des charitables façons de son patron; et il jeta un regard de côté sur la belle jeune fille. Or ce regard voulait dire : Sans les beaux yeux qui nous voient, la couverture serait encore par terre et je greloterais toujours.

Cependant, le bel Oscar ayant cherché en vain quelque sujet moins banal que la question de température, se résigna à y revenir, et il répéta avec une conviction profonde :

« Oui, mon pauvre la Moru, l'hiver est rude cette année, et les rhumes sont mauvais.... Ces bouillantes ne méritent plus leur nom; et on ne nous les change pas souvent.

« Ces dames n'auraient-elles pas froid? ajouta-t-il d'une voix pleine de sollicitude. Je les supplierais de souffrir que je mette à leur disposition deux autres couvertures qui sont là roulées dans mon sac. »

Et il s'était rapproché du milieu du wagon pour faciliter la réponse en diminuant la distance....

Mais le silence persista, et on ne lui répondit que par une inclinaison de tête assez profonde, il est vrai, pour n'être pas un refus impoli.

Et le beau Mangefer fut réduit à se contenter pour le

moment de la conversation du pauvre diable qui répondait au nom gracieux de Chérubin la Moru.

Qu'était-ce donc que ce souffre-douleur, plus râpé qu'un recors sans emploi, et plus gueux que le bonhomme Misère lui-même?

Puisque le lecteur connaît déjà Mangefer, il n'est peut-être pas inutile de faire maintenant l'histoire de son compagnon, histoire qui est celle de bien d'autres, et qui contient sans doute plus d'un enseignement.

Chérubin la Moru était, lui aussi, une leçon vivante; c'était un exemple de plus des tristes destinées trop souvent réservées à ces demi-lettrés qui, ayant, pour leur malheur, plus d'ambition que de courage au travail sérieux de la terre, plus d'orthographe que de bonne volonté dans les bras, le cœur gonflé de vanité, la tête pleine de projets, mais la bourse plate, quittent un beau matin leur charrue, désertent leur village et vont chercher au loin fortune. Quelle fortune? on le saura bientôt.

II

UN BUVEUR D'ABSINTHE.

Nous avons précédemment raconté les malheurs de Fabien Valady; on a vu où l'avaient conduit les premiers enivrements du succès; eh bien, il reste à montrer encore combien on peut descendre plus bas.

Chérubin la Moru était fils d'un cultivateur, d'un fermier très-ignare, qui, précisément à cause de cela, s'émerveilla outre mesure d'avoir un garçon qui sût lire.

C'est là, en effet, l'une des plus funestes conséquences de l'insuffisance de l'instruction parmi les populations agricoles.

Tant que le savoir, même le plus élémentaire, ne sera pas plus généralement répandu dans les campagnes, tant que les premières notions qui sont le nécessaire pour tous et devraient être communes à tous, resteront cependant une exception et comme un privilége, les privilégiés éblouiront leurs familles, en s'éblouissant eux-mêmes; ils se jugeront et seront jugés déplacés dans une profession qui leur semble peu digne de leur mérite; ils mépriseront le travail manuel, et déserteront au plus vite la ferme où ils sont nés.

A l'école primaire, Chérubin avait eu deux prix de lecture et deux prix d'écriture, sans parler du prix unique d'histoire.

Un ancien bonnetier retiré, devenu maire de son village, présidait la distribution des prix où l'enfant obtint ses derniers triomphes. Après avoir admiré la page merveilleuse qui avait remporté le grand prix d'écriture, le bonnetier-magistrat, couronnant le jeune homme, dit alors en latin une phrase pompeuse ; et cette phrase signifiait qu'*ainsi on s'élevait jusqu'aux astres* ; il ajouta quelques félicitations à l'adresse du père ébahi.

« Père la Moru, lui dit-il en terminant, vous n'allez pas, je présuppose, mettre un garçon de tant d'avenir au labour. La bêche ou la pioche gâteraient cette main, qui est une si belle plume. D'ailleurs, ce blondin n'est pas robuste. C'est mince, délicat, cela a besoin de ménagement ; mais qui nous empêchera d'en faire un excellent clerc d'avoué capable de vous gagner dès demain ses vingt francs par mois ? Et tenez, au fait, je veux bien m'en charger. J'ai parlé de vingt francs, c'est trop dire. Mais à quinze francs je me risque. Je l'adresse, dimanche prochain, à monsieur notre fils l'avoué, un gaillard qui en sait long, notre fils ! — Eh bien, le vôtre, quelque jour peut-être, vous fera de l'honneur comme le nôtre nous en a fait à mon épouse et à moi. Je ne crains pas de m'engager pour mon fils, il ne démentira pas son père ; d'abord il ne l'a jamais démenti tout avoué qu'il est, et si savant qu'on le dise. Je promets quinze francs par mois à votre jeune homme ; il sera lundi

prochain sixième clerc chez monsieur mon fils
l'avoué. »

Et le vieux finot ajouta tout bas : « Bonne affaire ! une
plume comme on en trouve peu ! Tant pis, je donne
des arrhes !... »

Et il donna sept francs cinquante centimes pour le
payement de la première quinzaine à courir.

Chérubin, cinq fois couronné en trois ans d'école, et
fort admiré chez son père, avait formellement décidé
dans sa sagesse ou sa paresse, qu'il ne serait pas un
paysan. Avant même qu'on ne lui eût parlé de monter
jusqu'aux astres, il était bien résolu à ne pas se faire des
crevasses en maniant le manche d'une fourche à fumier.
« Bon pour ceux qui ne savent pas grand'chose, se disait-il, mais moi !... d'abord je veux porter l'habit noir,
j'aime ça.... » Il ne disait pas, hélas ! s'il l'aimerait râpé,
luisant, montrant la corde. Mais au fait, il devait porter
l'habit noir. « Il aimait ça. » Aussi ne se fit-il pas du
tout prier pour accepter, avec l'or de M. le maire, l'offre
d'une place dans l'étude de monsieur le fils.

C'est ainsi que Chérubin-Désiré la Moru, baptisé
immédiatement par ses camarades Chérubin la Mer-
luche, devint à quatorze ans sixième clerc, c'est-à-
dire saute-ruisseau, c'est-à-dire commissionnaire ou
valet de pied de tout le monde chez maître Lorret,
avoué au tribunal de première instance de la ville de *** ;
le tout aux appointements longtemps invariables de
quinze francs, puis de vingt-cinq francs par mois, plus
une ration très-exacte, et avec bonne mesure, de
claques, chiquenaudes, pichenettes, et autres menus
horions, le revenant-bon quotidien des courses qu'il

faisait pour les autres clercs; — une sorte de pour-boire obligé.

Le pauvre diable crut alors pouvoir gagner quelque chose, en s'appliquant avec un soin infini à ses copies, et en attirant l'attention sur la beauté de son écriture. Il y gagna simplement ceci : toutes les fois qu'il y avait à copier une pièce dont le patron recommandait particulièrement de soigner l'écriture, on lui infligeait immédiatement, par surcroît, la besogne d'un autre, sans rien diminuer de la sienne.

Cette première leçon lui apprit tout d'abord à réfléchir deux fois avant de montrer ses talents.

Quant à la vie matérielle, elle n'était pas pour lui plus fertile en douceurs. Il habitait, dans un grenier obscur, une soupente, où, l'été, sans feu il eût fait cuire un œuf, et où l'hiver il ne se débarbouillait que de temps en temps, une fois par hasard, le contenu de son pot à l'eau étant presque toujours à l'état solide, sous forme de glaçon. Sur ses appointements de chaque mois, il payait trois francs pour le loyer de son chenil. Il entretenait tant bien que mal ses hardes (on le blanchissait chez lui). Il achetait sa chandelle et son pain. Il avait, à deux sous par jour, une soupe tous les matins chez la fruitière, qui lui louait son gîte. Et pour réjouir un peu le pain de ses autres repas, il le mariait invariablement avec le lard bientôt ranci et le fromage souvent moisi que lui envoyait la ferme. Quant à espérer de la ferme quelque chose de plus, il n'y fallait pas songer. Lui donner autre chose, quelque argent par exemple, le vieux la Moru n'y voulait pas entendre. Tout ce que le vieux fermier dur à lui-même et aux autres considérait comme le nécessaire c'était le logis, le pain, le lard et le fromage ; et son fils avait tout cela. Mais l'argent de poche, « mauvais ; c'est mauvais, disait-il ; avec l'argent de poche on promène constamment dans sa poche la tentation de tous les vices. Il vaut bien mieux ne pas porter de tentations sur soi. »

En somme, il déclarait que son jeune homme plein de talents, sûr de son avenir, vêtu en bourgeois et habitant la ville, avait tout ce qui constitue une position magnifique, et il le pensait. Et il y avait peut-être au village des gens qui le pensaient comme lui; il y avait peut-être de jeunes laboureurs, qui ne connaissant pas leur bonheur, et contemplant avec regret leur blouse, portaient parfois envie à l'habit noir et au chapeau rond du jeune clerc. Ah ! si le jeune clerc avait osé parler ! Si l'habit noir et le chapeau avaient pu révéler tout ce qu'ils recouvraient de misères !...

Cette vie dura cinq ans. Pendant cinq ans, ce pauvre paysan dégrossi, perdu à la ville, n'eut pas une affection qui vînt lui sourire; il n'eut pas une vraie joie, pas un vrai jour de fête. Sans argent, sans ami, entouré de jeunes gens dont quelques-uns avaient le gousset bien garni, dont d'autres vivaient dans leur famille en y trouvant toutes les douceurs, il vécut seul, dédaigné, sinon méprisé.

Les nouveaux venus se succédaient à l'étude et lui passaient toujours sur le corps; tout le monde avançait; lui seul ne bougeait pas, les autres avaient des protections, pas lui. D'ailleurs, après avoir autrefois si peu gagné à montrer sa belle plume, découragé toujours et souvent humilié, il n'avait plus recherché les occasions de manifester une aptitude quelconque; il passait donc pour moins capable qu'il n'eût pu l'être en effet, si on eût mis progressivement ses facultés à l'œuvre. Ayant à dix-neuf ans les attributions qui lui avaient été données cinq ans auparavant dans l'étude, il était désormais un saute-ruisseau d'une espèce à part; et il paraissait difficile, avec la meilleure volonté du monde, de prendre ce grand et maigre paperassier à tournure de croque-mort pour un petit clerc.

Il faisait donc en réalité l'effet, tout comme il faisait à peu près le service, d'un garçon de bureau ou d'un domestique sans livrée; et pour les clients, pour les clercs nouveaux-venus eux-mêmes, il n'était guère que cela. Plus d'une fois, sans doute, il se demanda s'il ne ferait pas mieux de retourner simplement au village, et de reprendre, avec la veste de bure, le métier laborieux de paysan; mais chaque fois il s'arrêta sur la pente de sa résolution, se sentant pénétré d'une horreur profonde pour ce travail sévère que demande impérieusement la terre à l'homme, et dont sa paresse s'était de tout temps effrayée. Au fond, tout ressort moral finissait par s'user chez lui; dans cette lutte de cinq ans contre une misère sans dignité, il s'était résigné à l'humiliation et bientôt au mépris même. Tous les sentiments honorables s'effaçaient, dans sa conscience, pour faire place à une envie impuissante, à une cupidité sans audace. L'accomplissement machinal du devoir n'était plus de sa part qu'une lâche docilité pour gagner un piètre salaire; la probité purement matérielle dans laquelle il se renfermait, n'était que la crainte d'être surpris et châtié.

A vingt ans, cette âme avilie était absolument incapable de tout retour au bien. Il ne se pouvait pas, on le

voit, de plus honteux abaissement. Et voilà comme l'é-
colier, distingué cinq ans avant par un ancien bonnetier
devenu maire de village, avait fait son chemin dans le
monde; voilà comme *il arrivait jusqu'aux astres.*

A vingt ans, Chérubin-Désiré perdit son père. Le vieux
fermier routinier devait d'assez gros arrérages à son propriétaire. Quand ce dernier fit valoir ses droits, le clerc,
qui se croyait fort en chicane, voulut discuter quelques
points; il força donc le propriétaire à faire en toute rigueur
les frais conservatoires. Si bien que lorsque la liquidation fût finie, les frais et dépens payés, le plus clair de la
succession avait été mangé par la procédure. Chérubin-
Désiré put à peine toucher une quinzaine de cents francs.
C'était là tout son avoir, présent et avenir. Mais si peu
que ce fût, le gratte-papier n'avait jamais encore connu
une telle opulence. Il avait trop souffert, matériellement
et moralement, dans l'étude Lorret, pour être tenté d'y
rester un jour de plus, maintenant qu'il avait *de quoi,*
maintenant qu'il pouvait renouveler sa garde-robe et
payer des frais de voyage.

Il réalisa donc promptement ses fonds, et partit pour
Paris. Il avait jeûné cinq ans; il n'avait connu ni plaisir,
ni jouissance, ni bien-être. Un loup échappé du piége
après huit jours de diète et de captivité, n'est pas plus
affamé.

Pour la première fois depuis cinq ans, il dînait tous
les jours. Il couchait dans un véritable lit, et allumait
un vrai feu dans une véritable chambre. Il avait un
manteau. Il prenait l'absinthe avant chaque repas; il
prenait aussi son café suivi d'un ou plusieurs petits
verres. C'était là, du reste, ce qu'il trouva de vraiment

enivrant dans la vie opulente. Il avait essayé du spectacle: le spectacle l'amusait peu. Les bals, la danse ne
lui plaisaient que médiocrement; le jeu ne le tentait pas.
La demi-ivresse de l'absinthe, le demi-sommeil de la
digestion sur la banquette bien rembourrée d'un café,
voilà l'idéal tel qu'il le connut, hélas! trop peu de temps.

Cela dura trois mois. Au bout de trois mois, les frais
de route, les frais de vêtement et d'installation, les dépenses de la vie de Sardanapale que nous venons d'indiquer, avaient réduit à deux piles de cent francs les quinze
rouleaux d'écus de la succession. Il fallait revenir en
arrière; il fallait s'exiler peu à peu loin d'un paradis
enchanté dont le loyer était trop cher, et qui eût dévoré
une succession par trimestre.

Chérubin-Désiré chercha donc et trouva une place de
cinquième clerc, à soixante francs par mois chez un avoué
de première instance. Cinquième clerc; il n'en savait pas
assez pour être autre chose. Et soixante francs à Paris,
c'est court. Il allait bien l'apprendre.

Les derniers deux cents francs de la succession épui-
sés, le cinquième clerc ne tarda pas à retomber dans une
misère bien autrement cruelle que celle qu'il avait déjà
connue.

La misère de Paris! misère clandestine, ignorée,
honteuse, que la prospérité d'autrui coudoie et semble
insulter même sans la voir, pour qui la richesse insou-
ciante devient involontairement une ironie mortelle, que
l'éclat des magasins splendides provoque et irrite à chaque pas!

Bouche béante et le ventre creux, elle hume au sou-
pirail des cuisines en renom, la vapeur des mets succu-

lents; elle dévore d'un regard impuissant, à l'étalage des grands restaurateurs ou des marchands de comestibles, toutes les raretés, toutes les superfluités de la table, les tentations les plus dispendieuses de la bouche, les produits les plus appétissants du monde entier. Le cœur rongé de désirs et la bourse vide, elle boit des yeux, à la montre des bijoutiers, des joailliers, des changeurs, l'argent, l'or, les millions entassés. N'est-ce pas l'enfer?

Nous ne suivrons pas le misérable clerc jour par jour, sur le chemin de ses dégradations et de ses infortunes. Il vécut ainsi une dizaine d'années sans qu'aucun événement particulièrement remarquable vînt modifier l'existence qui le faisait l'esclave avili du besoin. Mais il arriva de la sorte à une démoralisation complète. Il perdit, hélas! jusqu'au sentiment de cette probité vulgaire qui, sans amour du bien, conserve au moins la crainte intéressée et clairvoyante du mal.

Et puis, des jours de son opulence, il lui restait une PASSION, passion terrible, irrésistible, dont ceux qui ne l'ont pas observée de près, ceux qui ne l'ont pas vue à l'œuvre ne devineront jamais la puissance et ne comprendront jamais les ravages.

Toutes les privations, toutes les souffrances du dénûment, il les connaissait déjà, il y était déjà formé, il les subit avec une sorte de résignation. Souvent il se couchait sur sa faim, et il se réveillait tout transi, n'étant pas suffisamment couvert.

Quand la blanchisseuse gardait son linge un jour de trop, il lui fallait, en guise de cravate, étaler sur son cou un vieux cache-nez et boutonner son habit jusqu'au menton. La chemise était à la rivière.

Et alors, que de précautions à prendre contre les accidents! les boutons tenaient si peu, les boutonnières étaient si fatiguées, l'habit entier si fragile, qu'un seul mouvement trop brusque, un geste trop prompt pouvaient tout faire éclater; l'habit déchiré eût révélé le linge absent. Pour le manger, c'était pire encore. Il lui arriva certaines fois, vers les fins de mois, de vivre tout un jour des débris exigus du déjeuner des autres clercs. Débris de pain, de charcuterie, de fromage, il ramassait le tout comme pour le jeter aux ordures, et il dévorait cette pâture sans nom, entre deux portes ou sur le carré. Eh bien, il était résigné à vivre ainsi. Mais la privation à laquelle il ne se résignait pas, celle qu'il ne songeait même pas à s'imposer, le vrai, l'unique besoin pour lui, la passion enfin, c'était l'ABSINTHE. Il lui fallait matin et soir sa ration du malfaisant et irrésistible breuvage. Il pouvait se passer de pain pendant vingt-quatre heures. Il n'aurait pas pu se passer d'absinthe.

A coup sûr, pour avoir du pain il n'eût jamais volé. Il vola le jour où lui manqua l'absinthe.

Dans une rue obscure, pas très-loin de l'étude, il hantait un café borgne où pour deux sous, deux fois par jour, il se faisait verser un verre d'une abominable mixture qui avait à peu près la couleur et prenait impudemment le nom du poison adoré. Dans ce bouge, il remarqua fréquemment un vieux buveur abruti qui fut bientôt pour lui un objet d'envie. Outre son café du matin et du soir, le vieux consommait régulièrement chaque jour ses quatre verres d'absinthe. Il payait le café en monnaie; mais le reste de sa consommation que, sans doute, il n'avouait pas dans le ménage, était soldé avec deux timbres-poste acceptés sans difficulté au comptoir.

Ce buveur était le triste mari d'une pauvre femme qui tenait un bureau de tabac à une certaine distance du café. Le mari dérobait donc très-probablement à sa femme les deux timbres de vingt centimes affectés à payer le supplément de sa dépense quotidienne.

La complaisance du comptoir donna au clerc trop souvent sans le sou une détestable pensée. A partir du jour où cette pensée lui fut venue, il dut manquer, tantôt au premier clerc, tantôt au second, tantôt au caissier, et le plus souvent au patron, jamais, il est vrai, deux fois de suite au même, il dut manquer à quelqu'un chaque jour, un timbre de vingt centimes ; la valeur de deux verres d'absinthe. La soustraction était minime et se faisait avec prudence. Il y avait donc des chances pour que le vol et le voleur ne fussent pas découverts ; et la chose eût pu durer longtemps.

Un beau matin, cependant, la Moru était remercié de ses services. Peut-être le patron avait-il trouvé qu'on respirait autour de son sixième clerc un trop violent parfum d'absinthe.

III

LES INFORTUNES DU BUVEUR D'ABSINTHE.

Huit jours après son départ de l'étude, la Moru n'avait plus cinquante centimes dans sa poche. Si habitué qu'il fût à vivre de peu, au moins lui eût-il fallu pour quatre sous de pain par jour et pour quatre sous de mixture verdâtre. Où allait-il trouver quarante centimes chaque matin? En flânant, un soir, à jeun sur les boulevards il passa par hasard devant un théâtre. En ce moment, un élégant qui voulait quitter le spectacle avant la fin, tendait au premier venu sa carte, sa contremarque, dont il n'avait plus que faire. Ce premier venu se trouva être par hasard Chérubin la Moru. Il reçut la carte sans être même décidé à s'en servir. Mais voyant autour de lui des gens vendre les billets qu'ils avaient obtenus de la même manière, il présenta, lui aussi, le sien à un passant qui lui en offrit soixante-quinze centimes. Or, c'était là pour lui le strict nécessaire de deux ou trois jours.

Il trouva donc le métier très-honnête, point fatigant, suffisamment rétribué. Et, pendant sept ou huit jours,

il vint chaque soir attendre à la porte du même théâtre
la générosité des amateurs qui ne voulant pas abuser
du plaisir, se sauvaient avant la fin du spectacle.

Ce n'était pas là, sans doute, un commerce à s'amas-
ser des rentes ; et toutefois notre homme trouvait ainsi
le moyen d'avoir le pain, l'absinthe, et même, dans les
bons jours, un cervelas d'un charcutier en renom. C'était
peu, mais combien c'était mieux que rien ! Chérubin
était devenu raisonnable, et savait se contenter désormais d'une prospérité modeste.

Un soir, sur le boulevard, il s'apprêtait à saisir la
carte d'un monsieur, qui sortait du théâtre.

Le monsieur qui n'était pas pressé, eut le temps de dé-
visager son homme et le reconnut.

« Tiens ! L'ami Cherubin Lamerluche, s'écria-t-il,
que faisons nous donc-là ? Nous ne sommes pas brillant,
ce me semble. »

Et le nouveau venu toisait le pauvre diable de la
tête aux pieds avec une commisération railleuse.

« Non, repartit la Moru, non, monsieur Mangefer ;
car c'était Mangefer lui-même, lequel avait connu le
cinquième clerc, quelques sept à huit ans auparavant
chez l'avoué ; non vraiment, pas brillant du tout ; et il
tendit de nouveau la main pour recevoir la contre-mar-
que de Mangefer ; mais Mangefer voulait en savoir plus
long. Il prit donc le bras de son interlocuteur, et lui fit
faire quatre pas hors des groupes en station à la porte du
théâtre.

« Sans place ? dit-il.

— Sans place.

— Et vous cherchez ?

— Je cherche et ne trouve pas. »

Mangefer le toisa encore, réfléchit un instant et reprit :

« Parbleu, j'ai votre affaire !

— Vraiment ? dit la Moru d'abord satisfait, mais bien vite découragé par un scrupule qu'il exprima éloquemment en promenant un regard navré sur son costume en détresse.

— Ça s'arrangera, » répondit Mangefer.

Quatre jours après, grâce à cette rencontre, la Moru, embelli de la défroque de son ancien camarade, était expéditionnaire, à cinquante francs toujours, dans l'importante étude de Maître Marinier, Notaire.

C'est là, en effet, que Mangefer, au titre de deuxième clerc, mais en amateur, puisqu'il était riche, achevait de se perfectionner à fond dans la partie des affaires qu'il lui convenait d'approfondir.

La Moru dut s'estimer heureux ; mais, là pas plus qu'ailleurs cinquante francs n'arrivaient à faire tout-à-fait deux francs par jour. C'était toujours trop court. L'homme recommença donc sa chasse aux timbres-poste en leur donnant même destination que par le passé. On voit qu'il ne songeait guère à se corriger.

Qu'est-ce qui empêche celui qui dérobe vingt centimes tous les jours, de dérober vingt francs et davantage ? La difficulté plus grande, le danger plus sérieux, l'occasion qui ne vient pas. Mais pas autre chose ! Si on eût dit à la Moru lorsqu'il commençait à soustraire un premier timbre-poste, qu'il ne s'en tiendrait pas là, qu'il irait jusqu'au bout, qu'il volerait de l'or, peut-être ne l'eût-il pas cru lui-même.

Eh bien, c'est qu'il se connaissait imparfaitement, c'est qu'il ne connaissait pas les entraînements du mal. En fait de droiture tout se tient.

« Qui vole un œuf vole un bœuf », dit le proverbe. Le proverbe a raison. Un jour devait venir où, pour le misérable, le besoin serait trop pressant, l'occasion trop complaisante, la tentation trop forte, en un mot.

C'était le premier janvier. La Moru ayant touché ses appointements de décembre, se donnait ses étrennes dans le café de son choix. De quatre heures à dix heures du soir, il but une série non interrompue de verres d'absinthe. A onze heures il était ivre-mort et s'endormait d'un sommeil de plomb sur une banquette de la salle de billard. Au billard, trois individus avaient fait une longue partie sous ses yeux.

La Moru glissant à chaque instant sur sa banquette, l'un des étrangers le redressa ou le releva deux ou trois fois, et put en même temps constater, sans troubler son sommeil, qu'il avait le gousset bien garni. Bientôt le joueur s'assit près du dormeur. Celui-ci ronflant toujours, fut fouillé avec une dextérité parfaite, et, en un instant, dix belles pièces de cent sous passèrent de sa poche dans celle de l'un des inconnus.

Le coup fait, les trois escrocs rentrèrent de l'air le plus innocent du monde dans la salle du comptoir, payèrent leur consommation et leurs frais de billard, et s'éclipsèrent sans bruit, en allongeant le pas dans l'obscurité de la rue.

Le buveur d'absinthe passa la nuit sur sa banquette. Cela lui arrivait quelquefois dans ses jours d'opulence, sans qu'on songeât à s'en étonner. Il ne fut donc point dérangé et ne fit qu'un somme jusqu'au matin.

Le matin, au réveil, il trouva sa poche légère. Il y porta vivement la main.... Qu'on juge de son désespoir ! Les cinquante francs touchés le trente et un décembre, c'était l'unique ressource du mois de janvier tout entier. Point de bois dans la mansarde, pas de pain pour un jour ; et de plus, en ce temps-là même, les effets du pauvre diable étaient complétement murs, prêts, c'était trop visible, à le quitter en détail. La chemise était à bout de résistance. La chaussure prenait eau par toutes les coutures ; la semelle menaçait de faire séparation de corps avec le soulier. Tout manquait à la fois ; plus un sou ! crédit mort partout, même au café ; plus d'absinthe !... Le misérable songea à la Seine ; mais en attendant, il se dirigea machinalement vers l'étude. Arrivé devant la porte, il entra, plutôt avec la pensée de dévorer une dernière fois les restes du déjeuner des clercs, qu'avec l'espoir de pouvoir revenir le lendemain encore.

Le notaire, alors sérieusement indisposé, était au lit.

A un coup de sonnette spécial, chaque clerc allait dans la chambre du patron recevoir directement les ordres que celui-ci voulait donner lui-même. L'heure du dîner venue, la Moru se trouva seul à garder l'étude. Le patron sonna. Il voulait jeter un coup d'œil sur un acte dont la copie devait être achevée. La Moru lui présenta cette pièce. M. Marinier chercha ses lunettes sans pouvoir les trouver sur la table qui était près de son lit.

« Voyez donc, dit-il à l'expéditionnaire, voyez dans le premier tiroir de mon bureau, à droite, il doit y avoir quelque chose comme un lorgnon, un pince-nez, une vieille paire de lunettes. »

La Moru fouilla le tiroir entr'ouvert, souleva quelques papiers et finit par trouver ce qu'on lui demandait.

Mais la fatalité avait voulu qu'il aperçut en même temps une clé. Cette clé il la reconnaissait. Ce n'était pas une clé ordinaire. Il avait passé quelquefois des quarts d'heure entiers à en examiner une toute pareille entre les mains du caissier. C'était une double clé de la caisse ; la seconde clé à l'usage du patron.... La pensée, non, mais l'instinct subit du crime surgit alors dans cette âme perdue qui avait descendu peu à peu tous les échelons de la dégradation. Sans réflexion, sans intention encore déterminée, avant d'avoir même songé à ce qu'il faisait, à ce qu'il voulait faire, la Moru avait la main sur la clé. Il ne s'en était pas rendu compte, pour ainsi dire ; et cependant, lorsqu'il tendit les lunettes à M. Marinier, la clé était dans sa main.

En trois secondes la réflexion lui vint, il vit clair dans ce qu'il avait fait. Une sueur froide le prit, ses dents claquèrent ; il crut mourir. Si, en ce moment, le notaire, au lieu de regarder attentivement son acte, eût tourné la bougie vers le misérable, il aurait été terrifié rien qu'à voir cette face de déterré, cette pâleur mortelle et cette fixité de regard. La Moru, en cinq minutes, vécut alors une heure. Il vit le gouffre entr'ouvert sous ses pieds ; il se vit aux assises ; il se vit au bagne. Ses jambes flageolaient, il s'appuya sur une chaise. La clé, la clé brûlait sa main. Il eût certainement donné dix ans de sa vie pour s'en débarrasser ! Mais que faire ? Le notaire avait terminé sa lecture et levait déjà les yeux pour le congédier. La Moru sentant venir ce regard, fit trois pas en chancelant, sortit de la chambre et tomba demi-mort sur une chaise.

Une minute plus tard, les autres clercs rentraient ; c'était à lui d'aller dîner ou faire tout comme. Il lui sembla que tous les yeux se dirigeaient sur lui ; que quelque chose d'étrange devait en lui attirer l'attention de tout le monde. Il lui sembla que chacun pouvait voir, dans sa main même fermée, la clé, la clé fatale. Il voulut fuir, il sortit aussi promptement qu'il le pût. Mais il trébuchait comme un homme ivre ; et, lorsqu'il arriva dans la rue, un passant, le voyant prêt à tomber, le saisit par le bras pour le soutenir. Il se crut perdu ; il crut qu'on l'arrêtait. Il échappa à la main du passant stupéfait, et se sauva en courant.

Quand il vit qu'on ne le poursuivait pas, il s'assit sur une borne dans une rue sombre et mesura la profondeur de l'abîme. Il avait eu certainement bien peur ; mais il n'avait plus ni religion ni honneur ; il se trouvait ainsi complétement désarmé en face d'une épouvantable misère ; et la misère sans espoir ne pouvait lui donner que les plus détestables conseils.

« J'ai pourtant la clé, se dit-il ; j'ai réussi après tout. Si j'en fais faire une autre sur ce modèle, il me sera facile de remettre celle-ci en place ; et, quitte à ne pas m'en servir, j'aurai la clé de la caisse. Après tout, il sera toujours temps de me jeter à la Seine. » Il continua alors sa course dans Paris. Il atteignit de la sorte un quartier très-éloigné. Là il avisa une boutique de serrurier. Il hésitait encore. En fouillant à fond ses poches,

il y trouva une pièce de cinquante centimes échappée à
la recherche des filous.

« Bon, se dit-il, voici pour me donner du cœur au
ventre. » Il entra dans un débit de liqueurs, but deux
verres d'absinthe et deux petits verres d'eau-de-vie;
paya, sortit, et se dirigea vers la boutique du serrurier.

Le lendemain soir, après avoir emprunté un franc à
chacun des trois derniers clercs et deux francs au frot-
teur de l'étude, il venait chercher les deux clés.

Le surlendemain, il avait pu remettre celle du patron
dans le tiroir du bureau qui se trouva de nouveau ouvert. Muni de sa fausse clé, il avait donc désormais
l'accès de la caisse. Vers six heures, à l'heure du dîner,
il se trouvait toujours seul. Sa détresse était poignante.
La conscience était morte en lui; il devait évidemment
succomber; il succomba bientôt. Il savait qu'il avait
une heure devant lui. Il tira de sa poche un flacon d'absinthe et en but une large lampée. Il se leva, et plaça
sans bruit une chaise derrière chacune des deux portes,
c'est-à-dire la porte d'entrée et celle qui communiquait
avec les appartements particuliers du patron. Il fit le
demi-jour dans la pièce en abaissant la mèche de la
lampe, et s'approcha ensuite à pas de loup de la caisse.
Il tremblait au point de pouvoir à peine trouver le trou
de la serrure. Il parvint pourtant à y introduire la clé.
Il hésita deux ou trois secondes, puis il donna un premier tour pour ouvrir. Il s'arrêta de nouveau croyant
avoir entendu quelque bruit derrière lui. Rien. Ce n'é-
tait rien. C'était la peur. Il donna un second tour de
clé; le tiroir était ouvert.... Il se borna alors à prendre

un franc dans le casier du coffre-fort où se trouvait la petite monnaie.

Le premier pas ainsi fait, il y revint souvent, presque tons les jours, se contentant d'abord d'un franc ou de deux francs au plus. Il était peu probable que le caissier dût s'apercevoir d'un prélèvement si minime. Un peu plus tard, les besoins devenant plus pressants, notre voleur ouvrit successivement plusieurs rouleaux de mille francs, prenant une pièce d'or de cinq ou quelquefois de dix francs, une seule et jamais deux dans chaque rouleau. Il repliait ensuite soigneusement les rouleaux entamés; et il eut encore ainsi l'espoir de dissimuler longtemps ces soustractions plus importantes.

Dût-on, en effet, constater à la fin le *deficit*, ce *deficit* pouvait être imputé aux erreurs involontaires dont les caissiers sont fréquemment victimes.

Un jour, six heures sonnant, les clercs étaient en train de sortir. Survint un client qui retint le caissier pour faire entre ses mains le versement d'une somme de quelque importance. Il y avait de l'or et des billets de banque. La Moru, assis à sa petite table, non loin de la caisse, regardait le client faire son compte. Quand le caissier prit le tout pour serrer les rouleaux dans un casier et les billets dans son portefeuille, la Moru crut voir, il vit, car il ne se trompait pas, que deux billets s'étaient collés l'un à l'autre, et que le client, par conséquent, croyant donner six mille francs en donnait en réalité sept. Son premier mouvement, bientôt réprimé, fut d'en faire l'observation tout haut; son second mouvement fut de baisser les yeux et de se taire. Déjà la liasse de billets était dans le portefeuille du caissier. Le

client se retira : le caissier donna trois tours de clé à son
bureau et s'apprêta à aller dîner à son tour. La Moru
resta seul comme à l'ordinaire, sachant de plus qu'à
l'ordinaire qu'il y avait mille francs de trop dans la caisse,
mille francs dont on ne pourrait constater la dispari-
tion; que le client réclamerait peut-être, mais qu'il croi-
rait avoir perdus ailleurs, après une vérification infruc-
tueuse dans la caisse.

Il attendit neuf heures du soir, l'heure du départ de
tous les clercs. Il lui arrivait, en effet, souvent de veiller
pour terminer le travail de copie dont il était surchargé.
C'était lui qui prévenait alors, au moment de sa sortie,
François, le domestique de confiance, lequel couchait
dans l'étude sur un lit dressé chaque soir, et fermait la
porte à double tour. A neuf heures et quart, la Moru
était donc seul de nouveau. Il prit minutieusement et
avec, encore plus d'émotion que d'habitude, toutes les
précautions accoutumées. Il modéra l'éclat de la lumière.
Il plaça les chaises qui devaient l'avertir si quelqu'un
voulait entrer; et il se crut parfaitement sûr qu'il n'y
avait personne ni sur le carré, ni dans l'embrasure des
fenêtres. Alors il s'approcha du bureau; il ouvrit le
coffre-fort et saisit le portefeuille. En un quart de
minute, il eut fait le compte des billets de banque; il y
en avait bien sept au lieu de six. Il ne s'était pas trompé.
Il en prit un, serra de nouveau les autres avec soin, et
remit le portefeuille en place.... Le billet soustrait était
là devant lui sur la table, et il allait fermer....

Tout à coup une large et robuste main saisit la sienne
sur la clé, serrant à le faire crier. Au même instant une
autre main s'abattait sur le billet, et un éclat de rire

contenu faisait tressaillir le coupable comme la trompette du jugement dernier.

Quelqu'un était là. Quelqu'un était derrière lui, et deux bras passant à droite et à gauche autour de lui l'avaient entouré, sans qu'il pût avoir seulement la pensée d'échapper à cette étreinte.

Tout cela est long à dire, et n'avait pourtant pas duré une seconde. Le cœur serré, la bouche béante, les yeux hagards et démesurément ouverts, la Moru, sans haleine et sans voix, se retourna lentement, et malgré la demi-obscurité qui régnait dans l'étude, il put reconnaître, il reconnut Oscar Mangefer. La Moru ignorait qu'au fond du vestiaire où les clercs suspendaient leurs manteaux, il y eût une petite porte ordinairement fermée qui communiquait avec l'antichambre.

« Je vous y prends donc, mon camarade, dit Mangefer à voix très-basse. Je vous y prends. Eh bien, je m'en doutais. C'est joli ! c'est flatteur pour celui qui vous a patroné et vous a introduit dans l'étude. »

La Moru s'était laissé tomber sur le fauteuil du caissier, il restait là, cloué, immobile, inerte et bien incapable de résister ou de fuir. Lui arrachant alors rudement la clé, Mangefer examina cette clé avec une curiosité attentive.

« Une fausse clé, dit-il, très-bien ! la clé est très-bien exécutée par ma foi ! »

Et il prit sur la table un code, l'ouvrit à l'article 381 du Code pénal et le mit sous les yeux du voleur : « Lisez-moi cela, lui dit-il, et veuillez étudier la combinaison de l'article 381 avec l'article 384, après quoi vous m'en direz votre avis. Tandis que la Moru lisait et ne disait mot, son protecteur d'autrefois, son maître désormais, fit quatre pas en arrière jusqu'à un casier voisin, y prit une paire de pistolets et vint en placer un sur le bureau du caissier, tout à portée de la main du coupable. Il toucha ensuite du doigt le code, en disant laconiquement : « Vous avez vu?... travaux forcés.... ça y est! » Puis il montra le pistolet, faisant un geste significatif, comme pour inviter le voleur à prendre cette arme et à aller se faire justice dehors.

La Moru respirant à peine et plus qu'à demi mort comprit cependant très-bien. Il répondit par un signe négatif, empreint d'une terreur naïve et profonde qui eût semblé en toute autre circonstance à tout le monde, et qui sembla au peu sensible Mangefer, d'un comique achevé.

« Non? continua Mangefer, vous n'en usez pas? c'est au mieux, je m'y attendais encore. » Et après un moment de silence : Combien as-tu emprunté à cette caisse jusqu'à ce jour? car ce n'est pas le début n'est-ce pas? ne mentons point! » La Moru réfléchit un instant. « Deux cents francs, environ, dit-il ensuite si bas qu'on l'entendit tout juste. — C'était bien la peine murmura Mangefer en haussant les épaules. Ainsi pour la première fois aujourd'hui nous allions travailler en grand. Je suis vraiment un malencontreux trouble fête! »

Il ouvrit alors de nouveau la caisse, remit le billet de mille francs à sa place, prit deux cents francs dans son porte monnaie en pièces de cinq, de dix et de vingt francs, et les dissémina, dans le fond du tiroir, sous les rouleaux d'or, de telle sorte qu'on pût croire qu'en fermant le coffre-fort, on eût par le mouvement fait glisser quelques louis de chaque rouleau à demi ouvert.

« Voilà, dit-il, la restitution faite. »

La Moru ne comprenait plus; il regarda un moment l'homme qui lui parlait, comme il eût regardé une vision du ciel, comme il eût regardé l'ange du pardon; il crut un moment encore à l'espérance. Mais Mangefer avait toujours son même sourire ironique et cruel, et la Moru vit bien qu'on le dispensait de toute reconnaissance.

Mangefer approcha l'encrier, une plume et du papier.

« Prenez la plume, dit-il, » la Moru obéit.

« Écrivez! » La Moru s'apprêta à écrire.

Et Mangefer dicta :

« Je soussigné, — mettez vos noms et prénoms! — reconnais devoir à M. Oscar Mangefer la somme de deux cents francs qu'il m'a prêtés pour me sauver du bagne et me permettre de restituer pareille somme que j'avais volée à l'aide d'une fausse clé, dans la caisse de M. Marinier, notaire à Paris, chez lequel je travaillais comme employé à gages. »

La Moru écrivit sans broncher.

« Datez! » lui dit-on.

Il mit la date.

« Signez! »

Il signa.

Mangefer prit alors cet étrange reçu et le lut attentivement. La main de la Moru avait tremblé; mais c'était encore lisible.

« C'est mauvais de rédaction littéraire, dit Mangefer;

enfin, ça se comprend : c'est tout ce qu'il me faut ; vous ne renierez probablement pas votre dette. Maintenant, monsieur la Moru, ajouta-t-il avec gravité, écoutez-moi bien. Tant que vous m'obéirez au doigt et à l'œil, j'oublierai tout, j'ignorerai tout. Je n'ai rien vu, je ne sais rien. Demain, je quitte cette étude pour me faire banquier. Je vous prends pour mon secrétaire, pour mon homme de confiance. Cela vous étonne et vous flatte en même temps, n'est-ce pas? Je le crois bien. Vous aurez, en fait d'appointements, ce que vous aviez ici, pas plus ; quelques gratifications peut-être en sus. Si je vous donnais davantage, l'absinthe vous perdrait. Je vous sauve ; mais je ne veux pas recommencer tous les jours. N'oubliez pas, ajouta-t-il en lui montrant une dernière fois le billet, n'oubliez pas que vous m'appartenez. Je vous connais et je vous tiens ; vous n'êtes pas un sot, et, à moins que vous ne fussiez un sot jaloux d'aller pourrir au bagne, je dois trouver en vous zèle et probité ; oui, probité exemplaire. J'y compte. Dès demain, je vous livrerais, au besoin, une clé, et non pas fausse, celle-là, une clé de ma caisse. Nous nous sommes compris, j'en suis sûr. Sortons ; avertissez François chez le concierge. Je vous donnerai des instructions dans la rue. Vous ne reviendrez plus ici. J'expliquerai demain moi-même au patron votre départ, en ménageant votre bonne renommée qui, d'ailleurs, m'intéresse, puisqu'elle peut me servir. »

Il dit, et mit les pistolets dans sa poche, et plia soigneusement le billet, qu'il logea dans son portefeuille ; et tous deux descendirent, Mangefer plein d'un sang-froid magnifique, la Moru atterré, mais trouvant peut-être, après tout, qu'il s'en tirait à meilleur compte qu'il n'eût osé l'espérer.

Mangefer, prêt à établir sa maison de banque dans les conditions peu avouables et cependant légales que nous connaissons déjà, avait besoin d'un homme de paille, d'un prête-nom, d'une machine à signatures, d'une âme vendue, d'une âme damnée.

Il lui fallait un escompteur et un endosseur de complaisance, au nom de qui se fissent les protêts, les saisies, les expropriations. Pour deux cents francs il avait tout cela. Il se donnait pour deux cents francs un esclave, un nègre blanc, un homme de peine en affaires, l'homme à tout faire. La Moru valait peu, sans doute; mais, à ce prix-là, c'était vraiment pour rien.

IV

SUITE DU VOYAGE.

Nous savons maintenant pourquoi et comment la Moru était l'esclave, et Mangefer était le tyran. Soumis à la domination d'un tel maître, courbé sous un joug de plomb et sous une main sans pitié, le malheureux, victime des triomphes de sa belle plume et des séductions de l'absinthe, s'était résigné au mépris, puisque, on peut bien le dire, il ne vivait que de cela.

Il n'en sentait pas moins cruellement la misère poignante de sa destinée. Et parfois il se disait, dans les moments où il était tenté de se révolter contre Mangefer :

« Après tout, que pourrait-il me faire de plus ? Le service du bagne ne doit pas être beaucoup plus dur que le service du patron. »

Mais le patron, dans sa cruauté joviale, ne manquait pas, nous le savons, d'habileté. Il savait de temps en temps, quand la Moru était prêt à se cabrer, quand la corde était trop tendue, lâcher d'un nœud et rendre la

main. Alors, il abreuvait son secrétaire de quelques
bonnes rations de liqueur verte. Il l'attablait de temps
en temps devant un flacon d'excellente absinthe, et le ré-
belle était bientôt reconquis.

Dans le wagon où nous les avons rencontrés tous les
deux, la Moru était presque à jeun; il n'avait pourtant
pas faim; il avait soif, et Mangefer s'en doutait. Mangefer emmenait son agent à Saint-Bertin pour en faire
l'instrument inconnu et le prête-nom de ses plus odieu-
ses manœuvres, notamment de la tentative d'expropriation qu'il méditait contre les maîtres de Saint-Bertin;
Mangefer avait donc intérêt à ne pas se montrer trop
brutal; il voulut, en conséquence, faire renaître le sourire sur la face terreuse du buveur d'absinthe; et après
avoir causé assez amicalement avec lui de choses indiffé-
rentes, comme on arrivait à une station où les voyageurs
changeaient de voiture et où il devait y avoir au moins
vingt minutes d'arrêt:

« Maintenant que vous voilà réchauffé dans cette
bonne couverture, lui dit-il, je parierais deux verres
d'absinthe à consommer, fût-ce à mes frais, car je parie
pour l'honneur seulement, je parierais bien, oui, quelques verres d'absinthe que vous avez soif?

— Et vous gagneriez certainement, dit la Moru, ne
pouvant dissimuler un sourire de satisfaction et de désir
au seul mot d'absinthe. Le patron, ajouta-t-il tout bas,
le patron n'est pas gentil tous les jours; mais quand il
l'est, il l'est en plein, je dois en convenir. »

Et tous deux descendirent de wagon pour s'acheminer
vers la buvette.

Pendant qu'ils passaient là un quart d'heure, c'est-à-dire quinze minutes de vrai bonheur pour la Moru, on déchargeait les effets des voyageurs qui allaient changer de voiture. Au sortir de la buvette, Mangefer donna un coup d'œil à ses bagages, et, par hasard, il lut en même temps un nom inscrit sur deux malles placées auprès des siennes : *Mlle Hermance Valady, à Saint-Bertin.*

« Bah ! se dit-il, vraiment ! Serait-ce bien ?... »

Et il regarda l'adresse d'une troisième valise du même groupe.

« *Sœur Sainte-Croix des dames de**** !... Plus de doute, ajouta-t-il, c'est elle ! La jolie personne qui est avec nous, et qui, malgré mes prévenances, s'obstine à garder un silence si rigoureux; c'est Mlle Valady !... C'est qu'elle vaudrait qu'on s'occupât d'elle.... Et si, outre ses beaux cheveux cendrés, outre ses grands yeux bleus couleur du soir, elle avait quelques centaines de mille francs dans sa corbeille, elle me ferait songer plus que bien d'autres que tôt ou tard on doit faire une fin.... »

Mangefer décidé à habiter désormais, au moins une bonne partie de l'année, la province, voulant s'y créer une position, une influence, et grâce à ses capitaux pouvant même aspirer à un rôle politique, à la députation peut-être, Mangefer, en garçon clairvoyant, s'était dit qu'il fallait nécessairement prendre femme; et que, s'il voulait une femme jeune, agréable, ayant de la fortune, il ne devait pas attendre d'avoir des cheveux gris et trop de ventre.

Se laissant donc aller volontiers sur cette pente des idées de mariage, il s'était élancé dans le nouveau wagon où les deux voyageuses avaient déjà repris leur place ; et tandis que la Moru, l'œil humide et comme attendri pour-

léchait ses lèvres minces et pâles pour y trouver un ar-
rière-goût d'excellente absinthe, le beau banquier, après
avoir encore une fois attentivement regardé la jeune fille,
ferma à demi les yeux et songea. Mais il ne fût pas resté
fidèle à ses habitudes, s'il n'eût point envisagé le mariage
comme une affaire. En ceci comme en autres choses, ses
intérêts avant tout.

« Pour charmante, elle est charmante, se disait-il,
fière, elle l'est; riche, c'est différent. Eût-elle, comme
on le dit, cent cinquante ou cent quatre-vingt mille
francs, pour moi Oscar Mangefer, qui ai largement
aujourd'hui mon demi-million, c'est peu.

« Oui, mais la belle blonde a des droits sur le domaine
de Saint-Bertin; elle a le tiers de la propriété, je crois;
ses droits devenant les miens, je mets le pied dans le
camp de l'ennemi.

« Sans cela, d'ailleurs, j'aurais beau faire exproprier
les autres, comment avoir sa part à elle? Le mariage est
donc encore le moyen le plus sûr d'arriver à posséder
Saint-Bertin.

« Si elle était laide ce serait cher. Mais elle n'est pas
laide, il s'en faut. Et quelle bonne façon cela aurait de
s'appeler un jour M. Mangefer de Saint-Bertin! —
Une famille très-honorée dans le pays! son père a laissé
de beaux souvenirs militaires ; et si j'allais devenir ambitieux, tout cela pourrait servir un jour. J'épouse, et
personne, en ce cas, n'a le droit de s'étonner qu'ayant la
dot de ma femme à sauver, je fasse valoir rigoureusement
mes droits contre les Valady? En les faisant exproprier,
j'accomplis mes devoirs.

« C'est qu'elle est vraiment très-bien, ajouta-t-il en

rouvrant les yeux, et nous aurions là, pour châtelaine de Saint-Bertin, une délicieuse Mme Mangefer. »

Toutes ces raisons aidant et bien d'autres encore qu'il put méditer à loisir, le banquier conclut de plus fort à se marier. Il pensa du moins que, sauf à y réfléchir encore, il ne risquait rien de tenter l'aventure.

Son projet de la sorte à peu près arrêté, par quels moyens préparer ses voies? qu'avait-il à faire? Rien que de fort simple vraiment.

Il s'agissait d'abord de se donner les airs d'un bon apôtre, de paraître un galant homme, un cœur géné- reux; puis de mettre la jeune fille en défiance contre ses parents de Saint-Bertin. Sans doute, Fabien étant mort, on allait à la Grand'ferme chercher désormais à lui substituer son frère, pour en faire le prétendant d'Her- mance. Unir les deux familles, reconstituer ainsi Saint- Bertin dans son intégrité, c'était en effet une idée on ne peut plus naturelle; et c'est pourquoi Mangefer songeait à en combattre la réalisation par avance.

Il importait donc, en se faisant valoir soi-même, de déprécier habilement Armand, de le calomnier sans pa- raître y toucher. Il importait de le faire paraître aux yeux de la jeune fille sous un jour odieux ou ridicule. Et quoi de plus facile? Avec un chasseur qui ne savait et ne saurait jamais que chasser, n'avait-on pas beau jeu?

Le plan de bataille une fois trouvé, l'exécution ne de- mandait pas un grand effort de génie.

Mangefer fut bientôt à l'œuvre.

« Eh bien, dit-il alors tout haut, en frappant amicale- ment sur le genou osseux de son vis-à-vis la Moru, vous ne dormez donc pas, mon brave?

— J'en serais bien fâché, répondit la Moru. Je regretterais bien de dormir, tandis que j'ai sur les lèvres le parfum délicieux d'une absinthe exquise.

— Enchanté d'avoir pu vous offrir quelque chose de digne d'un gourmet aussi distingué. — Et après un silence : Ah! vous êtes philosophe, vous; et vous portez philosophiquement les peines de la vie. Vous ne seriez pas préoccupé, comme moi, d'avoir à vous présenter demain au milieu d'une famille cruellement éprouvée. Cette famille m'est étrangère, il est vrai; mais c'est celle d'un ami qui vient de mourir, — glorieusement du reste en Italie. Eh bien, vous rirez sans doute, mais ça ne dépend pas de moi. Le chagrin d'autrui à voir de près me contriste profondément. Je ne veux pas me faire meilleur que je ne suis; je m'étourdis facilement sur les peines du prochain, lorsque je ne suis pas amené à les voir de près. On se fait une raison. On sait que la vie est faite de cette étoffe-là, malheurs inopinés et deuils imprévus. Mais voir couler les larmes, entendre des sanglots, et n'y pouvoir rien faire; avoir peut-être, au contraire, l'obligation pénible d'ajouter quelque chose à l'infortune qu'on aimerait à soulager, c'est dur, la Moru, c'est très-dur pour un homme qui a des entrailles. Vous devez me comprendre, n'est-ce pas? »

Si la Moru devait comprendre, il est certain qu'il ne remplissait que très-imparfaitement son devoir; il ne comprenait guère. Et il ouvrait tout ronds ses gros yeux ternes, cachant, sous leur étonnement à demi-stupide, une pointe d'ironie silencieuse. Du reste, il connaissait assez le patron pour deviner que ce discours n'était pas simplement une plaisanterie de peu de sel.

mais qu'il devait y avoir au fond de tout cela un intérêt
caché. En somme, soit qu'il y mît un peu de mauvais
vouloir, soit qu'il ne sût réellement que dire, il n'aidait
pas du tout à la conversation, et il se bornait à répondre
des oui! et des ah! qui pouvaient au gré du banquier,
exprimer la surprise ou l'admiration.

« Je suis fait ainsi, c'est plus fort que moi, disait
Mangefer.

— Ah! répondait la Moru.

— Les hommes qui ont trop de cœur sont bêtes,v
ment!

— Oui! murmurait le pauvre diable.

— C'est comme ça. J'aimerais mieux faire une perte
d'argent personnelle, que d'avoir à rencontrer un vieillard désolé. Les larmes d'un vieillard, ça vous navre.

— Bah? faisait la Moru.

— Mais vous devez avoir connu le jeune homme dont
je veux parler, un jeune homme si regrettable et si distingué! Tant de talents, tant d'espoir, tant d'avenir!
Tout cela, perdu sans retour!...

Entre nous, j'ai fait tout ce que j'ai pu, au delà
même. Mais ce charmant garçon n'a pas trouvé dans
sa famille l'intelligence et le zèle nécessaires pour la
sauver. Il y a un vieux père, un digne homme certainement!... mais le frère! Il y a là un frère dont
l'incapacité et l'inertie ont été la ruine de cette maison.... Pauvre Fabien Valady! Vous l'avez connu, dites-
vous?

— Je l'ai connu; un client! c'est vous, parbleu! qui
l'avez introduit dans l'étude.

— Oui, un noble cœur, un rare talent. Toutes les séductions à la fois. — Mais un frère qui lui ressemble peu. Pas fort du tout le frère.

— Bête, vous voulez dire?

— Bête si vous voulez. Bête, ignorant et paresseux!…

— Il a donc tout pour lui, ce garçon-là?

— Comme vous voyez. Pauvre Fabien, je l'ai certainement traité à l'égal d'un parent, mieux que cela, à l'égal d'un jeune frère. Eh bien, le vrai frère est, on me l'assure, d'une bêtise et d'un entêtement si âpres que je ne me tirerai pas de cette affaire sans de pénibles démêlés. J'ai fait, pour l'ami Fabien, tout ce qui était humainement possible. J'ai prêté ma signature : je suis responsable pour des sommes importantes escomptées sur billets par des tiers. Je ne puis, cependant, pas tout perdre, et vous verrez qu'on me forcera à plaider. »

Mangefer disait tout cela avec une sensibilité vraiment touchante et à demi voix, comme s'il eût voulu n'être pas entendu des deux voyageuses; Hermance néanmoins n'en perdit pas un mot : et le banquier y comptait. Elle écoutait, en effet, avec une curiosité et un intérêt qu'il est facile de comprendre. La noble et fière jeune fille gardait toute la candeur virginale de l'enfance. Son cœur n'avait jamais parlé ; elle n'avait jamais eu l'idée d'interroger son cœur. Mais elle savait après tout que le dernier vœu de ses parents l'avait destinée à être la femme de Fabien. Ce projet de famille depuis longtemps formé, elle l'avait accepté comme chose qui devait se réaliser simplement, naturellement; elle l'avait accepté, presque sans concevoir qu'il pût en être autrement. Elle avait eu en conséquence pour son cousin une bonne et naïve affection. Et le chagrin dont elle fut pénétrée en apprenant la fin si imprévue et une partie des désastres de Fabien, ce chagrin devait être profond. Le deuil qu'elle portait était un deuil sincère.

Elle était donc toute disposée par sa sympathie à admettre d'une manière absolue l'opinion exprimée par Mangefer sur les mérites de Fabien et sur l'injustice de son malheur. Quant à Armand, elle le connaissait à peine. Pour mieux dire, elle ne le connaissait pas du tout, ne l'ayant vu que très-rarement et à de longs intervalles. Elle n'avait donc aucune raison de ne pas croire bien fondées les appréciations sévères du voyageur.

Cet homme qui rendait si pleinement justice à Fabien, qui ne lui avait refusé même aucun genre de services et qui manifestait de si vifs regrets de n'avoir pu le sauver, ce ne pouvait être qu'un noble cœur et un ami généreux. Pourquoi eût-il été moins équitable pour Armand, si Armand avait valu son aîné? et comment se défier d'un jugement qui n'était sévère pour l'un des deux frères, qu'en raison même de l'affection inspirée par l'autre? Enfin, Hermance n'en était pas à ignorer l'opinion commune sur l'inintelligence et l'ignorance d'Armand. L'inconnu sous ce rapport ne disait que ce que tout le monde avait dit avant lui. Quelle probabilité qu'il fût moins dans le vrai, lorsqu'après avoir dit qu'Armand était ignorant et bête, il ajoutait, le sachant bien sans doute, qu'il était en outre personnel, égoïste, entêté; et que sa paresse et son incapacité seules avaient perdu tous les siens, et que c'était là, en somme, un triste personnage. On voit que les machinations de Mangefer devaient produire infailliblement leur effet. Une noble et droite nature comme celle d'Hermance devait s'y laisser prendre, et elle y fut prise.

Après deux heures de conversation, grâce à la complaisance que la Moru mettait à l'écouter, ou plutôt à le laisser tout dire, Mangefer avait, en multipliant les insinuations perfides, rendu Armand presque odieux à Hermance. Il ne lui restait, pour mener à bien la seconde partie de son plan, qu'à se rendre lui-même agréable. C'était évidemment plus difficile. Du moins, à l'aide d'une hypocrisie consommée, en affichant les sentiments les plus généreux, parvint-il sans trop d'efforts à inspirer une excellente idée de sa belle âme.

« Voilà un noble cœur, » avait dit tout bas Hermance à sa compagne, lorsque Mangefer eut fini sa plus magnifique théorie sur la beauté du dévouement et l'attrait du sacrifice.

Lorsque vers sept heures du matin, le convoi fit halte à la station de la ville de ***, où s'arrêtaient nos quatre voyageurs, Mangefer, multipliant les prévenances au moment où les dames allaient quitter le wagon, reçut un remercîment bienveillant de chacune d'elles; et Hermance ne refusa pas d'accepter la main qu'il lui tendait pour l'aider à descendre.

Pendant ce temps, la Moru, qui ne se croyait nullement tenu d'être aussi fort que son patron sur le chapitre de la politesse et des grâces, laissait la bonne religieuse cheminer comme elle pouvait hors du wagon, avec un sac de nuit dans chaque main.

La Moru, grelottant de nouveau, regardait la buvette, se disant qu'un troisième verre d'absinthe eût bien fait son affaire.

V

LE RETOUR D'HERMANCE AU MANOIR.

Nous avons maintenant à dire pourquoi Mlle Hermance Valady voyageait en ce moment et avait pu de la sorte rencontrer Mangefer dans le wagon d'où elle vient de descendre.

On sait quelles avaient été primitivement les vues de Marc-Antoine Valady concernant l'aîné de ses fils. Or, avant que les événements ne vinssent renverser des projets si sages et d'une réussite si certaine en apparence, il était arrêté que la jeune Hermance, son éducation achevée, viendrait attendre à Saint-Bertin le moment où Fabien serait prêt à prendre possession de l'étude qui lui était destinée.

Les malheurs qui tombaient sur Saint-Bertin coup sur coup, la ruine de la maison, la mort de Fabien, l'attaque de paralysie dont Marc-Antoine avait été frappé, changeaient brusquement la destinée de tous. La jeune fille, il est vrai, conseillée par son cœur, avait compris tout d'abord qu'elle devait aller offrir ses soins affectueux à ce bon vieillard qu'elle vénérait et en qui elle avait trouvé la tendresse d'un père. Elle arrivait donc toute prête à accomplir ce devoir presque filial. Toutefois le peu de sympathie qu'elle avait toujours eu pour Armand et les préventions nouvelles que l'astuce de Mangefer venait de lui inspirer par surcroît, lui faisaient envisager, comme une épreuve désagréable à subir sa rencontre, sous le toit de Saint-Bertin, avec un être à qui elle ne croyait pas plus de cœur que d'intelligence.

Elle avait certainement l'âme trop haute pour avoir cherché à se rendre exactement compte des atteintes portées à sa propre fortune par le fait des fautes de Fabien. Elle n'avait songé ni à ses droits ni à l'usage qu'elle en pourrait faire ; elle ne pouvait cependant supposer qu'il ne dût pas lui rester toujours de quoi vivre de la vie la plus modeste, s'il le fallait, mais d'une vie pleinement indépendante dès qu'elle le voudrait. Si Marc-Antoine devait guérir, ou si le vieillard, comme on pouvait le craindre, n'avait plus que peu de jours d'existence devant lui, Hermance était bien décidée à ne pas accepter la vie commune avec Armand. Elle sentait, en effet, qu'agir autrement, même à titre provisoire, ce serait s'engager jusqu'à un certain point et faire peut-être concevoir à Armand des espérances qu'elle ne songeait pas à réaliser. Elle s'était donc arrêtée à un projet qui devait sauvegarder toutes les convenances. La religieuse qui l'avait accompagnée, qu'elle avait eue pour maîtresse au couvent, et qui l'affectionnait tendrement, au double titre de quasi compatriote et d'élève, Mme Marie Sainte-Croix, puisque nous l'avons déjà nommée, était la sœur du vénérable curé de Saint-Bertin. D'impérieuses raisons de santé forçaient cette dame à venir, pour plusieurs années peut-être, habiter avec son frère et respirer l'air natal. Hermance avait tout de suite vu dans ces circonstances la possibilité de s'assurer un patronage respectable et de réserver de la sorte toute la liberté de son avenir.

Esprit droit et résolu, avec une maturité de bon sens rare à son âge, Hermance n'était ni pour les ajournements ni pour les demi-mesures. Son plan, comme on le voit, était donc tout fait. Elle ne comptait rester à la Grand'Ferme, que dans la mesure où sa présence pourrait être réclamée par l'état de son oncle. Et, elle allait s'en expliquer tout de suite, avec une entière franchise.

Pauvre Saint-Bertin, pauvre maison en deuil ! Lorsqu'elle l'avait quittée quatre ans auparavant, pour entrer en pension, tout y était plein de joies et d'espérances. C'était l'époque où Fabien partait également pour aller commencer son droit. Tout le monde croyait donc alors aux promesses du brillant étudiant. Tout le monde avait confiance dans l'avenir. Que de changements depuis lors ! Et quelles incertitudes, sur le lendemain de tous ! De telles réflexions ne pouvaient qu'attrister profondément un retour. La première entrevue de la jeune fille avec son oncle et son cousin, les seuls parents qui lui restassent, fut plus pénible encore qu'elle ne l'avait supposé. Lorsqu'elle s'avança vers son oncle pour lui offrir avec abandon son front à baiser, le vieillard que la paralysie clouait sur son siége, ne put ni lui tendre les bras, ni même se pencher vers elle. Il ne put avoir pour elle ni une parole, ni un geste qui parussent comme

un souvenir de la vieille affection d'autrefois. Toute la
vie du pauvre paralytique s'était concentrée dans ses
yeux. Ce regard vivant, sur une face immobile et pâle
comme celle d'un mort, avait quelque chose de navrant
dans sa douceur et dans sa désolation. Il semblait demander pardon à Hermance des malheurs dont elle
allait elle aussi subir le contre-coup. Puis, l'émotion
devenant trop forte, ce regard qui seul était toute l'expression d'une âme, se noya subitement dans un vague
nuage de larmes vainement contenues. Hermance comprit la muette éloquence de cette douleur. Elle se mit à
genoux devant Marc-Antoine et lui baisa la main sans
lui rien dire. Elle se retourna alors vers Armand. Aussi
profondément ému que sa cousine, mais bien plus inti-
midé, Armand pour qui les larmes de son vieux père
étaient une douleur toujours poignante, Armand baissait
les yeux ; et il eût été bien incapable de prononcer un
seul mot. Hermance fit un pas vers lui en lui tendant la
main, et alors seulement, il releva la tête. Mais ébloui
par la beauté de sa cousine, par cette transformation
complète qui mettait en défaut tous ses souvenirs d'autrefois, et lui montrait au lieu de l'enfant qu'il avait
connue jadis, une jeune fille accomplie ; il se sentit trop
complétement à distance de cette belle personne douée
de tant de grâce et de tant de distinction. Il comprit alors
mieux que jamais toute son infériorité : infériorité d'intelligence, d'usage et de langage. Toute parole lui eût
paru devoir trahir son ignorance, sa nullité, la vulgarité
de ses habitudes. Et non-seulement il fut incapable de
rien dire, mais il sentit combien il était, combien il devait
avoir l'air stupide.

Hermance y devait être et y fut complétement trompée.
Elle fit un rapide retour aux impressions que Mangefer
avait cherché à susciter en elle, elle se rappela le mot
ironique de la Moru, « il a donc tout pour lui ce garçon
là. » Et elle se dit à elle-même : « On a malheureusement raison. Oui, tout manque à cette nature ingrate.
Le frère du brillant Fabien est de toute manière cruellement dépourvu. Et, là où la bonté, la générosité, le cœur
seraient si indispensables, pour compenser l'insuffisance
des facultés de l'esprit, pourquoi faut-il qu'il n'y ait, à ce
qu'il paraît, encore, ni bonté, ni générosité, ni cœur? »

Elle plaignit son oncle de n'avoir plus qu'un fils et un
fils si différent de celui qu'il avait perdu. Mais elle persista d'autant mieux dans sa résolution de ne pas former
avec Armand par la vie commune une intimité qui lui
déplairait vivement par avance.

Et alors, avec une fermeté qui ne témoignait rien de
blessant, mais qui ne permettait pas de se méprendre sur
ce que sa résolution avait de formel, elle expliqua à son
oncle, qu'il lui semblait convenable et qu'elle avait résolu d'accepter l'asile à elle obligeamment offert par la
sœur de M. le curé.

« Ces dignes amis, ajouta-t-elle, voudront bien agréer
la modique pension que je devrai leur servir pour ne pas
prendre gratuitement, en m'asseyant à la table du presbytère, une part du bien des pauvres. Tout cela est déjà
réglé et consenti de part et d'autre. Je viendrai vous voir
tous les jours, mon cher oncle, et mon affection ne se
lassera pas de vous prodiguer tous les petits services
qu'une femme peut rendre mieux que ne sait le faire un
homme. Mon cousin, ajouta-t-elle en se tournant vers

Armand, a d'ailleurs à porter un rude fardeau, dans la situation nouvelle où il se trouve. La direction de cette maison, direction à laquelle il est, je crois, resté long-temps étranger, doit absorber une grande partie de sa journée. Il trouvera bon que je le supplée ici comme une sœur suppléerait son frère auprès du père commun ; et si je puis encore lui être à lui-même utile en quelque chose, s'il peut se décharger sur moi d'une faible portion de ses affaires, la correspondance, par exemple, quelque comptabilité, quelques écritures, qu'il dispose de moi sans scrupule. »

Armand ne se méprit pas sur le manque de sympathie qui avait dicté les résolutions d'Hermance, et il en fut profondément troublé. D'autre part, son excessive timi-dité, cette méfiance de lui-même, qui avait tant contribué à lui faire infliger l'injuste réputation de bêtise à la-quelle il s'était facilement résigné jusque-là ; enfin, une émotion toute nouvelle pour lui, et dont il ne savait pas se rendre compte, tout s'unit à la fois pour paralyser ses facultés. Lorsqu'enfin, surmontant son émotion, il se hasarda à articuler quelques mots : la parole le trahit encore ; il ne parvint qu'à balbutier une phrase qui ne traduisait même pas clairement sa pensée.

« Ma cousine, dit-il, voulant seulement répondre aux offres de services qu'Hermance venait de lui faire pour la direction et la tenue de la maison, nous accepterons, mon père et moi, avec bien de la reconnaissance, tout ce que votre générosité vous inspirera pour nous. »

Prévenue comme elle l'était contre les sentiments de son cousin, Hermance prêta à cette phrase une si-gnification tout autre que celle qu'il y fallait voir. Elle crut que le pauvre Armand cherchait déjà à se prémunir, par une sorte de basse mendicité, contre la revendication des droits qu'elle avait sur les débris de la fortune si sérieusement entamée. Elle ne sut donc pas dissimuler une sorte d'étonnement; elle laissa même percer quelque chose comme du dédain.

« Je puis vous assurer, lui dit-elle non sans une certaine hauteur, je puis vous assurer, mon cousin, que vous me trouverez beaucoup plus disposée à entrer dans les difficultés de la situation, et, par conséquent, beaucoup plus accommodante que vous ne devez, que vous ne pouvez le croire vous-même. »

Armand était à cent lieues de deviner l'interprétation fâcheuse donnée à ses paroles. Mais ce qu'il saisit parfaitement, c'est la froideur et le peu de bienveillance de la réponse qu'on venait de lui faire.

Pendant qu'Hermance prenait ensuite congé de son oncle pour retourner à Saint-Bertin et s'y occuper de son installation au presbytère, le pauvre jeune homme, plus triste que jamais, se demandait ce qu'il avait pu faire qui dût lui attirer les sévérités presque méprisantes de sa jeune cousine. Et, après avoir longuement réfléchi, la seule chose qui lui parut trop certaine, c'est qu'il était bien malheureux.

VI

TROIS LOUPS-CERVIERS CONTRE UN PATRE.

On connaîtrait mal M. Oscar Mangefer si on supposait qu'il dût rester bien longtemps sans faire parler de lui. Il était venu à Saint-Bertin, nous croyons l'avoir assez fait comprendre, il était venu attiré par une ruine prochaine, comme la bête de proie l'est par le carnage; et prêt comme elle à prendre sa part d'une dépouille humaine, après avoir de plus qu'elle, lui-même préparé la perte de la victime.

Les quelques jours qui s'étaient écoulés depuis la mort de Fabien, depuis les catastrophes dont cette mort avait été le signal, ces quelques jours, tout en paraissant un répit accordé par des créanciers bienveillants à la maladie soudaine de Marc-Antoine, avaient permis de mener à fond les procédures. On était désormais en mesure pour activer les œuvres de la justice. Protêts, assignations, jugements s'étaient succédé sans bruit. La mèche était placée, il ne s'agissait plus que d'y mettre le feu. Or, au moment même où le pauvre Armand cherchait un instant de solitude pour se reconnaître, s'il était possible, et se familiariser avec les rigueurs, si inexplicables pour lui, de sa belle cousine; comme il allait la tête basse et les yeux en terre, il se heurta tout à coup contre maître Pichenard l'huissier; M. Pichenard, l'expropriation étant de tout point préparée, venait faire au père Valady une sommation dernière d'avoir à payer quelques vingt-quatre mille francs. Dans le trouble où il était encore, Armand comprit mal d'abord ce dont il s'agissait. Il introduisit néanmoins l'huissier dans la pièce qui lui servait à lui-même de cabinet, et là il dut enfin se rendre compte de l'opération à laquelle l'agent judiciaire allait procéder. La saisie immédiate de tous les biens meubles et immeubles de la maison Valady devait suivre le nouveau refus de payer.

Armand expliqua, en peu de mots, et l'impossibilité absolue où l'on se trouvait de fournir même un à compte, et l'impuissance où était son père de s'occuper sérieusement d'affaires, ni même de recevoir quelqu'un pour en parler.

Pichenard insinua alors qu'avant de passer outre, il croyait devoir prendre sur lui de donner à Armand un conseil. Sans qu'il eût en rien reçu mission de faire une telle ouverture, il lui semblait, disait-il, qu'Armand, à défaut de son père, ferait, peut-être bien de chercher à voir M. Oscar Mangefer. M. Oscar qui avait fourni primitivement les fonds, n'était plus, il est vrai, maintenant en cause; les billets que, pour ses propres besoins, il avait dû faire escompter lorsque Fabien les laissa en souffrance, étaient désormais entre les mains d'un capitaliste très-dur, un M. la Moru qui ne se laissait guères attendait. Cependant, M. Mangefer était habile, il trouverait peut-être quelque biais, il trouverait, qui sait?... Un acquéreur peut-être disposé à débarrasser les Valady de certaines propriétés, qu'ils ne songeaient certainement plus à garder.... enfin on ne risquait rien d'essayer.

Contre une pareille proposition, Armand n'avait pas à objecter grand chose; et de son côté Pichenard, dont Mangefer avait acheté le dévouement à beaux deniers comptants, Pichenard tout en affectant un zèle exclusif pour les intéréts des Valady, jouait habilement le rôle arrêté, quelques instants auparavant, entre Mangefer, la Moru et lui.

Il fut donc convenu qu'une demi-heure plus tard, Armand se trouverait au village de Saint-Bertin dans l'étude de l'huissier, où celui-ci, sous un prétexte quelconque lui ferait rencontrer Mangefer.

Or, quand, à l'heure dite, Armand arriva dans l'étude, ce ne fut point le beau banquier parisien qu'il y vit installé ; mais un homme grand, sec et maigre , à la face hâve, aux yeux vert-bouteille et dont l'habit noir avait plus de brillant même qu'il n'eût fallu.

« M. Mangefer n'est point là, dit tout bas l'huissier à Armand. Mais tenez, voici, par grand hasard, le capitaliste qui fait poursuivre le détenteur des billets souscrits par M. Fabien et endossés par M. votre père. Il vaudrait mieux sans doute avoir affaire au banquier, qui est un homme capable d'un mouvement généreux; mais nous pouvons toujours voir ce que dira celui-ci. »

Et Pichenard présenta Armand au capitaliste la Moru, car c'était bien la Moru en personne, et le lecteur ne s'y est pas certainement trompé.

« Un créancier indulgent, dit l'huissier, qui voudrait bien accorder un délai à son débiteur, rendrait un fier service à une honorable maison, M. la Moru. Voici M. Valady fils ; il dépendrait certainement de vous, M. la Moru, de recueillir à peu de frais toutes les bénédictions de sa famille.

—Des bénédictions, reprit sèchement la Moru, je ne vois pas les bénédictions côtées à la bourse. Cela n'a pas cours chez les agents de change. Ce pays, à ce qu'il paraît, est bien différent de tous les autres pays. Ici on voit l'huissier chercher à attendrir les créanciers qui poursuivent ; c'est drôle !— Et pourquoi donc, continua-t-il, M. Valady, puisque c'est là M. Valady, pourquoi mes débiteurs s'obstinent-ils, ponr leur ruine, à garder des terres qui leur rapportent deux pour cent, tandis qu'en supposant même que je leur accordasse du temps, et que je voulusse bien me contenter de cinq pour cent d'intérêts, ils perdraient au moins trois pour cent par an. Vous voyez que ce serait leur rendre un fort mauvais service que de ne pas les forcer à vendre. Ces messieurs possèdent en partie, je crois, une propriété qui vaut, dit-on, quelque argent. Leur situation est très-embrouillée. Il y a une parente, à ce qu'il paraît, qui est mineure et qui a sur cette propriété des droits assez compliqués. On ne sait pas exactement, ces messieurs ignorent probablement eux-mêmes, la quotité, l'étendue des droits de chacun. Qui diable ira prêter là-dessus, quand j'ai déjà, eu vertu de plusieurs jugements, une grosse hypothèque? Ces messieurs n'ont rien de mieux à faire que de vendre à l'amiable, s'ils le peuvent, ou de laisser exproprier par justice, s'il ne peut en être autrement. Voilà tout ce que j'ai à dire, monsieur l'huissier, et menons vivement cette affaire. »

Ce disant la Moru prit son chapeau rapé, se leva, salua et fit mine de sortir. Au même instant, Mangefer entrait. Il prit la Moru par le bras et le ramena au milieu de l'étude. — « Le clerc de M. Pichenard m'a averti, dit-il, que vous étiez en conférence. Si je ne suis pas de trop, me voici. — M. Valady, je crois ? ajouta-t-il en se tournant vers Armand pour le saluer. Vous me permettrez sans doute, monsieur, de me mêler un peu de vos affaires; d'ailleurs je ne suis pas encore totale- ment désintéressé. Ma signature est au-dessous de l'en- dos de M. Valady père sur les billets qui sont main- tenant entre les mains de monsieur. Voyons, monsieur le capitaliste, si vous donniez un peu de temps à ces braves gens? Si vous leur laissiez la possibilité de trou- ver un acquéreur qui voulût bien se risquer dans une vente à l'amiable?... Que le domaine de Saint-Bertin, que le château se vende par expropriation, les frais vont tout dévorer.... Vous n'êtes pas un turc, M. la Moru, vous avez été baptisé, quoi que vous passiez pour vigoureux en affaires. Voyons, un peu de clémence une fois par hasard! Je m'intéresse, pour ma part, vivement à cette famille, ayant intimement connu le fils aîné, le frère de monsieur. Ne feriez-vous pas quelque chose pour moi, M. la Moru?

— Mais vous voulez le bien des gens malgré eux, ré- pondit la Moru en jouant sur le mot, sans que nul hormis Mangefer y prît garde; je parie que ces mes- sieurs ne voudraient même pas tenter de vendre à l'a- miable, lors même que je leur donnerais du temps. — Et alors à quoi bon des lenteurs qui n'empêcheront pas d'arriver au même résultat final, à l'expropriation, mais en multipliant tous les frais, en augmentant le cumul des intérêts, en me faisant attendre moi-même à mon grand détriment, car j'ai besoin d'argent, et sans profit pour personne, puisque la différence du revenu à tirer de la terre et de l'intérêt à servir aux créanciers, est évidemment ruineuse pour les débiteurs.

— Est-il donc vrai, dit Mangefer à Armand avec un étonnement plein de commisération, est-il vrai que vous ne soyez pas décidé à vendre à l'amiable, si vous trouviez à le faire, plutôt que d'attendre la vente judiciaire qui vous achèvera?

— Mon Dieu! Monsieur, dit Armand, si mon père était encore en possession de ses forces, je n'aurais pas le droit d'avoir une opinion autre que la sienne sur ce point. Dans l'état où il est, je sens bien que c'est à moi de prendre une détermination. Mais il m'en coûte beaucoup, j'en conviens, de renoncer à l'espoir de réparer nos désastres sans vendre cette terre, qui est depuis des siècles le patrimoine des deux familles, de la famille de mon père et de celle de ma mère.

— Libre à vous, sans doute, dit Mangefer avec une certaine aigreur, libre à vous, mon cher monsieur, de faire du sentiment sur les biens héréditaires et les domaines patrimoniaux, jusqu'au jour de l'expropriation; mais ensuite?... D'ailleurs, je suis peut-être bien indiscret d'intervenir ainsi sans y être provoqué par personne.

— Mais, repartit Armand, qui, portant pour la première fois le fardeau de la responsabilité dans les grandes affaires, craignait, dans son inexpérience, de compromettre une chance de salut, monsieur que voici, et il désignait la Moru, monsieur le disait, il n'y a qu'un instant, les droits des copropriétaires de Saint-Bertin sont trop embrouillés pour qu'il soit permis d'espérer une vente à l'amiable, et de plus, ma cousine est mineure. On me dit que c'est encore là un obstacle, ou tout au moins une grande difficulté.

— Oui, sans doute, répliqua Mangefer, qui entrevit avec joie la possibilité de mettre au moins un pied dans la place, oui, sans doute, vous seul, et sans le concours de vos co-intéressés, vous seriez sans droit pour tout vendre ; mais ne pouvez-vous pas céder vos droits personnels dans la proportion éventuelle que leur attribuera plus tard un partage ? Il s'agirait simplement alors d'évaluer la totalité du domaine à un chiffre de..., vous seriez payé plus tard, d'après l'importance du droit qui vous serait reconnu.

« Mais en attendant, un acquéreur bienveillant, — et l'on peut en trouver, je me ferais fort d'en trouver, — payerait, en à-comptes, de ses propres deniers, les billets pour lesquels vous allez être expropriés, sans que votre cousine elle-même, quoique mineure, puisse se soustraire à la licitation judiciaire pour un bien indivis et si peu susceptible de division....

« Seulement, il faut vous décider. Si l'on saisit ce soir, la vente suivra la saisie de près. Demain peut-être il sera trop tard. D'ailleurs, les frais vont marcher avec une progression effrayante. Réfléchissez.

— Réfléchissez, répéta l'huissier.

— Réfléchissez, dit à son tour la Moru, réfléchissez,

mais pas trop longtemps, sans quoi je perds patience. »

La chose s'engageait mieux que n'avait osé l'espérer Mangefer. S'il achetait à vil prix la part qu'Armand tenait du chef de sa mère, il devenait déjà de la sorte copropriétaire, ce qui pourrait rester au père Valady ne devant pas manquer de tomber en ses mains quelque jour; il tenait donc ainsi toujours le père et le fils. Quant à la part d'Hermance, Mangefer, qui trouvait de plus en plus la jeune héritière à son gré, espérait s'annexer cette part, à l'aide de moyens plus doux. Il était bon prince, et s'il rêvait l'empire de Saint-Bertin le Château, il acceptait l'idée de partager l'empire, le jour où Mlle Valady deviendrait Mme Mangefer.

Qu'on juge cependant des perplexités d'Armand. Il avait peur de perdre une chance, très-cruelle, d'ailleurs, et très-peu enviable en tout autre cas, mais la seule chance qui restât peut-être, d'éluder la vente ruineuse par justice. L'huissier était là. Les actes de saisie étaient prêts; l'expropriation était au seuil du domaine. Il n'osait dire non, et se révoltait à l'idée de dire un oui fatal.

Or, dans une circonstance si difficile, le jeune homme inexpérimenté se trouvait seul, sans appui, sans conseil, sans guide. Il lui fallait à lui tout seul prendre la détermination la plus grave.

« Que n'ai-je, du moins, en ce moment près de moi mon vieil ami Peau-de-Bique! » disait-il à part lui.

Et comme, au milieu de ses perplexités, il s'était approché de la fenêtre, il vit, précisément à ce moment même, Peau-de-Bique, qui d'un pas très-calme et d'un front très-serein, s'acheminait vers l'étude.

Armand ne put retenir une exclamation de soulagement.

« Ah! le brave Peau-de-Bique! s'écria-t-il.

— Présent, riposta le pâtre en ouvrant résolûment la porte et en s'avançant au milieu des quatre assistants, sans beaucoup de cérémonie. Présent, me voilà. Ce n'est que moi, ne vous dérangez pas. Eh bien, où en sommes-nous? Continuez, je vous prie ; je ne suis pas, je ne puis pas être de trop. Un ami n'est jamais de trop, je suppose. »

Et il s'assit bravement sur l'unique fauteuil du cabinet de maître Pichenard, en ajoutant :

« Nous disions donc?... »

La Moru, Mangefer et Pichenard lui-même, qui connaissait cependant le pâtre et ses allures, se regardèrent étonnés et regardèrent Armand comme pour lui demander ce que cela signifiait.

« Que nous veut-on? dit Mangefer avec quelque humeur.

— D'où sort ce rustre? dit la Moru de l'air superbe d'un grand seigneur de comédie.

— Nous sommes en affaires, et je ne comprends pas qu'on vienne nous déranger ainsi, ajouta Pichenard.

—Eh! bonté de Dieu! dit le pâtre. Si vous n'étiez pas en affaires, est-ce que je serais ici? Vous ne pensez pas sans doute, mon petit monseigneur l'huissier, que je vienne lever votre loquet pour la simple joie de vous voir? Monsieur, dit-il en désignant Mangefer, monsieur demande ce que je veux : mais je suis plus avancé que lui, car je n'ai pas besoin, moi, de lui demander ce qu'il veut lui-même, j'en sais autant que j'en désire savoir. J'ai le bon bout, par conséquent; oui bien, je vous connais, mon gros garçon. Je [reconnais parfaitement l'héritier du vieux papa Mangefer : un homme qui faisait suer hardiment aux écus des pistoles! Bon chien chasse de race; il se dit que vous avez encore joliment arrondi le magot. Tant mieux pour vous, tant mieux pour vous. Ça vous permettra d'arranger comme il faut cette métairie des Beaux-Versants qui nous avoisine. Vous la défoncerez, vous la retournerez, vous la drainerez si vous voulez. Mais quant à l'élargir à votre aise du côté de la nôtre et en marchant sur nous, nenni, mon beau monsieur, ça vous sera défendu. Si vous visiez du côté de la Grand'Ferme, votre fusil vient de rater; c'est moi Peau-de-Bique, comme ils m'appellent aujourd'hui, c'est Normand-sans-Peur, comme on m'appelait autrefois au régiment, c'est moi, mon petit, qui vous le dis.

— Mais enfin, dit la Moru, c'est indécent! Ça va finir, je pense.

— Tiens, je l'oubliais, celui-là, reprit le pâtre. Eh bien, il est mignon! Il a eu tort de parler, je ne me serais peut-être pas occupé de lui!...

— Je t'en supplie, dit Armand, tout confus des algarades de son vieil ami, je t'en supplie, tais-toi. Tes plaisanteries sont hors de propos. Je désirais à l'instant t'avoir près de moi pour me conseiller, mais tu me fais regretter maintenant le hasard qui t'amène....

— Laissez donc, laissez donc, jeune homme! Quand je parle, vous devriez le savoir depuis longtemps, c'est qu'il y a quelque chose de bon à dire. Celui-ci, ajouta-t-il le doigt tourné vers la Moru, ce maigrot qui monte en échalas et qui déteint en jaune, demande à mon sujet quel est ce rustre? Moi, je ne le connais pas, mais je lui dirai tout de même bien qui il est. Que j'en ai vu comme ça, qui n'étaient ni beaux ni encore excessivement malins, de ces meurt-de-faim sans pain bien gagné, écumeurs de marmite, râpés d'habit et de conscience, tripoteurs d'affaires que le tripotage n'enrichit même pas, parce que c'est pourri de vice et que ça nourrit quelque ver rongeur qui leur mange tout. Attrape, mon petit! Le rustre a répondu. Revenons aux affaires. Nous disions donc?...

— Nous disions, répliqua vivement Pichenard pour en finir et pour couper court aux ripostes de Mangefer que la colère allait gagner, nous disions que vous n'avez pas vingt-quatre mille francs à verser entre les mains de ces messieurs pour empêcher que la Grand'Ferme ne soit saisie pas plus tard que ce soir et vendue par expropriation dans les délais de la loi. Ainsi laissez-nous! » Et Pichenard montra la porte à Peau-de-Bique.

Peau-de-Bique ne bougea pas.

La Moru achevait de digérer, non sans quelque effort, les violentes vérités que le pâtre venait de lui lâcher à bout portant, sans le connaître.

« Vos insolences, lui dit-il, coûteront cher à M. Valady. Quand on ne paye pas aux gens ce qu'on leur doit, il serait trop commode de s'acquitter avec eux en les faisant insulter. On vous répète que vous n'avez pas vingt-quatre mille francs à donner à votre maître pour payer ces billets-là et tous les frais à la suite. » Et il montra un gros portefeuille bourré de papier timbré, protêts, significations, jugements, etc. — Allons, sortez! vous n'avez pas vingt-quatre mille francs....

— Eh bien, reprit tranquillement le pâtre, eh bien !
croque-mort de mon cœur, c'est ce qui te trompe ! C'est
ce qui vous trompe tous. Voici votre argent, donnez les
billets. »

Et Peau-de-Bique, au milieu de la stupéfaction
qu'Armand lui-même partageait avec tous les autres,
tira à son tour un gros portefeuille de sa poche, assu-
jettit dans sa main le bâton noueux qui pendait à son
poignet par une lanière de cuir, et mettant ainsi ses valeurs sous la sauvegarde d'une arme redoutable dans sa
main vigoureuse, étala sur la table un bon petit paquet
de billets de banque, les compta gravement comme s'il
n'avait fait que cela toute sa vie. Et, après les avoir
comptés, les montrant d'une main à Pichenard pour
l'inviter à les prendre, il tendit l'autre main en disant :

« Huissier, maintenant les billets, les papiers et tout
le grimoire. Donnez-moi tout et prenez votre argent. »

L'huissier ne pouvait se refuser à accepter cet échange.

Mangefer déconcerté, presque furieux, mais n'ayant
rien à dire, rabattit son humeur sur la Moru et lui siffla
à demi-voix ces mots : « Allons, celui-là aura eu aussi
le talent d'entrer en relation intime avec la caisse d'un
voisin. »

La Moru n'osa pas répondre tout haut, mais il murmura tout bas : « Oui, va, fais le plaisant, tu es vexé. Il
y a de quoi ! être roulé par ce rustre ! Oui, roulé le patron ! Quant à moi, parbleu, qu'est-ce que ça me fait ?
Je m'en moque ; je n'en aurais pas eu à déguster un
verre d'absinthe de plus, parce que Mangefer aurait
acheté à vil prix un château. »

Pendant ce temps, Peau-de-Bique s'était tranquillement assis devant le feu, et il faisait brûler un à un les billets, les protêts, toutes les paperasses que venait de lui livrer Pichenard. Cette opération terminée, il prit sans façon le bras d'Armand, jeta un regard légèrement railleur aux trois autres personnages stupéfaits, et s'éloigna de l'air honnête et content d'un bon chien de garde qui vient de débusquer le loup.

VII

CE QU'IL Y A D'ÉCUS AU FOND D'UN SAC DE GRAINES D'ARBRE.

Armand, émerveillé d'un dénoûment si imprévu et pouvant à peine y croire, était aussi désireux que le lecteur puisse l'être de connaître le secret de Peau-de-Bique; il avait hâte de savoir comment un portefeuille bourré de bons et beaux billets de banque, avait pu se trouver dans la poche d'un vieux manteau de pâtre.

Le jeune homme ne tarda pas à témoigner à ce sujet sa curiosité.

Mais Peau-de-Bique ne faisait les choses que quand et comme il lui plaisait.

« Un brin de patience, dit-il; un brin de patience, jeune homme ! Si le bon Dieu n'avait pas voulu nous donner l'exemple de la patience, il ne tenait qu'à lui de faire le monde dans la première heure du premier jour, et il ne l'a pas fait. — Nous avons à causer longuement, et de choses sérieuses; laissez-moi choisir l'endroit et le moment; suivez-moi, nous n'irons pas loin, et vous en saurez bientôt autant que moi. »

Nous avons dit que le plateau de Saint-Bertin formait une espèce de cuvette dont le rebord à peu près régulier, s'élevait cependant au nord et s'abaissait vers le midi ; Peau-de-Bique s'achemina sans parler vers le mamelon le plus saillant qui fût au nord. Parvenu à mi-côte de cette espèce de colline, à peu près inculte, il s'assit, et fit signe à Armand d'en faire autant. Ils avaient ainsi devant eux, et, pour ainsi parler, sous un seul regard, le domaine tout entier : un peu à leur gauche les bâtiments, le manoir et la ferme ; sur leur droite, formant un épais rideau toujours vert, le massif des grands arbres que nous connaissons déjà ; et tout en face au midi, par delà les terres, l'espace sans borne visible, où le regard se perdait comme dans une mer.

C'était une de ces belles journées de janvier, où le soleil et l'hiver semblent s'entendre à merveille : l'air est froid, mais plein de lumière ; ni brume, ni nuage qui vienne contrarier la clarté ; pas un rayon trop ardent qui veuille chercher querelle à la gelée.

« Pas dégoûté, notre bel ami Mangefer, s'écria enfin Peau-de-Bique, en montrant du doigt le paysage : Cette ferme, ce domaine, le plateau tout entier, et cette vue là-bas devant nous, qui défie des yeux de pâtre ou de chasseur, tout lui plaît, tout lui va, il faut tout à Monsieur ! pas dégoûté le banquier ! Ah, il voulait prendre pied sur nos terres ? il était temps ma foi d'y mettre ordre. Eh bien ! c'est fait.

— Oui, dit Armand, revenant à sa question, mais enfin, mon brave ami, comment donc as-tu fait ?

— Comment ? Cela vous intrigue, et eux aussi, j'en suis bien sûr. Cela vous intrigue, et je le conçois.

« Vingt-cinq, trente et même quarante mille francs, car il m'en reste, et mon portefeuille est loin d'être tout à fait aplati, quarante mille francs, oui vraiment, cela ne se trouve pas tous les jours, je le sais, sous l'oreiller d'un pâtre. Mon Dieu! nous nous étonnons, nous autres paysans, de voir quarante mille francs en mauvais chiffons de papier dont chacun suffirait tout juste pour allumer une pipe, tenir dans un portefeuille grand comme la main. Eh bien, ça aurait étonné aussi un monsieur de la ville, si, lorsqu'il y a soixante ans, je portais, noué dans le coin de mon mouchoir gros comme mon poing de petite graine noire, on avait voulu faire entendre au bourgeois en question, que cette poignée de graine contenait en germe quarante mille francs. — Oui, les quarante mille francs que j'ai eus ce matin dans ma poche. C'est pourtant cela.

— Comment donc?

— C'est facile à expliquer. Mais si je veux tout raconter, ce sera long.

— Raconte, avec toi je tiens à apprendre.

— Eh bien, voici en raccourci mon histoire que vous savez probablement fort mal, que personne ici ne sait beaucoup mieux aujourd'hui.

— Moi et les miens, nous sommes tous de père en fils, et depuis des siècles peut-être, les pâtres de Saint-Bertin. Mon père était donc pâtre mais, tout pâtre en haillons qu'il fût, lui aussi, ce n'était pas un homme comme le premier venu. Bien s'en manque.

« Ce qu'on avait enseigné à son enfance, et ce qu'il enseignait à son tour à la mienne, ne s'est jamais effacé de ma mémoire. Il disait entre bien d'autres choses :

« Un homme vaut en raison de ce qu'il pense, et non pas en raison de ce qu'il mange.

« Le métier ne peut avilir l'homme ; l'homme peut anoblir le métier.

« Un bucheron qui élève son esprit vers le Créateur, qui a l'amour charitable et dévoué de la créature, et qui sent les beautés de la création, compte cent fois plus au regard du vrai maître qu'un millionnaire sans cœur.

« Le corps n'est que l'habit de l'âme. L'habit n'est que la mascarade du corps.

« Ce qu'on fait pour le corps est de petite conséquence.

« Ce qu'on fait pour l'habit est l'enfantillage des niais.

« Si dans l'existence de l'homme des villes, on retranchait ce qui se fait pour l'opinion des autres, il ne resterait pas grand'chose pour gagner sa propre estime et pour compter beaucoup au jugement de Dieu !

« La vie est si courte et la fin si prompte que si on cherche trop longtemps ce qu'on veut faire, on meurt sans avoir rien fait.

« Celui qui en mourant peut dire qu'il n'a pas fait couler une larme, doit mourir content.

« La mort ne fait pas banqueroute à la vie. Le bon Dieu payera certainement ses dettes. »

« Je ne sais pas si mon père, et le père de mon père et d'autres avant lui, je ne sais pas si ces pâtres, qui tous avaient su lire, avait pris cela dans un livre ou si l'un d'eux l'avait trouvé dans sa tête, mais cela m'a paru bon, sage, conforme à l'Évangile. J'en ai fait ma philosophie, comme on dit parmi les savants, une philosophie de berger.

« Voilà comment, tout en sachant, Dieu merci, lire, écrire et compter, et quelqu'autre petite chose encore, sans regret, sans hésitation même, et, croyant en valoir un autre, j'ai été pâtre, comme mon père, —bon pâtre, je le crois.

« A vingt ans, je suis parti pour l'armée. J'ai fait mon service comme je devais le faire. D'abord caporal, puis sergent, j'aurais pu aussi bien qu'un autre devenir officier. La paix est venue. Moi qui n'avais pas d'opinion politique et qui, en servant sous un chef quel qu'il fût, ne voulais me donner qu'à la France, j'ai accepté mon congé sans grand déplaisir. J'ai revu avec joie le pays. J'ai repris ma veste de pâtre, ma vie en plein air; et la vie a passé. Du service militaire j'avais rapporté quelques souvenirs et pas mal d'expérience. C'était quelque chose.

« Ah ! l'expérience, une bonne maîtresse d'école, allez ! Je dirai, sans me vanter, qu'elle m'a enseigné bien des choses. Partout où j'ai passé, j'ai observé particulièrement la culture ; et la comparaison des procédés de chaque pays m'a plus appris cent fois que les livres, bien que je ne dise pas de mal des livres, et que j'aie lu tous les ouvrages sérieux qui se sont trouvés sous ma main, quand j'ai pu les comprendre.

« Mais suffit ; vous savez maintenant comment je ne suis toujours que le pâtre de Saint-Bertin, comment aussi, pourvu que vous y mettiez de la bonne volonté, comme vous avez fait depuis quelque temps, je me crois capable de faire de vous le meilleur cultivateur du pays, et de Saint-Bertin la ferme modèle de trois départements.

— Tout cela me dit bien ton histoire, et j'en savais déjà quelque chose. Mais l'histoire des quarante mille francs est restée en route.

— On y viendra. Vous êtes donc bien pressé ! Nous n'avons pourtant plus les huissiers à nos trousses.

« Nous avons notre temps. Je puis reprendre de haut. Quand votre père naquit (je suis diantrement son aîné, j'avais douze ans alors), votre grand-père me donna un agneau. Du prix de cet agneau, l'an d'après, j'en eus deux, puis trois, et ainsi de suite jusqu'à six, — j'avais droit d'en mettre six dans le troupeau, pas plus. —C'est égal ; c'était là déjà, vous le voyez, un bon noyau de fortune. Plus tard, peu avant de partir pour le service, de mes profits sur mes bêtes à laine ou de mes gages accumulés, j'avais cent bons écus vaillants, trois cents francs bien luisants dont je ne savais trop que faire. Mon père n'avait pas de besoins ; ma mère, qui avait été la nourrice de votre père, et qui gouvernait la basse-cour de la ferme, était de la famille au manoir. Elle recevait en cadeaux bien plus que son entretien et son nécessaire. La commune vendait alors quelques communaux ; parmi les terrains à vendre, il y avait une bande de terre de sept boisselées environ (un peu moins de deux hectares), enclavée entre le domaine de la Grand-Ferme et le domaine des Beaux-Versants, et formant, entre les deux, la limite neutre où pâtres et troupeaux des deux fermes se considéraient également comme chez eux.

« C'est pourquoi la commune, qui n'en tirait rien, s'é-tait lassée d'en payer l'impôt ; or l'impôt se trouvait, par suite de quelque erreur sans doute, assez élevé.

Personne n'étant tenté d'acheter, je me dis : mes cent écus seront aussi bien là que nulle part ; je veux devenir propriétaire. J'achetai ; et pour mes trois cents francs j'eus près de deux hectares.

« Sur la place du village de Saint-Bertin, et tout proche, trop proche même de l'église, il y avait un noyer magnifique. Ce noyer devenait pour l'église une cause d'humidité, de dégradation. Un jour, passant par là, je vis qu'on abattait l'arbre. L'arbre avait cent cinquante ans comme l'église, et tout le monde savait son âge. On l'avait vendu cent écus.

« Ah ! ah ! me dis-je, dans cent cinquante ans, si je plantais, chaque arbre vaudrait donc à lui tout seul ce que la terre m'a coûté.... ce serait un beau placement. Mille arbres sur mes deux hectares, trois cent mille francs ! un beau denier.

« Il est vrai, ajoutai-je, que dans cent cinquante ans je n'ai pas beaucoup de chances d'être encore en état de faire le commerce des bois. Mais bast ! si je n'y suis pas, d'autres y seront. Donc, à l'entrée de l'hiver suivant, votre grand-père m'ayant prêté pour une semaine ses deux plus fortes paires de bœufs, je défonçai à la grande charrue mon domaine. Au printemps suivant, j'y jetais une écuellée de graines de sapin ; et, dans un coin de cinq ou six mètres de surface, plus soigneusement défoncé et parfaitement ameubli, je fis un semis de chêne, de noyer et de cerisier sauvage. Plus tard, au milieu des sapins déjà bien venants, je plantai en choisissant la terre la plus propice pour chaque espèce, mes jeunes plants de noyer, de chêne et de cerisier.

« Voilà comment les beaux arbres que nous voyons

d'ici, que je vous ai fait visiter l'autre jour, et que je
vous reprochais de ne pas admirer comme moi, m'appartiennent depuis soixante ans. J'ai éclairci en temps
convenable, et voici bien cinquante ans que nul n'y a
touché; on a même oublié à la Grand'Ferme quel en est
le propriétaire; et la preuve, c'est que vous ne vous en
doutiez seulement pas.

— Eh bien alors, mon brave, tu as certainement de
beaux arbres; tu en feras de l'argent quand tu voudras;
mais des arbres ne portent pourtant pas des billets de
banque pour feuillage, et les quarante mille francs.... »

Depuis quelques instants, précisément du côté du bois
que Peau-de-Bique avait désigné du geste à plus d'une
reprise, on entendait retentir, bruyamment répétés par
l'écho, de grands coups de hache. A ce moment même,
tandis que les yeux de nos deux interlocuteurs étaient dirigés sur le sombre fourré, un sapin magnifique, debout
sur le faîte le plus élevé de la colline, et qui dominait
depuis longtemps tous les autres, parut s'ébranler, oscilla
plusieurs fois dans tous les sens, et finit par s'abattre
avec ce bruit formidable, qui semble le cri de mort des
grands arbres vaincus, et que la forêt outragée répète
d'échos en échos comme une vaste plainte.

Un soupir de vrai chagrin sortit de la poitrine profonde du pâtre. Il mit sa main sur son cœur en disant :
« Eh bien ! ça m'a fait quelque chose là tout de même. Je
les aimais, les beaux arbres semés de ma main. Ça m'a
fait quelque chose; à présent c'est fini; le premier coup
est porté. Et d'ailleurs, suis-je bête ? j'ai été assez content hier quand mon marché a été terminé, quand Marron, le marchand de bois de Saint-Bertin, m'a compté

quarante mille francs pour mes huit cents arbres qu'il vient faire abattre aujourd'hui. Cinquante francs la pièce, mes arbres de soixante ans, ce n'est pas encore trop payé ! Mais nous en avions grand besoin des quarante mille francs ; et si je suis assez niais pour avoir une larme dans l'œil en voyant un maître sapin mesurer la terre, je dois songer qu'il y a une heure seulement, les billets de mille francs ont bien eu leur charme, quand j'ai pu les jeter au nez de ces trois filous qui croyaient coucher dans quinze jours au château, et nous pousser dehors par l'expropriation. Donc, mon bon Armand, rions tout de même encore, et laissons tomber les sapins ; la graine reste ; il en poussera d'autres. »

Si Peau-de-Bique riait, c'était bien tout juste. Armand comprit cette émotion naïve. Peau-de-Bique avait passé soixante ans à voir pousser de beaux arbres, et n'ayant personnellement ni un besoin ni une fantaisie de dépenses, il n'eût jamais songé, pour lui-même, à livrer à la hache du marchand cette belle plantation. Sans hésiter, et sans même le dire, il avait tout sacrifié à l'instant, le jour où, par ce sacrifice, il avait pu sauver ses maîtres.

Armand fut donc profondément touché et il serra cordialement la large main du pâtre.

« Mon vieil ami, lui dit-il, ta générosité devient bien lourde pour nous qui te devrons ainsi trop de reconnaissance.

— Oh pour ça, notre Armand, non vous ne me devez rien ; c'est moi qui dois encore tout à votre père et au souvenir de votre mère ; car il y a des choses dont on ne se racquitte jamais.

— Et tu as fait aujourd'hui une de celles-là pour nous.

— Allons donc! il y a des services qu'on ne peut pas plus comparer entre eux que ce noisetier ne doit être comparé à ce chêne. Tenez, jugez vous-même:

« Pendant que j'étais soldat, j'ai eu deux congés de quarante-huit heures, et je suis venu deux fois revoir le pays.

« La première fois j'accourais pour embrasser mon père déjà très-dangereusement malade. J'arrive ici la nuit; je cours au cabinet où devait coucher le vieux pâtre. Il n'était pas là. Votre père ne le trouvant pas suffisamment bien dans cette pièce, l'avait fait transporter dans son propre lit. Je pénètre dans cette chambre, et voici le spectacle qui s'offre à mes yeux. Mon père avait un commencement de délire. Il avait saisi la main du vôtre, croyant tenir ma main. Il retint ainsi près de lui, le maître, l'ami dévoué qu'il prenait pour son fils. Et ne voulant pas lui ôter cette dernière consolation, cette dernière joie, votre père restait là, près du mien, tout comme il eût fait pour son père. Je pus mettre ma main à la place de la sienne, et le mourant s'éteignit, calme, presque heureux, avec l'idée d'avoir eu son fils à ses côtés depuis près de vingt-quatre heures. — Croyez-vous que de tels souvenirs puissent jamais s'effacer? Et que parlerons-nous maintenant de méchants arbres vendus?

« Un an après, je revenais de nouveau au pays et la cause de ce second voyage était bien triste aussi. Ma mère allait mourir à son tour. On m'avait informé qu'il fallait se hâter, que très-probablement, je ne la verrais pas vivante. J'arrivai encore de nuit. Il était trop tard. On venait de lui fermer les yeux. Qui lui avait, en mon

absence, rendu ce devoir? c'était votre mère, Armand,
c'était votre mère. De plus, la pauvre mourante avait de
tout temps témoigné une horreur profonde à la pensée
d'être mise dans le linceul par l'ensevelisseuse du village. Un caprice, sans doute, mais un de ces caprices
d'après la mort qui sont sacrés pour un fils. Qui est-ce
qui venait alors d'ensevelir ma mère? La vôtre, Armand!
je la trouvai au milieu de la nuit, elle si faible, si déli-
cate, déjà bien malade, je la trouvai achevant pieuse-
ment ce triste office.

« Et quand des maîtres ont ce cœur-là, on ne se donnerait pas à eux tout entier? Ah! la face de mon père et
celle de ma mère se détourneraient de moi dans l'autre
monde, si j'avais jamais pu oublier ces choses.

« J'ai vendu huit cents arbres. J'ai payé ces drôles, et
il nous reste près de dix-sept mille francs, pour mettre
cette ferme en bon train; et si, comme c'est possible, je
sauve Saint-Bertin, Monsieur Armand, c'est moi, foi
d'homme, c'est moi qui suis le plus heureux, et le plus
reconnaissant au bon Dieu.

« Tombent les arbres, maintenant! croyez-vous fran-
chement que j'y puisse avoir un regret? »

Les arbres tombaient en effet les uns après les autres
sous la cognée des bûcherons.

Peau-de-Bique n'y prit même plus garde; il resta un
moment rêveur, et continua bientôt.

VIII

CE QUE C'EST QUE LA PRIME D'HONNEUR. — LE PROGRÈS AGRICOLE. — PROGRAMME DE PEAU-DE-BIQUE.

« Et maintenant, continua Peau-de-Bique, parlons d'autre chose. Je vous ai dit que si vous le vouliez, je ferais de vous le meilleur cultivateur de ce pays, que nous ferions de Saint-Bertin une véritable ferme modèle.

« Pour cela, pour donner à nos projets, la suite nécessaire, pour réussir enfin, il faut avoir devant soi un but arrêté ; il faut s'être imposé une tâche difficile et dont on se soit rendu parfaitement compte.

« Que désirez-vous par-dessus tout en ce moment ? Réjouir encore les vieux jours de votre excellent père en relevant sa maison. Sauver Saint-Bertin, ne pas le vendre, faire face à tous les engagements, restituer le patrimoine de votre jeune cousine, garder enfin sans une tache l'honneur de la vieille famille et le nom de Valady.

« Donc, pour appeler les choses par leur nom, vous voulez faire fortune ?

« Dans votre situation, il ne peut y avoir qu'un seul moyen de faire fortune, c'est le progrès agricole, c'est l'amélioration des cultures, la bonification des terres, l'accroissement à donner par une exploitation intelligente aux revenus comme à la valeur foncière du domaine. Eh bien oui, je vous l'ai dit cent fois et je le répète aujourd'hui : cela est possible; mais cela est difficile. De toute nécessité, il fallait d'abord, un capital, il fallait de l'argent. En voici; j'ai là dans ce portefeuille, j'ai encore dix-sept mille francs qui serviront au plus pressé.

« Mais le but étant connu, par où commencer?

« Vous voulez connaître mon idée? Je vais vous la dire. La tâche que je veux vous donner, la voici :

« Dans cinq ans le concours régional doit se tenir au milieu de nous. Dans cinq ans la prime d'honneur sera accordée à l'un des cultivateurs de ce département.

« Vous ne saviez peut-être même pas ce que c'est que la prime d'honneur. Voici le programme; c'est très-clair, c'est facile à comprendre.

« La prime d'honneur consiste dans une somme de cinq mille francs, et une coupe d'argent d'une valeur de trois mille cinq cents francs; plus une somme de cinq cents francs et des médailles d'argent et de bronze à distribuer entre les divers agents ou serviteurs de l'exploitation. Cette prime est destinée à l'agriculteur dont l'exploitation sera la mieux dirigée, et qui aura réalisé les améliorations les plus utiles, les plus propres à être offertes en exemples à tout le monde.

« Eh bien, je me suis mis dans la tête qu'il fallait que dans cinq ans la ferme de Saint-Bertin eût changé de face et qu'elle fût en mesure de gagner cette grande récompense. Il faut que dans quatre ans, quatre ans seulement, lorsqu'une réunion d'hommes habiles viendra visiter votre culture, cette culture soit arrivée à un point de perfection où le succès ne puisse plus manquer ; il faut que l'on reconnaisse que le grand exemple du progrès a été donné par vous au pays. Il y a bien, dans un concours régional, en outre de la prime d'honneur des grandes médailles d'or ou d'argent pour ceux qui ont approché le plus du vainqueur ; mais nous n'en voulons point, n'est-ce pas? C'est la prime d'honneur qu'il nous faut ; pour moi, je ne me contente pas à moins. Car la prime d'honneur à atteindre, c'est pour nous pendant quatre ans l'obligation de bien faire : c'est la marche toute tracée devant nous, pour voir et savoir où nous devons aller. »

Armand se laissa naturellement gagner par la confiance et la résolution du pâtre. « Oui! répondit-il, je suis tout prêt à te suivre où tu veux me conduire ; et je ne m'épargnerai pas.

— Il est trop sûr, dit Peau-de-Bique, qu'il ne faut pas s'épargner. Dans une entreprise comme celle-ci, pas une minute à perdre, pas un effort à marchander, pas une fatigue à éviter. Nous sommes en retard ; pour arriver, il ne nous faut pas seulement marcher, mais courir.

— Eh bien, va ! je te suivrai, mais en attendant, parle toujours, je t'écoute.

— Ce qui existe aujourd'hui, nous le savons ; nous l'avons trop vu ; ce qui devrait exister, nous devons l'étudier sans retard.

» Voilà une ferme négligée, dévastée. La longue incurie des maîtres, la paresse des domestiques, l'abandon de tous, le défaut de capital, le défaut de bons instruments, de beau bétail, de fumiers surtout, oui vraiment, tout est contre nous ! Jamais une voiture de pierre n'est sortie de ces champs, jamais un défoncement n'y a été fait, jamais la bêche n'y a mordu, jamais une charrue n'y a fouillé, jamais un fourrage artificiel n'a reposé la terre entre deux céréales. La jachère inculte y laisse prospérer, fleurir, grainer, et multiplier d'admirables récoltes de chardon, d'ivraie, d'arrête-bœuf et de renoncule traçante. Les champs voisins sont infestés par le vent des graines que propage un si détestable voisinage. Partout le mal quand ce n'est pas le pire.

« Eh bien ! même dans cette situation, les premiers progrès agricoles ne sont ni aussi coûteux qu'on le croit, ni aussi difficiles qu'on le dit.

« Sans doute il y a des améliorations en très-grand nombre auxquelles il ne nous est même pas permis de songer. Mais ce que je nommerai *le progrès à la portée de tout le monde*, le progrès à la mesure des plus petites bourses, je puis l'indiquer en peu de mots ; nous devons l'accomplir en peu de temps, et il ne devra pas nous en coûter trop cher.

« Il ne s'agit pas, en effet, de chercher les grandes difficultés, au contraire. Sachons nous contenter de ce qui est, en fait d'amélioration, le strict nécessaire. Nous laisserons à d'autres plus riches, plus malins, plus savants, ou plus bêtes peut-être, les entreprises extraordinaires, les grands tours de force. Cherchons, oui, le nécessaire du progrès, et tenons-nous-y. »

Ainsi disait Peau-de-Bique, et Peau-de-Bique avait bien grandement raison, et combien je voudrais que tout lecteur ici consentît à l'en croire !

Oui ! il y a des améliorations sensées, rationnelles, conformes au sens commun ; et ce sont celles-là qu'il

faut poursuivre en s'éloignant également des extrêmes.
Ceux qui ne veulent rien tenter de nouveau, ceux qui
veulent tout faire à la fois, ne sont-ils pas aussi fous les
uns que les autres? Que j'en ai vu, de ces cultivateurs
encroutés, à qui l'idée de tout progrès paraît folie, et de
ces novateurs à tous crins, pour qui tout ce qui s'est fait
jusqu'à eux est détestable rien que parce qu'on l'a déjà
fait. J'ai vu le routinier entêté et le casse-cou sans expérience atteler leurs bœufs, chacun de leur côté, l'un à
quelqu'antique araire du temps de son bisaïeul, l'autre
à une machine à labourer bonne pour être traînée par
des éléphants? J'ai vu le propriétaire arriéré qui parlait
toujours de sa sagesse; et le propriétaire imprudent
qui vantait partout son génie.... Pourquoi ne pas raconter leur histoire?

Le premier, *l'homme qui ne veut pas en savoir plus
que les anciens*, avec de vieux bétail, avec un vieux bouvier, avec un vieux soc, écorchait à peine une vieille jachère. La moisson venue, toujours en retard et pas plus
pressé pour cela, il laissait exposée aux orages du mois
d'août une bonne part de récoltes qui eût pu être à
l'abri dès la fin de juillet. Partout et en tout les lenteurs
funestes, l'incurie, l'apathie, l'horreur de la nouveauté.
Le rebouteur et le guérisseur de vaches avaient l'entrée
de l'étable : mais le vétérinaire, point. On laissait pé-
rir un troupeau suivant la vieille mode, plutôt que de le
sauver autrement.

L'administration générale était à l'avenant. Pourquoi,
quand la nature a créé de la prairie dans une sage proportion, notre homme eût-il tenté de produire encore
des fourrages artificiels? Pourquoi prétendre à tenir

plus de bétail que la prairie naturelle n'en peut nourrir? De tout temps il y avait eu vingt vaches à la crèche et non davantage. Preuve que c'étaient vingt vaches, ni plus ni moins, qu'il fallait au domaine. Les bâtiments et la ferme étaient lézardés à jour, mais depuis un demi-siècle, le père et l'aïeul les avaient vus comme cela. Des murs qui menaçaient depuis soixante ans, pouvaient bien menacer soixante ans encore.

Et ces raisonnements à contre-sens, cette prudence à l'envers, cette sagesse à reculons, duraient ainsi jusqu'au jour où, comme nous l'avons vu chez les Valady, les terres épuisées, sans bons labours et sans véritables fumures, se refusaient à restituer même la semence; où il fallait acheter le pain pour nourrir la ferme; où les frais d'exploitation n'étant même pas compensés, il fallait emprunter, payer les impôts sur l'emprunt, vivre de l'emprunt, se ruiner par l'emprunt; jusqu'au jour où, au grand péril et à la grande terreur des gens, un coin des bâtiments s'écroulait en écrasant une partie du bétail.

Jusqu'au jour, en un mot, où ne pouvant songer à réparer de semblables désastres, incapable de payer l'intérêt de sa dette, ayant perdu le crédit partout et ne trouvant plus, sans argent, le pain du lendemain nulle part, le routinier exproprié par sa faute, s'asseyait un soir sur la borne de la grande route, et tendait son chapeau à l'acquéreur du domaine de ses pères.

Voilà donc un premier monsieur dont il faut dire avec Peau-de-Bique : « Regardez bien celui-là pour ne pas l'imiter. »

En voici un second qu'on peut regarder tout autant sans vouloir l'imiter davantage.

L'homme qui veut faire mieux que tout le monde, l'homme qui cherche du nouveau, a vu l'agriculture des pays les plus avancés ; il sait que ces pays eux-mêmes, la Flandre française, la Belgique, l'Angleterre espèrent progresser encore. Il est donc convaincu qu'on peut faire mieux que les Flamands, les Belges et les Anglais. Eh bien, il fera mieux ; c'est la loi du progrès.

Pour cela, que faut-il ? L'argent ? on l'emprunte : l'audace ? on l'a déjà ; le savoir ? on l'aura.... plus tard. S'il a jamais rencontré dans quelque musée agricole ou dans un atelier d'inventeur à demi-fou, une curiosité gigantesque, une charrue phénomène à douze chevaux, qui ouvre la voie, étend le fumier, répand la semence, recouvre le tout, sonne les heures et joue un petit air de musique par-dessus le marché, notre homme aime tant le progrès et les inventions ! il a certainement profité de l'occasion, et n'a pas manqué d'acheter cette belle pièce-là.

Par exemple, il en est encore à chercher le moyen et le moment de se servir de son acquisition.

Ainsi de tout le reste. Il a fait venir à grands frais d'énormes vaches suisses avant d'avoir amélioré ses maigres prairies et accru ses cultures fourragères. Il a reconnu un peu tard que les belles vaches de Fribourg, réduites à la chétive pitance des bêtes du pays, donnaient moins de lait que celles-ci et crevaient simplement de faim. Alors il a voulu, sur son domaine, mettre presque partout des luzernes et des betteraves. Que de bétail il allait nourrir ! que de fumier il allait avoir ! — Oui, mais comme il n'avait encore ni le bétail ni le fumier, comme les terres étaient mal préparées et encore affamées d'engrais, il avait eu des betteraves de quoi garnir copieusement quelques salades, de la luzerne, de quoi nourrir trois chèvres.

Cependant le programme était fait d'avance, et l'on devait le suivre. Les bâtiments anciens, convenablement réparés, auraient pu durer longtemps et s'agrandir peu à peu, au fur et à mesure des besoins à venir. Mais ces constructions n'étaient ni bien régulières ni bien conformes à ce qu'on voit de mieux ailleurs en ce genre. Et puis elles ne devaient bientôt plus suffire, soit aux bestiaux plus nombreux, soit aux récoltes plus encombrantes, qu'on ne manquerait pas d'avoir un jour ou l'autre dans une culture si perfectionnée ! Il fallait donc construire.

Or, les bâtiments nouveaux devant être promptement achevés, à quoi bon conserver les anciens ? Les matériaux des uns devaient servir à édifier les autres. Pour faire des bâtiments neufs, on commençait par jeter bas les vieux : les novateurs en toute chose en agissent souvent de la sorte. Malheureusement il y a de l'imprévu qu'il faut toujours prévoir ; les devis sont dépassés ; puis les démolitions ne se font pas toujours comme on croit les faire ; elles vont parfois plus vite qu'on ne voudrait. L'argent devient rare ; les travaux se ralentissent.

L'été venu, la moisson arrive. Rien de prêt pour recevoir les récoltes. On ne sait où remiser les gerbes, où battre le blé. Les besoins sont pourtant pressants. Il faudrait de l'argent. L'heure de rembourser les emprunts a sonné ; protêts et procès sont là.

Quatre ans sont déjà passés; on se trouve au cœur d'un rigoureux hiver, logés bêtes et gens, sous le ciel, entre la vieille ferme détruite et le nouveau bâtiment inachevé. Voilà comment le fanatique des innovations extravagantes finit par aller à son tour faire vis-à-vis, sur la route, au fanatique de la routine et par tendre la main comme lui.

On reconnaît sans doute encore ici les leçons de Peau-de-Bique et sa vieille expérience, et s'il ne s'exprimait pas tout à fait en ces termes, c'était toujours bien là le fond de son discours.

« Oui, ajouta-t-il bientôt, et nous donnons maintenant ses conclusions textuelles; il n'est pas impossible, il est même facile, à mon idée, de concevoir un petit programme d'améliorations culturales, où ne se trouve pas un seul point sur lequel tout le monde ne doive être absolument d'accord.

« C'est ce programme que je vais faire pour nous, et qui pourrait, croyez-moi, convenir à bien d'autres.

« ÉPIERRER, *c'est-à-dire purger la surface des terres, des pierres, graviers ou pierrailles, qui rendent tout bon labour impraticable.*

« DÉFONCER *les terres épierrées, les fouiller à la pioche, au pic, à la bêche ou à la grande charrue, suivie d'une fouilleuse; extraire en même temps du sous-sol les pierres perdues, les fragments, les blocs ou dents de rocher, dont la présence interdit l'emploi de tous les instruments perfectionnés, et l'exécution de toutes les façons minutieuses.*

« ASSAINIR, *dessécher les terres mouillées, humides, marécageuses, soit à l'aide de fossés à ciel ouvert, fossés de dérivation, et fossés de ceinture, soit à l'aide de tranchées recouvertes, constituant ce qu'on appelle un* DRAINAGE.

« AMENDER, *c'est-à-dire corriger et compléter un sol en y portant et y mêlant d'autres terres d'une nature différente, lui donner ainsi, en suffisance, les principes utiles à la végétation dont il est plus ou moins dépourvu; et par exemple,* CHAULER, MARNER, *pour donner à un champ le calcaire qui lui manque.*

« ACCROITRE LES FUMURES, *c'est-à-dire traiter plus convenablement et améliorer les fumiers qu'on recueille, utiliser bien des engrais précieux qui se perdent, savoir se procurer ceux que le commerce et l'industrie peuvent fournir à des prix avantageux, dans chaque localité.*

« ASSOLER *suivant les règles du bon sens, c'est-à-dire introduire dans la culture, un* ASSOLEMENT *ou une succession de récoltes variées qui ne demandent pas constamment au sol la même nourriture pour les besoins des mêmes plantes.*

« MULTIPLIER LES FOURRAGES, *et donner peu à peu plus d'extension aux* CULTURES SARCLÉES, *surtout aux racines fourragères qui fournissent de grandes masses de nourriture pour le bétail, et font donner à la terre des façons très-utiles.*

« AUGMENTER LE NOMBRE ET AMÉLIORER LA QUALITÉ DES BESTIAUX, *surtout par l'élève de la jeunesse et le bon choix des sujets; faire cela, aussitôt que l'accroissement des produits destinés à l'alimentation des animaux, permet de les bien nourrir, et d'obtenir d'eux, par ce moyen, plus de lait, plus de viande, plus de travail et plus de fumure.*

« SIMPLIFIER LES TRAVAUX ET AMÉLIORER LES FAÇONS, *par l'introduction des instruments perfectionnés qui font mieux, plus vite et à meilleur marché; — et suppléeront ainsi au défaut trop fréquent de main-d'œuvre.*

« Eh bien, voilà, je le répète le meilleur de ma science. Tout cela n'est certes pas la mer à boire. Faisons cela, faites cela; pour le moment, je n'en demande pas davantage.

« *Épierrer, défoncer, assainir, amender, mieux labourer, mieux fumer, mieux assoler; multiplier les fourrages, multiplier et améliorer les bestiaux, introduire quelques instruments nouveaux dans la culture,* voilà tout mon programme en dix articles. Voilà, selon moi, les dix commandements agricoles, très-simples, faciles à comprendre, pas très-difficiles à exécuter, et dont l'exécution ne sera certainement pas trop coûteuse, si on y met de l'ordre, de la suite, ce qu'on appelle de la méthode; si on va progressivement et avec prudence, sans rester en arrière et sans faire de trop grandes enjambées. »

Ainsi parla Peau-de-Bique, et Peau-de-Bique avait grandement raison; e ceux qui penseraient autrement, je les jugerais malades.

Parce qu'il n'y a, dan un tel programme, rien de bien dispendieux, rien de très-étonnant, rien de tout à fait extraordinaire, il ne faut pas, en effet, méconnaître qu'il s'y trouve déjà tout un ensemble complet d'améliorations infiniment désirables !

Combien de braves gens pour qui jamais il n'y aura guère autre chose qui soit raisonnable et suffisamment sûr ! Combien, pour qui la réalisation de ces enseignements de Peau-de-Bique serait le vrai progrès, le seul progrès pratique, sans aventure, sans risque et sans mécompte !

Et, en tout cas, connaissant le pays et la culture du pays comme il les connaissait, le brave pâtre était bien convaincu que si on se mettait résolûment à l'œuvre, que si Armand consacrait quatre années bien remplies à faire ce qui venait de lui être conseillé, Armand, au bout de quatre ans, serait, dans le département, à la tête du progrès agricole, et ne pourrait pas manquer la prime d'honneur. C'est ce qu'il ne craignait pas d'affirmer à son jeune ami, en lui disant une dernière fois avant de le quitter : « Courage ! mon garçon, courage ! Vous savez que le vieux berger ne se trompe guères. »

IX

LE PROGRÈS EN ACTION, TRANSFORMATION
DE LA GRAND'FERME.

Les préceptes ainsi établis, restait à les mettre en pratique.

Armand, nous l'avons dit, était déjà résolûment à l'œuvre. Mais réduit jusque-là à ses seules inspirations, il n'avait pu qu'apporter un peu plus d'ordre et d'assiduité dans la surveillance de la ferme et la gestion de toute chose.

Sous la direction désormais vigilante de Peau-de-Bique, avec le secours d'un capital à peu près suffisant, avec les conseils du brave pâtre, et en recevant de lui, chaque soir, pour le lendemain, la consigne du travail général, notre jeune prétendant à la prime d'honneur allait faire bien plus et bien mieux. Il allait entreprendre la réalisation du programme dont le lecteur a pu se faire une idée en parcourant les pages qui précèdent.

Peau-de-Bique, après un examen attentif de la situation et des dispositions déjà prises par Armand, fut d'avis qu'au lieu de nourrir mal une quantité relativement trop considérable de bestiaux, il valait mieux en réduire le nombre et nourrir abondamment. C'était, selon lui, le moyen d'avoir plus de fumier et de meilleur fumier; on devait en outre, se débarrasser ainsi de tous les animaux défectueux, incapables de fournir de bons types à la reproduction.

Mais vendre les animaux maigres était difficile, les fourrages ayant généralement manqué. Et pour les engraisser avec peu de fourrage comment faire?

Suivant Peau-de-Bique, il s'agissait tout simplement, non pas d'augmenter les rations fourragères, mais de suppléer à leur insuffisance à l'aide d'achats, après avoir établi la comparaison entre les prix des autres nourritures. Il fallait, par l'étude des valeurs nutritives, ou comme disent les livres, des *équivalents*, chercher quels aliments se trouvaient alors à meilleur marché; comment, par conséquent, on pouvait, à moindres frais, *mettre en chair*, sinon engraisser à fond les bestiaux qu'il convenait de vendre.

Il se trouva qu'en ce moment-là même on pouvait, aux portes de la ville voisine, et pour un prix très-inférieur à leur valeur alimentaire, se procurer de la drèche de brasserie, les résidus d'une fabrique d'amidonnier, et les tourteaux d'une huilerie, tourteaux de noix, de faîne, de colza, de navette ou de lin.

« Allons, ça va bien, dit Peau-de-Bique, nous pourrons, sans qu'il nous en coûte gros, faire la soupe des bœufs. »

Et il enseigna au maître bouvier à préparer, comme dans le Nord, la nourriture fermentée. Dans des mélanges composés de quelques navets ou betteraves, de tourteaux concassés, de drèche, etc., on put utiliser de la manière la plus profitable le foin qu'on donnait forcément avec parcimonie, les pailles hachées, les balles de toutes les céréales, les siliques de colza, toute sorte de débris qui trop souvent se perdent; et en arrosant le tout avec de l'eau salée, en laissant s'échauffer la masse pendant deux ou trois jours, on obtint une nourriture relativement très-économique, laquelle fit merveille pour l'engraissement des animaux réformés. En très-peu de temps, contre toute attente, on eut des vaches prêtes pour la boucherie. On vendit à bon prix. Les bêtes vendues laissèrent au grenier plus de fourrage, dont les autres profitèrent; et, en fin de compte, on ne garda pour reproducteurs que les sujets les plus méritants, les sujets de choix qui devaient se trouver en très-bon état à la sortie de l'hiver.

Dès qu'on trouvait, comme nous venons de le voir, à tirer bon parti de la paille pour la nourriture, il eût été peu sage de ne pas l'épargner exclusivement à cette fin; il fallut donc pourvoir autrement aux litières.

Marron, le marchand de bois, qui avait acheté les arbres de Peau-de-Bique, possédait à Saint-Bertin une scierie qui ne chômait guère. Il s'accumulait là des quantités de sciure dont on ne savait que faire. Armand, conseillé par le pâtre, se chargea de débarrasser la scierie encombrée. Pour une minime étrenne aux ouvriers du marchand, il put charger de la sciure à pleins tombereaux, et en fit enlever une soixantaine de voyages. Sans détourner la valeur d'un char de paille des approvisionnements de fourrage, on fut ainsi surabondamment pourvu de litière, et les animaux couchèrent toujours sur un sol d'étable bien sec et bien sain.

« Par exemple, fit observer Peau-de-Bique, le fumier que nous obtenons avec la sciure, doit fermenter plus longtemps que l'autre. Nous ne nous servirons de notre engrais qu'au printemps; il restera en tas jusque-là; car la sciure, si elle n'était pas décomposée à fond, dessècherait trop nos terres légères, et la première récolte en souffrirait. »

Cet avis était important, et on en tint compte.

La sciure de bois vint un moment à manquer. Peau-de-Bique ne fut pas pour cela plus en peine. En creusant, dans un champ, des fossés dont nous parlerons plus tard, on avait trouvé de l'argile marneuse, ce qu'on appelle en beaucoup d'endroits de la terre blanche, une terre qui ne se pétrit pas, mais qui se *délite* ou tombe en bouillie au contact de l'eau. Cette terre, parfaitement sèche, fut employée à son tour comme litière. Plus tard les fossés de rassainissement creusés dans les prés marécageux mirent également à découvert de la tourbe noire; après l'extraction, Peau-de-Bique fit établir les tas en plein air, en ménageant au centre des fourneaux, construits avec des tranches de gazon. La masse fut ensuite soumise à une combustion lente et partielle, et les restes ou *détritus* de ce brûlis furent encore employés en litière.

Ces divers mélanges, accumulés dans le massif du fumier, additionnés de plâtre ou de sulfate de fer, recoupés et brassés plusieurs fois, finirent par former une énorme quantité d'excellent engrais, d'un engrais tel qu'il n'y en avait jamais eu de semblable dans aucune ferme du pays.

Ainsi commençait en un point important le progrès; ainsi se préparait et s'emmagasinait la fertilité, au profit des récoltes futures; et telles furent les premières innovations dans l'intérieur de la ferme.

Pour les opérations extérieures, pour les travaux en plein champ, la besogne ne manquait pas non plus. Par bonheur l'hiver fut doux et propice, ou plutôt il n'y eut pas d'hiver. On en profita largement.

Et d'abord il y avait quelques pièces de terre où, vu la pénurie habituelle, on entassait exclusivement d'ordinaire la fumure insuffisante dont on pouvait disposer. Ces terres étaient donc dans un état relativement satisfaisant. Armand tourna en premier lieu ses efforts vers celles-là.

Après avoir fait rapidement enlever quelques pierres à la surface, et extraire du sous-sol, à l'aide du pic et du levier, les plus gros quartiers de roche, qui eussent gêné le laboureur, on introduisit sur ces terres une grande charrue de Roville qui allait fonctionner pour la première fois dans le pays.

Attelée de deux solides paires de bœufs bien refaits par un mois entier de bonne nourriture et de bons soins, cette charrue ouvrit, à la grande satisfaction de tous, une raie large et profonde dans laquelle eût pu se coucher un homme. Deux ouvriers armés de pioches suivaient la charrue, et faisaient, sans retard, justice des pierres enfouies que révélait le soc au passage. La terre soulevée en lourds monceaux écumait sur le versoir, et chaque tranche, coupée franc par le coutre, allait se plaquer régulièrement contre la tranche précédente.

« A la bonne heure, s'écria Peau-de-Bique. Voilà un

labour à mon gré. Céréales ou fourrages, quoi que nous devions mettre là, les racines au moins, seront à l'aise et ne toucheront pas de sitôt le fond. »

On sait déjà qu'en raison de la conformation du plateau de Saint-Bertin, le plus sérieux obstacle à une bonne culture du domaine tout entier, c'était pour les prés comme pour les champs, le manque d'écoulement des eaux, l'humidité permanente. Il fallait donc avant tout assainir.

Autour de toutes les grandes pièces il y avait de larges haies dont le pied, suivant la mode du pays, était partout rechaussé avec la terre des chemins. On s'était, il est vrai, donné ainsi des clôtures à peu près impénétrables. Mais tandis qu'il eût fallu favoriser, autant que possible, l'écoulement des eaux, on leur avait, au contraire, fermé toute issue ; si bien qu'après les grandes pluies chaque champ devenait un lac et chaque prairie un marais. Armand, sans aucun déboursé, fit jeter à bas les haies, en donnant pour salaire aux ouvriers moitié des buissons et des arbres arrachés. Tout autour des divers héritages, il fit ensuite creuser de nouveaux fossés ou rouvrir les anciens et, de la sorte, les clôtures se trouvèrent d'abord parfaitement remplacées.

Là où cette première opération ne put suffire, le milieu des champs fut, en outre, asséché par divers systèmes de rigolages.

On employa utilement, suivant les nécessités, tous les procédés, depuis les raies d'écoulement à ciel ouvert, jusqu'au drainage complet avec des tuyaux en terre ; et grâce aux fossés de ceinture vers lesquels se dirigeaient tous les petits courants formés par les sources recueillies dans le sous-sol, les divers systèmes fonctionnèrent partout à merveille. — Les eaux conduites en dernier lieu sur les pentes inférieures, devaient y arroser des bandes plus ou moins larges de prairies irriguées qui furent successivement créées.

Or, l'assainissement d'un champ n'était pas plutôt achevé, que la grande charrue arrivait pour y exécuter un profond labour.

Lorsqu'on eut terminé sur les terres plus ou moins soumises à la culture, Armand s'attaqua aux landes, aux bruyères, aux mauvaises pâtures qu'il voulait conquérir par le défrichement. Peau-de-Bique, pour ce travail, conseilla de se procurer une charrue spéciale moins large et plus tranchante. Et là on dut pratiquer l'*écobuage* ou le brûlis sur place des gazons et des terres.

Mais ces bonnes préparations ne paraissaient pas encore suffisantes au vieux pâtre. Il voulait disposer, sans trop attendre, d'une certaine surface cultivable qui pût atteindre, pour ainsi dire, immédiatement à un *maximum* de fertilité. Pour obtenir une culture réussie de betteraves qu'il jugeait indispensable dès le début, il lui fallait une terre substantielle, profonde, telle en un mot qu'on n'en possède ordinairement qu'après des années d'exploitation progressive.

« Je sais bien ce qu'il nous faudrait, disait-il à Armand. Ce qu'on appelle le *colmatage* en Toscane, le *limonement* ailleurs, et le *terrement* autre part encore, nous donnerait tout de suite, ne fût-ce qu'un hectare de terrain comme je le désire. Laissez-moi essayer un peu ça. »

Et au pied du mamelon le plus élevé qui dominait le

plateau, sous les pentes que ravinaient les orages, les pluies torrentielles ou les fontes de neiges, il fit convenablement préparer, par l'épierrement d'abord, par un bon labour de défoncement ensuite, un hectare et demi, près de deux hectares de terres des moins maigres de Saint-Bertin. Sur la partie inférieure de ce terrain légèrement incliné, on forma un barrage ou cloisonnage, avec des fascines ou des claies grossièrement tressées, et reliées par de forts liens d'osier ; on rechargea cette espèce de digue avec de la terre argileuse, et on fit sur le talus, ainsi disposé, un revêtement ou placage de gazon.

Sur les versants supérieurs on multiplia les fossés et les rigoles exécutées avec un large buttoir, de manière à amener sur la même pente tous les cours d'eau, tous les affluents possibles qui déchiraient la montagne. C'est ainsi que les eaux du ciel, ou des ruisseaux et des sources éparses, réunies dans un seul courant, durent charrier docilement les terres entraînées, les terreaux, les *détritus* de feuilles, etc., jusqu'au terrain délimité par l'endiguement, et y laisser, en s'écoulant par-dessus le barrage, leur riche dépôt de limon. En peu de temps le champ qu'il s'agissait d'améliorer, était recouvert de plusieurs centimètres de vases fécondantes, et pour peu qu'on y fît un léger chaulage, il devait se prêter aux plus riches cultures.

Tel était en gros l'ensemble des préparations accomplies en vue des prochaines semailles.

Près de huit mille francs avaient été consacrés à ces travaux urgents, et à l'acquisition des quelques instruments perfectionnés dont on avait eu immédiatement besoin.

Des dix-sept mille francs de Peau-de-Bique, il lui en restait donc encore plus de neuf, qu'il destinait en grande partie à s'approvisionner d'engrais pour aider aux débuts de l'exploitation, et surtout à compléter le matériel en bestiaux et machines. Ce matériel, en effet, devait avant peu prendre une importance nouvelle à mesure que la production allait s'accroître.

X

SUITE DE LA TRANSFORMATION DU DOMAINE.

Le premier hiver, on le voit, avait été bien employé. Le printemps venu, il n'y avait pas non plus à se reposer. Après les travaux d'amélioration proprement dite, il fallait aborder au plus tôt, et même vivement, les travaux de culture courante.

Les *marsages* ou semailles de mars appelaient tous les bras et allaient mettre en train tous les attelages.

Les ensemencements d'automne faits, comme on s'en souvient peut-être, dans les plus déplorables conditions et après une préparation si insuffisante, avaient grand besoin qu'on leur vînt en aide. Aussi, sur les blés en souffrance, avait-on déjà porté des fumiers à répandre en couverture : on avait ainsi protégé une certaine partie des emblaves contre les rigueurs de l'hiver, contre les alternatives de gelée et de dégel, et l'excès d'humidité stagnante.

Sur d'autres parties, où la végétation sans vigueur réclamait également un secours, on répandit à la main quelques milliers d'engrais pulvérulents qui devaient avoir le double avantage d'assurer une récolte au moins passable, et de servir en même temps d'*école de fumure*, c'est-à-dire de sujet d'étude et de comparaison, relativement à la valeur des divers engrais commerciaux. On ne connaît, en effet, jamais bien une terre, ses besoins, ses appétits, si cela peut se dire, qu'après expérience, qu'après un ensemble d'essais pratiques.

On eut donc, dans les blés d'hiver de Saint-Bertin, on eut, l'une à côté de l'autre, des surfaces fumées de diverses manières, chacune de ces surfaces devant fournir un enseignement pour l'avenir. A côté d'une planche fumée en couverture, avec fumier d'étable, une autre avait été traitée au *guano*, une autre à la poudre d'os, une troisième à la suie mélangée de sang, une dernière aux composts de chaux terreautée, c'est-à-dire de chaux éteinte en mélange avec des gazons tourbeux, des vases d'étang, des curures de fossés ou de rigoles d'irrigations, de la boue des chemins, des débris enfin de végétaux de toute sorte. Les mêmes essais comparatifs furent également faits sur les prairies.

On espérait ainsi, pour la campagne prochaine, pourvoir, au moins en partie, au déficit trop naturel et trop prévu des pailles et des grains d'hiver.

Mais ni Peau-de-Bique ni Armand ne se dissimulaient combien ces secours tardifs, donnés à des récoltes condamnées dès le début, seraient impuissants à tout réparer, insuffisants du moins. Aussi, pour suppléer aux pailles de blé, et encore pour utiliser immédiatement, de la manière la plus profitable, les défrichements nouveaux exécutés dans l'hiver, le pâtre, expert en toute culture,

conseilla-t-il à son jeune maître de faire une large semaille d'avoine de printemps.

Il lui donna l'assurance que la semence d'avoine pra-
linée, avec deux ou trois hectolitres de noir animal pour
chaque hectare, donnerait sur les défriches toutes neu-
ves de bruyère, c'est-à-dire sur les terres les plus crues,
des résultats très-satisfaisants. Il ne laissait pas ignorer
que pour une seconde récolte de la même nature, sur le
même sol, le noir ne produirait plus les mêmes effets, et,
bien loin de là, qu'il faudrait alors une copieuse fumure
d'engrais d'étable; mais il ajoutait qu'au début d'une
exploitation, gagner ainsi, à l'aide d'un engrais artificiel que le commerce fournit à peu de frais, l'avance
d'une riche récolte, c'était certainement un énorme
avantage, et le seul moyen de se mettre à son courant,
en se procurant immédiatement pailles et grains, c'est-
à-dire nourriture et litière, c'est-à-dire large approvisionnement en fumier pour les récoltes ultérieures.

Toutes les autres opérations qui allaient suivre furent
inspirées par la même pensée et devaient concourir au
même but.

Se mettre en mesure de faire face, sans retard, aux
nécessités d'alimentation de nombreux animaux, multiplier ainsi, au moment même où le grain ne se vendait
pas et où la viande, au contraire, se vendait fort cher,
multiplier les chances de faire argent avec son bétail, et
augmenter en même temps, dans d'énormes proportions, le tas de fumier, cet entrepôt de la fertilité, ce véritable trésor d'une riche production, c'était prendre
évidemment la meilleure voie, la seule voie sûre et la
seule infaillible pour arriver promptement au progrès.

Tout le monde, à peu près, sait cela ; mais combien peu font exactement en ce point ce qu'ils savent !

Peau-de-Bique, lui, voulait qu'on exécutât les choses comme on savait qu'elles devaient être exécutées, et aussi bien qu'il l'eût vu faire nulle part.

« En faisant aussi bien que possible, disait-il, on se donne toutes les bonnes chances. On met le bon droit, autant qu'on le peut, de son côté. Si, après cela, on ne réussit pas complétement, rien à regretter. On sera vexé, peut-être ; on évitera du moins le désagrément humiliant d'avoir à se dire à soi-même qu'on n'est qu'un imbécile. »

Tous les travaux de détail furent donc faits avec toute la perfection désirable.

Qu'on eût ou non à y ensemencer des fourrages artificiels, luzerne, esparcette, trèfles à faucher, lupuline ou trèfle blanc pour le troupeau, on hersa, on roula en temps opportun tous les blés, après avoir répandu les engrais pulvérulents. Il en fut de même pour les prairies, où les irrigations étaient, en outre, conduites avec une précision, une régularité et des soins tout nouveaux.

Et ainsi de toutes les cultures, ainsi de toutes les plantations de cette entrée en campagne. Toutes furent l'objet de précautions ou de préparations inusitées dans le pays. De ces innovations, quelques-unes peut-être paraissaient secondaires ou même insignifiantes. Elles trouvaient pourtant leur raison d'être ou leur justification dans les nécessités du climat, dans les besoins du sol, dans une particularité quelconque étudiée d'une manière spéciale.

La plantation des pommes de terre, par exemple, fut

faite avec des espacements peu ordinaires, en raison du développement espéré de chaque plante.

Il s'agissait d'une variété nouvelle exceptionnellement productive; les plants étaient à soixante-quinze centimètres l'un de l'autre, disposés en quinconces réguliers, de manière à ce qu'on pût croiser le buttage dans les deux sens, et rechausser ainsi la plante de tous côtés : façon économique et irréprochable, où le buttoir devait suffire, et où la culture à bras n'avait que faire.

De même pour la betterave : celle-ci surtout avait droit à des sollicitudes toutes particulières. Destinée, d'une part, comme la pomme de terre et plus que la pomme de terre, à prendre place dans la sole qui devait dominer tout l'assolement projeté, la betterave allait, d'autre part, devenir la base principale des grands approvisionnements de nourriture espérés pour le bétail.

A cette culture furent donc réservées les meilleures terres, les mieux préparées, celles qui étaient le plus abondamment rassasiées de fumures, et notamment les champs fertilisés par le colmatage après d'énergiques labours.

Le semis fut fait sur un dernier labour hersé et roulé minutieusement. L'espacement régulier donné au semis devait permettre à la houe à cheval de croiser son travail, et d'entretenir de la sorte, en y revenant plusieurs fois, une propreté parfaite entre les lignes. Enfin, une pincée de guano administrée sans parcimonie tout autour de la graine semée, devait favoriser d'une manière non douteuse la levée du jeune plant.

Il importe maintenant ici, d'indiquer en peu de mots

et de faire apprécier dans une vue d'ensemble le plan de rotation déterminé par Peau-de-Bique et accepté par son jeune maître.

D'après ce plan, les récoltes sarclées de la première sole, betteraves, pommes de terre, navets-Rutabagas et raves, allaient laisser immanquablement la terre dans un état parfait pour les orges et avoines qui devaient être semées au printemps suivant et former la seconde sole.

Dans la céréale de printemps seraient semés les trèfles et autres fourrages légumineux, destinés à occuper la troisième sole.

Le fourrage plâtré vers la fin de mars, fauché en mai et en août, déchiré en septembre par un bon labour, à l'aide d'une charrue puissante à bien verser, céderait alors la place au froment ou méteil d'hiver semé pour la quatrième sole.

Après la céréale, la cinquième sole appelait un nouveau fourrage à une seule coupe, vesces, pois, jarousses, d'hiver ou de printemps, que pouvaient suivre encore, en récolte dérobée, les maïs-fourrages, la spergule, ou la moutarde blanche.

Puis pour sixième sole une culture oléagineuse, avec sarclage et binage, activée par une demi-fumure d'engrais pulvérulent. Et pour septième et dernière sole, pour la sole finale de la rotation prête à recommencer, un second froment, stimulé par d'énergiques façons, telles que roulage et hersage répétés.

Voilà, rapidement décrit, l'assolement projeté tel qu'il devait être exécuté de point en point. Or, cet assolement il n'était sans doute pas sans intérêt de le faire connaître ici, pour donner une idée exacte du système cultural, suggéré au vieux pâtre par une longue expérience, par une observation aussi intelligente que réfléchie.

Après cet exposé sommaire qui a paru long peut-être à plus d'un lecteur, mais qui nous semblait utile, en ce que les indications relatives au présent, font également entrevoir quelque chose de l'avenir, nous ne continuerons point à suivre, pas à pas, Armand et son guide agricole, dans leurs opérations successives.

Nous retrouverons, d'ailleurs, plus tard encore, la preuve des efforts accumulés et des grands résultats obtenus par une bonne volonté constante et un généreux courage.

Qu'il suffise, en ce moment, de dire qu'à la Grand'-Ferme, comme ailleurs, succès et revers durent alterner bien des fois. Ce ne fut qu'avec bien de la peine, en effet, et en payant constamment et énergiquement de sa personne, qu'Armand put obtenir de serviteurs routiniers ou d'ouvriers ignorants, l'exécution de ses ordres et de sa volonté.

Pour introduire une culture, une pratique, une simple façon nouvelle, pour mettre en œuvre un procédé inconnu, un instrument nouveau, il lui fallut prendre souvent la tête dans le rang, parmi les ouvriers, mettre la main au manche, manier résolûment l'outil.

En somme, chaque conseil de Peau-de-Bique, fidèlement suivi, assura la réussite. Chaque fois, au contraire, qu'on ne put ou voulut point se conformer pleinement aux indications du pâtre observateur, à ses enseignements, fruits d'une sage réflexion ou d'une vieille expérience ; chaque fois que l'argent fit défaut, que la main-d'œuvre fut insuffisante, chaque fois qu'on s'é-

carta de ce que prescrivaient la théorie et la science,
l'échec ne se fit point attendre.

Succès et revers, c'est la loi des œuvres humaines.
Mais l'action de l'homme entre dans le résultat pour une
part bien plus grande encore qu'on ne veut en convenir
ou qu'on ne le croit peut-être.

« Comme on fait son lit on se couche, disait Peau-de-
Bique. « Comme on pétrit son pain on le mange. Comme
on a semé on récolte. Graine de chardon n'engendre
pas de blé. De l'œuf de la pie-grièche, il ne sort point
un petit rossignol. Faites une culture d'imbécile, vous
aurez un grenier de mendiant. »

Tout cela devait se vérifier à la Grand'Ferme, comme
ailleurs. Mais en fin de compte, après les incertitudes du
début et les tâtonnements inséparables de la mise en
train, le progrès se fit, et une prospérité relative devint
chaque jour la récompense plus assurée du progrès.

XI

PEINES DE CŒUR.

On nous permettra maintenant, sans doute, de franchir un intervalle de temps assez long, pour nous rapprocher ainsi du moment où l'œuvre accomplie apparaîtra plus manifestement dans toute sa valeur.

Quatre ans se sont écoulés, quatre ans consacrés à l'entreprise de transformation que nous connaissons déjà et dont le but final a été heureusement précisé par le vieux pâtre.

Mais après nous être, avec tant de détail, occupé des choses, revenons maintenant aux personnes.

Et d'abord, on veut certainement savoir dans quel état de santé se trouvait le digne père Valady. Hélas! l'amélioration, s'il y en avait eu dans la situation du vieillard, avait été bien lente. Les anxiétés et les craintes des premiers jours avaient, il est vrai, disparu; on ne redoutait plus une catastrophe; mais la paralysie était restée la même.

Ainsi Marc-Antoine n'avait point recouvré l'usage de

la parole. Il marchait ou plutôt il se traînait avec une peine infinie, et n'eût pas fait un pas sans le secours de ses béquilles.

Le vieillard supportait du reste son malheur et ses souffrances avec une patience admirable. Il était profondément touché des soins et du dévouement de son fils; il était plus reconnaissant encore, s'il est possible, de la virile résolution avec laquelle le jeune homme s'était mis à l'œuvre pour arrêter la ferme sur le penchant de sa ruine; toutes les difficultés vaincues, tous les embarras surmontés, donnaient aux dernières années du pauvre père infirme un calme et un bonheur relatifs sur lesquels il n'avait plus compté.

Marc-Antoine ne songeait donc pas à se plaindre; loin de là.

Le médecin avait dit, plus d'une fois, dans les dernières années, qu'il eût convenu de faire enfin une tentative de guérison sérieuse, d'essayer les eaux par exemple, ou les traitements complets de certains grands établissements de Paris. Mais sur ce point Marc-Antoine était resté intraitable. Il avait fermement arrêté dans sa volonté, qu'il ne se prêterait à aucun essai de guérison dispendieuse, tant qu'il aurait un créancier, tant que la dot en argent d'Hermance ne serait pas reconstituée. On voit que cela devait le mener encore loin. Le vieillard ne donnait cette explication à personne; mais sa volonté, sans explication, avait été exprimée d'une manière si précise, qu'il ne semblait plus permis de chercher à la combattre et de revenir à la charge après les premiers refus.

Pour Hermance, elle était toujours en pension chez la

sœur de M. le curé. Chaque jour elle venait de bonne heure au manoir, offrir ses gracieux services à son oncle. Elle lui faisait quelques lectures, elle donnait rapidement, mais habilement, à la conduite et au détail du ménage, le coup d'œil clairvoyant de la maîtresse de maison ; et, cette tâche accomplie, elle regagnait le presbytère, évitant manifestement la rencontre de son cousin, ne se résignant presque jamais, par exemple, au tête-à-tête des repas.

Armand ne pouvait s'y tromper. Depuis longtemps déjà il s'était rendu compte qu'il y avait chez Hermance un parti pris bien formel, visible conséquence d'une antipathie sans doute irrévocable.

Et cependant, elle avait pour tous, serviteurs et étrangers, un accueil affable et plein de gaieté. Elle échangeait joyeusement, avec Peau-de-Bique d'inoffensives malices. Comment se pouvait-il faire qu'elle n'eût que pour son cousin cet éloignement sans cause ? Le pauvre Armand se le demandait chaque jour avec une profonde tristesse. Elle était si bonne Hermance ! si bonne pour tous, excepté pour un seul ! et de plus elle était si belle ! Oui ! belle, distinguée, charmante ! Armand n'était pas seul à s'en apercevoir, nous le verrons tout à l'heure ; mais il s'en apercevait au moins autant que personne. Et il ne fallait pas être bien expert en pareille matière pour voir que le pauvre garçon aimait ; qu'il aimait sa cousine, et qu'il n'oserait jamais le lui dire et qu'il aimerait sans espoir.

Il paraît cependant que les amoureux ne désespèrent pas encore tout à fait, même lorsqu'ils sont sans espoir.

Il est permis de supposer que, pendant un certain temps tout au moins, Armand dut nourrir la pensée de

ramener, un jour ou l'autre, sa fière cousine à des sentiments moins rigoureux pour lui.

Aussi, nous l'avouons à regret, n'était-ce pas le seul
désir de s'instruire qui, pendant deux longs hivers surtout, avait poussé notre jeune homme à lire, à travailler, à
combler les lacunes d'une première éducation manquée.
Ce n'était pas l'unique et louable intention de développer ses facultés, d'élever son intelligence qui lui in-
spirait cette ardeur merveilleuse pour l'étude, ce zèle
tout nouveau dont il aurait pu s'étonner lui-même, en se
reportant au souvenir de son enfance si peu laborieuse.

Non-seulement Armand se livrait avec une remarquable assiduité aux lectures concernant son métier de cultivateur; non-seulement il lisait des traités de chimie, de
géologie, de botanique, etc., qui, sans être spécialement agricoles, avaient à lui enseigner quelques secrets
dont l'agriculture peut faire son profit; mais il lisait encore les œuvres de morale et de littérature, des poésies
même, les poésies à la façon de Virgile et de Théocrite,
qui racontent la gloire des campagnes, des champs, des
bois, des solitudes agrestes, et en font mieux sentir tout
le charme. C'est qu'évidemment, le jeune homme cherchait de la sorte à se mettre à la hauteur d'un esprit plus
cultivé que le sien. C'est qu'il songeait à ELLE. Il voulait,
et c'était là tout le secret de ses efforts, il voulait avant
tout se rendre moins indigne d'Hermance. L'amour
achevait donc en lui la transformation déjà commencée
par le malheur.

Mais à mesure que son esprit s'élargissait, son amour
allait croissant; de sorte que le progrès moral qui s'accomplissait en lui, ne se faisait malheureusement qu'aux

dépens de la paix de son cœur. Sans doute, comme nous l'avons donné à entendre, il avait eu un moment une lueur d'espérance. En acquérant graduellement conscience de sa valeur nouvelle, en sentant que par un travail acharné, son esprit supprimerait chaque jour une partie de la distance morale qui trop longtemps avait dû séparer le braconnier sachant lire à peine d'une belle jeune fille instruite et admirablement douée, le pauvre garçon avait osé penser qu'Hermance s'apercevrait peut-être un jour de cette métamorphose. « Elle découvrira un jour, se disait-il, que j'ai dépouillé le vieil homme; qu'en moi, le paysan ignare a disparu, et que l'agriculteur éclairé, l'admirateur assidu des grands écrivains qu'elle aime, serait aujourd'hui capable de la comprendre, de l'aimer peut-être comme elle doit et comme elle veut être aimée.

« Ne devinera-t-elle donc pas, se disait-il encore, que c'est pour elle seule, pour m'élever jusqu'à elle, pour être digne de lui dévouer ma vie, que j'ai fait tant d'efforts, que j'ai cherché à me transformer tout entier? »

Puis, en continuant à rêver sur ce sujet dont il ne pouvait se distraire, il finissait par se dire que si sa cousine était peu au courant des sentiments qu'il avait pour elle, c'était bien sa faute à lui.

« Après tout, disait-il, que sait-elle de moi? je ne l'ai pas mise encore en mesure de juger jusqu'à quel point je puis avoir changé? » Et il prenait de nouveau la ferme résolution d'être moins réservé désormais, de laisser lire au fond de son cœur, de se faire enfin juger sur la réalité et non plus sur d'anciennes apparences. Mon Dieu, l'occasion ne se faisait pas attendre d'ordinaire. Hermance apparaissait bientôt à la Grand'-Ferme; c'était l'heure décisive de se montrer.

Mais la jeune fille répondait par un salut si froid au bonjour timide du pauvre amoureux que les larmes lui venaient dans les yeux. Son cœur se resserrait; et il se disait avec désespoir : « Elle me hait ! pourquoi parler ? à quoi bon ? » Du moins l'audace qui lui manquait en face, lui revenait bientôt après le départ d'Hermance. Et les nouveaux projets, les résolutions de courage de reparaître en foule.

Mais un jour vint, hélas ! où ces alternatives d'espérances fugitives et de brusques découragements devaient définitivement cesser, laissant autant de regrets qu'eût pu faire un véritable bonheur.

Armand apprit un jour au village de Saint-Bertin ce qui y était déjà connu de tout le monde.

En attendant que les circonstances lui permissent enfin d'acquérir le château depuis si longtemps convoité et de s'établir dans cette résidence seule digne de sa fortune et de lui, Mangefer s'était mis dans l'esprit d'imiter ses voisins et d'améliorer ses domaines.

Ne convenait-il pas en effet que le jour où il annexerait ses terres à la Grand'Ferme, ses terres ne fussent pas inférieures au niveau général des cultures d'Armand ?

Préparant ainsi l'avenir sans trop d'impatience, et au point de vue de ses ambitions électorales, semant lentement pour recueillir plus tard, il s'était en dernier lieu provisoirement installé au milieu même du village de Saint-Bertin. Sa maison paternelle, parfaitement restaurée, sise tout à proximité du presbytère, un grand jardin où les arbres, plantés quelque soixante ans auparavant par le vieux Mangefer, formaient de magnifiques ombrages, une large terrasse d'où la vue s'étendait sur toute la petite et fraîche vallée que nous avons décrite en commençant, tout cela ne paraissait pas sans agrément pour le loup-cervier en congé. Et puis on a beau faire la plus large place au veau d'or, au dieu des écus dans son cœur, il y a parfois encore, même chez le loup-cervier, un petit coin vulnérable, et qui peut être entamé.

Oui, et quoique cela puisse paraître assez étrange, Mangefer était pris. Mangefer était presque amoureux. Plus il avait vu Hermance et plus il l'avait trouvée de son goût. Multipliant alors ses prévenances pour le presbytère, il avait pu, sans abuser du voisinage, en profiter pour rencontrer quelquefois la jeune fille. Hermance l'avait alors réellement séduit par la noble simplicité de ses manières et par les ressources de son esprit, non moins que par l'attrait déjà connu de sa beauté.

Mangefer, depuis quelque temps surtout, laissait donc très-souvent à son triste lieutenant la Moru le soin de surveiller les travaux de culture; et on remarquait chaque jour ses assiduités plus prononcées auprès d'Hermance; si bien que le bruit public était à Saint-Bertin que Mangefer ne tarderait pas à demander la main de Mlle Valady.

On jugera de ce qui put parvenir, à ce sujet, aux oreilles d'Armand, par la conversation suivante qui se tenait un soir sur la grande place de Saint-Bertin-la-Ville.

« Allons! Saint-Bertin verra du nouveau, disait un meunier important qui était le bel esprit de l'endroit. Ça va être bientôt la grande bataille des trois concours. Il y aura prochainement un grand concours pour une belle prime, un grand concours pour une belle terre, et un grand concours pour une belle fille.

« Sans que personne ait l'air de s'en douter, on se dispute depuis plus de soixante ans entre deux familles la possession du château de Saint-Bertin. On va se disputer maintenant les écus, le vase d'argent et les médailles de la prime d'honneur, et on se disputera ensuite plus chaudement encore que tout le reste la main de Mlle Valady.

— Moi, je parie pour le banquier, dit un second, les écus, savez-vous, c'est diablement fort.

— Ce serait pourtant bien dommage et pas juste, dit un bon vieillard dont l'honnêteté, la droiture et l'expérience étaient toujours fort écoutées. Armand Valady est un rude maître en fait de culture. Comme il vous a bouleversé ce plateau là-haut! quelles récoltes, mes amis! et que c'est crânement conduit! La prime lui est due, c'est moi qui le [dis. Et quant à son domaine, pourquoi donc ne le garderait-il pas, ce brave garçon? Les Valady ont eu une mauvaise passe, c'est vrai; ils ont été à deux doigts de leur ruine; mais le mal est guéri, maintenant; et à qui donc ont-ils fait tort? Enfin, pour ce qui est de la belle demoiselle, dites-moi donc ce qu'elle pourrait faire encore de mieux que de prendre son brave cousin? elle a une part du grand domaine. Ce serait-il pas dommage qu'il fallût mettre cette terre en morceaux? Qu'on marie les jeunes gens et les deux lots de terre, ce sera un vilain partage de moins et un beau ménage de plus.

— Tout cela est très-bien, reprit le second qui tenait à son mot, mais je l'ai dit déjà, que les écus sont diablement forts.

— Et le banquier bien malin, fit le meunier.

— Et il y a plus malin que le banquier, reprit l'ancien, il y a Peau-de-Bique.

—Ah! Peau-de-Bique, c'est vrai, dirent plusieurs des interlocuteurs ensemble. Peau-de-Bique, c'est le maître encore à tous. Avec Peau-de-Bique, je ne dis pas. Les Valady ont encore de la chance de ce côté. Peau-de-Bique!... ah diantre!... enfin qui vivra verra. Allons dormir. »

Peau-de-Bique n'ignorait pas en effet les prétentions que Mangefer commençait à manifester relativement à la prime d'honneur, et s'il s'en inquiétait, il ne s'en inquiétait guères. Mangefer faisait, depuis deux ans, de la haute agriculture à coups de pièces de cent sous. Mais, réellement étranger comme il l'était à la véritable science agricole, il ne pouvait qu'imiter et de très-loin quelques-unes des opérations qui s'accomplissaient avec une toute autre perfection et sur une toute autre échelle à la Grand'Ferme.

Quant aux visées persistantes du banquier sur le château et le domaine, qui n'étaient plus, Dieu merci! ni saisis ni à vendre, Peau-de-Bique, s'il les avait soupçonnées, en eût ri encore bien davantage.

Peau-de-Bique restait donc bien tranquille. Mais Armand, hélas! ne devait plus l'être. Pour lui, les dispositions de sa cousine, c'était, avant tout, la grande affaire,

et la rivalité de Mangefer, que lui révélaient tardivement
les commérages de Saint-Bertin, devait désormais em-
poisonner toutes ses veilles.

Il interprétait désormais de la manière la plus douloureuse pour son amour l'attitude glaciale de sa belle
cousine. « Elle compte épouser Mangefer; elle l'aime
sans doute! se disait-il. Je me flattais peut-être encore
en croyant qu'elle me haïssait. Elle ne me hait pas.
C'est bien pire! elle l'aime! »

XII

L'ORAGE. — L'INCENDIE. — UN SAUVEUR INTRÉPIDE.

A partir de ce moment, sans Peau-de-Bique, la prime d'honneur eût été bien sérieusement compromise. Le pauvre Armand, nous devons l'avouer, n'était plus à son affaire.

Il venait de comprendre pour la première fois l'étendue de son amour pour Hermance. En proie à l'inquiétude la plus vive, il se demandait si d'un jour à l'autre il n'allait pas apprendre brusquement la détermination dont il était bien sûr de ne se consoler jamais.

C'était un garçon certainement trop délicat et trop réservé pour aller avec préméditation, et d'une façon plus ou moins mystérieuse, écouter les propos qu'on pouvait tenir à Saint-Bertin.

Mais, sans parti pris de sa part, dès qu'il avait une minute de loisir, ses pas se tournaient de ce côté. Il n'osait plus rencontrer sa cousine dans les visites matinales qu'elle faisait chaque jour à la Grand'Ferme. Il aurait eu trop peur de trahir malgré lui une douleur qu'il n'avait pas le droit d'exprimer. Et cependant il ne pouvait se passer longtemps d'entrevoir cette charmante figure, sa joie et son tourment. Et alors il se dirigeait vers le village. En plein jour, le courage lui manquait pour y pénétrer. Arrivé à quelques pas de la grand'rue qui menait à la grand'place et où se trouvait le presbytère ainsi que la villa de Mangefer, Armand repartait d'un pas rapide et allait s'égarer dans quelque bois voisin.

Mais à la nuit tombante, il devenait plus hardi; et, en se rendant sous un prétexte quelconque chez le marchand de graines fourragères, il faisait une ou deux fois le tour du presbytère, heureux si, sans être vu, il pouvait alors jeter lui-même un regard furtif sur celle qu'il aimait.

Le presbytère, nous l'avons dit, était installé dans une modeste maison moderne édifiée avec les débris et au milieu des ruines même du château fort qui avait conservé le nom de Castel-Vieux et qui, longtemps sans doute avant la construction du manoir la Grand'Ferme, devait avoir été l'habitation seigneuriale du pays. De l'antique construction en ruines, il n'était resté debout qu'une vieille tour, dite la tour du Beffroi. Or, pour utiliser ce reste encore imposant du passé, en remplacement du vieil escalier détruit qui montait autrefois en spirale jusqu'à la plate-forme du beffroi, on avait pratiqué une galerie de bois couverte en vitrages, laquelle avait servi à rétablir une communication entre les combles de la maison moderne et la tour demeurée sans accès. C'était là qu'Hermance avait désiré faire son installation personnelle; c'était ce qu'elle appelait sa forteresse. La galerie la conduisait chez elle entre deux rangées de vases de fleurs auxquels elle donnait elle-même des soins assidus. Une petite volière pourvue d'oiseaux très-ordinaires, mais à ce point apprivoisés qu'on pouvait impunément laisser leur porte ouverte, animait encore le passage suspendu, où la jeune fille se complaisait d'habitude à prendre l'air du soir. Aussi était-ce là qu'Armand cherchait le plus souvent des yeux l'apparition gracieuse que son cœur attendait.

Par une belle soirée d'août, Hermance, penchée sur cette espèce de balcon aérien, admirait depuis quelques instants, rêveuse, un magnifique coucher de soleil. Armand, de son côté, à peu près caché derrière l'angle de la maison du grainier, laquelle faisait face au presbytère, ne se lassait pas de contempler le doux profil de la jeune fille, spectacle pour lui plus attrayant, à coup sûr, que les plus beaux couchers de soleil du monde.

Hermance rêvait, avons-nous dit. A quoi rêvait-elle ? C'était là ce que se demandait avec anxiété son pauvre cousin. Et, ce dont il se croyait, hélas, trop certain, c'est que ce n'était pas à lui qu'on rêvait.

Bientôt un léger frémissement tira la belle enfant de sa rêverie. Deux pigeons blancs apprivoisés, ses oiseaux préférés, dont le cou était orné d'une faveur bleue, s'abattirent sur son épaule. Les deux oiseaux, en quête de baisers, agitaient leurs ailes et leurs jolis becs roses, cherchaient la lèvre de leur maîtresse. Ils se mirent ensuite à voltiger sur sa tête, se poursuivant, s'évitant, se poursuivant encore. Et, en jouant ainsi, ils s'éloignèrent à quelque distance de la tour.

Tout à coup, un milan plonge des profondeurs des nues, tournoie un instant pour étourdir sa proie, et se précipite de toute sa vitesse sur les deux pigeons. Les serres du milan s'enfoncent dans les chairs vives, et font voler au vent des flocons de plumes blanches. Mais soudain un coup de fusil retentit; le milan tombe, les deux colombes, demi-mortes de terreur, s'échappent de ses serres et vont s'abriter toutes tremblantes sur le sein palpitant d'Hermance.

Le ciel était lourd. Quelques gouttes de pluie clapotaient dans les feuilles. Hermance descendit au salon du presbytère avec ses deux oiseaux effarouchés. Et comme elle avait fait deux pas au-delà du seuil du salon dans la cour, elle trouva à ses pieds le milan transpercé d'outre en outre par la balle du tireur.

En ce moment, Mangefer sortait de chez lui et passait à quelque distance. Hermance, ne voyant que Mangefer qui eût pu intervernir si à propos entre le milan et les pigeons, lui adressa un signe de la main qui était un remercîment en même temps qu'un salut.

Mangefer ne comprit pas bien ce que cela voulait dire, mais il salua avec toute l'amabilité possible en se disant non sans quelque fatuité :

« Tiens, tiens, tiens, on doit vouloir nous donner à entendre qu'il y a déjà quelques jours qu'on ne nous a pas vu. C'est bon signe. »

Hélas ! le pauvre Armand, remettant en bandouillère le fusil depuis si longtemps inoccupé qu'il ne portait plus que par contenance, Armand qui s'était éclipsé dans la ruelle en face, avait vu le geste de sa cousine et il avait tout compris.

« Heureux Mangefer ! se disait-il. Elle ne suppose même pas qu'un autre que lui puisse être à l'affût pour elle, et veiller sur un désir d'elle. L'idée ne lui serait pas venue que ce pût être Armand qui protégeât un oiseau qu'elle aime !.... Je ne reviendrai plus ! »

Nous verrons bien comment ces serments-là se tiennent.

Armand ne revint pas de huit jours ; il ne revint pas de quinze jours, il ne revint pas de trois semaines. Au bout de trois semaines, sa cousine, évitant de plus en plus de le rencontrer à la Grand'Ferme, et n'y paraissant qu'aux heures où elle le savait occupé dehors, il n'y tint plus. Le soir venu, le temps lui parut propice. Un ciel sombre et menaçant annonçait une nuit de ténèbres. Le pauvre rôdeur ne risquait pas d'être vu. La tentation devint irrésistible. Au crépuscule, il se dirigea lentement vers le village. Il prit comme d'habitude par les chemins ombragés, et à travers les bouquets de bois épars sur le coteau. Loin de l'arrêter, la proximité d'un violent orage ne le préoccupait même pas.

Cependant la nuit était devenue tout à fait noire. De lourds nuages s'amoncelaient au ciel ; par intervalles, quelques éclairs brillaient brusquement dans l'ombre comme des serpents de feu. Enfin, après un moment de morne silence, qui semblait exprimer l'attente de toute la nature, le tonnerre fit entendre ses premiers grondements : l'orage éclata.

Au pied de Saint-Bertin, la vallée était obscure et agitée comme une mer assaillie par la tempête. Les grands arbres, ployés et tordus par le vent, s'inclinaient et se redressaient tour à tour avec des bruits sinistres, parfois avec de véritables mugissements. La pluie commença alors à tomber à grosses gouttes tièdes et irrégu-

lières.. C'est ainsi, caché pour ainsi dire dans la nuit, et
sous la protection de l'orage, qu'Armand pénétra dans
Saint-Bertin et put venir se placer cette fois tout près du
presbytère. Il ne s'était-même pas demandé ce qu'il venait faire : il ne s'était pas promis qu'il verrait, qu'il
pourrait voir Hermance. Du moins devait-il voir l'endroit
où elle était ; il pouvait espérer de distinguer la lueur du
flambeau dont elle s'éclairait, et l'ombre bien-aimée elle-
même, allant et venant dans la galerie, au milieu des
fleurs. En ce point il ne s'était pas trompé. Une lumière brilla ; une forme légère passa. C'était Hermance
qui rentrait chez elle, en quittant la salle à manger du
presbytère où elle venait de partager le souper frugal de
ses hôtes.

« Ainsi, se disait Armand avec une tristesse profonde,
il faut que la foudre éclate et que l'orage tourmente la
nuit pour que j'ose approcher de sa demeure. Oh ! qu'ai-
je fait de l'aimer? Et combien il eût mieux valu ne jamais
la voir ! Mais il eût fallu ne jamais la voir ; car en la
voyant, ce qui est aujourd'hui ne pouvait pas ne pas
être !»

Et le pauvre jeune homme se trouvait bien malheureux.

Puis, en y réfléchissant davantage, il finit par trouver que le présent tel qu'il était n'était pas encore le
pire.

Le lendemain pouvait être bien autrement cruel.

« Elle est là ; elle est chez elle.... elle est seule.... Je
ne suis pas avec elle, mais personne autre n'est avec elle
encore. Dans quelques jours, demain peut-être, elle sera
ailleurs ; elle sera dans la demeure d'un autre ; un autre

sera son époux. On l'appellera madame Mangefer !...
Oh ! je suis bien à plaindre ! ».

Et il se plongea dans un abîme de réflexions à chaque
instant plus amères.

Cependant la tempête à laquelle il ne songeait guère
redoublait de fureur. Des rafales bruyantes, s'engouffrant
avec des sifflements lugubres dans les ouvertures et les
brèches des ruines, semblaient vouloir déraciner la tour.
Tout à coup un violent coup de tonnerre ébranla toutes
les habitations du village, et un silence de quelques minutes succéda à cette explosion de bruit et de lumière
qui avait rempli et éclairé toute la vallée.

Bon nombre de villageois apparurent alors sur le seuil
de leurs demeures, tant on sentait qu'un tel éclat de la
foudre devait avoir produit quelque chose d'extraordinaire. Puis les cris : « Au feu! au feu ! » retentirent de
tous côtés; et une foule pleine d'anxiété et d'effroi se pré-
cipita hors des maisons et fut promptement groupée sur
la place. Or, le vénérable curé et sa sœur étaient sortis
des premiers du rez-de-chaussée du presbytère, et leurs
yeux s'étaient rapidement dirigés vers la tour du beffroi,
et tous deux s'écriaient en même temps :

« A la tour! à la tour! Mon Dieu, ayez pitié de nous !
La tour est en feu! la chambre de mademoiselle Valady
est en feu ! »

Et, en effet, la flamme du ciel venait d'embraser la
galerie de bois qui communiquait avec la tour; il ne restait pas d'autre moyen d'y pénétrer, et l'incendie semblait gagner l'intérieur de la tour, d'où la fumée jaillis-
sait en colonnes noires et touffues que rayaient déjà de
larges bandes de feu.

Il y eut alors un moment de tumulte inexprimable. Tout le monde parlait, criait ; tout le monde donnait des ordres ou des avis à la fois. Le digne et bon prêtre jetait autour de lui des regards consternés. Sa vieille sœur se tordait les mains d'anxiété et de désespoir.

« Mon Dieu ! mon Dieu ! murmurait le prêtre en priant avec ferveur, il nous faut un miracle !... Donnez-nous, mon Dieu, le miracle ! Sauvez, sauvez, mon Dieu, cette malheureuse enfant ! »

Et la foule, sentant déjà son impuissance, restait immobile de stupeur.

Les poutres et les débris de la galerie tombaient en pluie ardente avec des bruits étranges.

Bientôt une fenêtre de la tour s'ouvrit, donnant une nouvelle issue à la fumée ; puis, au milieu de cet épais nuage, deux bras blancs s'agitèrent et l'on crut entendre un faible cri.

La tête d'Hermance venait d'apparaître un instant dans cette brume sombre, éclairée de reflets rougeâtres, puis on ne vit plus rien. On ne vit plus rien, rien que la fumée noire et les perspectives de flammes qui s'ouvraient de temps à autre dans de noires profondeurs.

A ce moment, un homme se dressa sur le toit de la maison curiale, qui communiquait naguère par la galerie avec la tour. Il descendit du toit le long du mur avec l'agilité d'un chat sauvage. Et se cramponnant aux nervures des croisées, à la saillie des corniches, ou aux assises irrégulières comme aux pierres d'attente de la construction moderne, il atteignit ainsi une poutre de la galerie, la seule qui restât encore à demi-consumée, comme un pont brûlant jeté d'un mur à l'autre.

Il avança sans hésiter. Il alla droit devant lui. La poutre fléchissait sous son poids avec des oscillations ou des balancements à donner le vertige; il avança toujours. Des charbons s'écaillaient sous ses pieds et tombaient en grésillant sur le sol; il avança toujours. L'incendie redoublait de rage en se concentrant maintenant dans la tour. L'homme marchait, il avançait. Il arriva enfin à l'autre extrémité du pont brûlant. D'un coup d'épaule il enfonça la porte à demi-brûlée. Un quart de minute s'écoula : Hermance s'était réfugiée dans un coin où la flamme n'était point encore parvenue. Il la vit! il tomba à genoux. Deux secondes après il reparut sur le seuil embrasé, la portant dans ses bras, brisée, évanouie, sans connaissance, mais vivante. « Vivante ! » cria-t-il, et sa voix pleine d'une énergie indicible et d'une joie infinie, s'entendit d'en bas malgré les rumeurs de l'incendie.

Mais l'œuvre n'était pas achevée. Il fallait passer une seconde fois par le périlleux chemin ; passer avec un nouveau fardeau, sans trembler, sans fléchir. Un seul faux pas, tous deux étaient perdus! et la flamme rongeait encore la poutre, et la poutre craquait sous son propre poids.

Armand, car nous savons bien que ce n'était pas un autre qu'Armand, ne pensa à rien de tout cela. Il marcha, il arriva à la moitié du trajet.... Puis il resta immobile.

On crut d'en bas qu'un obstacle qu'on ne pouvait distinguer l'arrêtait court ; que la poutre rompait peut-être par le milieu ; qu'elle allait s'écrouler, qu'ils allaient être engloutis. — Et un frisson de terreur courut sur la foule et les yeux se fermèrent. Mais quelqu'un qui eût été près d'Armand aurait vu qu'il n'y avait dans son regard ni trouble ni effroi ; quelqu'un qui eût été près de lui eût vu son front illuminé de joie ; quelqu'un qui eût pu l'entendre, l'eût entendu dire d'une voix douce et profonde :

« Hermance ! je t'aime ! Tu ne m'entends pas, je puis donc enfin te le dire. Je t'aime d'un cœur sincère et dévoué jusqu'à la mort. Tu ne m'aimes pas, tu en aimes peut-être un autre. Cela n'empêchera pas que je t'aie sauvée. Il ne peut pas empêcher cela, lui, même quand tu l'aimerais ; et il ne peut pas non plus empêcher que je t'aime. Tu ne le sauras plus par moi : tu seras à un autre ; mais je t'aurai sauvée, et si tu es heureuse, je serai pour quelque chose dans ton bonheur ! »

Il prononça ces mots avec un accent si pénétré, si attendri, si profond ; il reportait en même temps, sur le front d'Hermance un regard si pur, si mélancolique et si bon qu'il aurait fait pleurer.

Fut-ce en ce moment un simple effort de la nature, ou bien une de ces communications mystérieuses qui vont d'une âme à l'autre, comme sans l'intermédiaire des sens, personne certainement ne pourrait le dire ; mais ce qui est certain c'est que la jeune fille s'agita alors faiblement, et sa main frissonna au contact de la main de son sauveur. Celui-ci tressaillit, sembla sortir d'un rêve, et regarda autour de lui comme si seulement alors il se fût souvenu du danger un moment oublié. Il se remit bravement à marcher en avant.

Hermance était sauvée. Par une fenêtre du presbytère,

il la déposa dans les bras de quelques voisins ; et laissant maintenant à d'autres le soin de faire ce que d'autres pouvaient faire, il disparut ; il alla tomber, épuisé, presque défaillant lui-même, sur un tertre en dehors du village.

XIII

LA VISITE DES FERMES.

La jeune fille si miraculeusement sauvée avait passé
par une trop cruelle épreuve pour que sa santé n'en
reçût pas quelque atteinte. Au bout de quelques jours
cependant elle était entièrement remise des émotions
de cette nuit terrible. Une légère pâleur noyait seulement encore son visage, et elle n'en était que plus
charmante. Quant à ses dispositions morales, par exemple, il eût été assez difficile d'expliquer dans quelle
mesure et sous quels rapports elles avaient pu être mo-
difiées par les événements accomplis.

Après une première effusion très-vive et très-sentie
de reconnaissance pour son sauveur, elle s'était brusquement repliée sur elle-même. Elle avait repris sa
froideur habituelle ; et elle trouvait dans son esprit
plus encore que dans son cœur des impressions étranges
que nous nous efforcerons d'expliquer plus tard.

Il nous suffit dès à présent de savoir que se croyant,
par un instinct, il est vrai, bien indécis encore, destinée

à un autre qu'Armand, elle avait une sorte d'irritation de ce qu'elle n'eût pas été sauvée par cet autre ; et pour le moment du moins, par une assez inexplicable injustice, c'était contre Armand que cette irritation lui semblait presque légitime.

Elle sentait bien qu'elle devait désormais quelque chose de plus à l'homme de grand cœur qui n'avait pas hésité un instant devant le danger pour l'arracher elle-même au supplice le plus affreux.

Or, décidée comme elle croyait l'être à ne pas s'acquitter d'une dette pareille, au seul prix que son sauveur dût ambitionner, elle lui en voulait jusqu'à un certain point d'avoir déjà tant de droits sur elle.

En somme, il était malheureusement trop certain qu'elle eût préféré être redevable d'un si immense service à Mangefer. Elle n'aimait toujours pas davantage Mangefer, mais elle ne se figurait pas, que contre lui du moins elle eût jamais conçu une véritable antipathie. Le cœur, on le sait, a bien des mystères que nous ne nous chargerons pas d'expliquer.

L'avenir les expliquera peut-être. Laissons donc marcher l'avenir, et revenons à la prime d'honneur....

L'époque où devait avoir lieu la visite des fermes était arrivée. Grâce à l'ardeur intelligente de Peau-de-Bique, la Grand'-Ferme était dans tout son éclat ; l'année avait été propice, l'ensemble des récoltes pouvait être montré à tous comme un magnifique spectacle et comme un excellent exemple. Dès le matin du jour où la commission de la prime d'honneur devait se rendre à la Grand'-Ferme, le bataillon agricole était tout entier sous les armes.

Au manoir même, tout avait été disposé avec un ordre et dans un goût parfait. Hermance avait offert à son oncle de venir la veille donner la dernière direction aux arrangements de l'intérieur; et cette offre ayant été agréée, une propreté irréprochable, des fleurs fraîches dans les vases, le luisant des meubles frottés avec un soin particulier, tout donnait un aspect d'aisance et de gaieté à ces vieilles pièces d'une simplicité pourtant bien primitive. Le jour même, dès le plus grand matin, la jeune fille était là, veillant à toutes choses, préparant dans les antiques faïences qu'un amateur n'eût certainement pas dédaignées, les plus beaux fruits cueillis de sa main, quelques minutes auparavant, aux branches qui fléchissaient sous le poids.

La commission d'examen ne pouvait être que très-heureusement prévenue par ce premier aperçu de ce qu'elle avait à voir. Elle reçut donc avec une sympathie pleine de déférence, la silencieuse salutation du vieillard infirme, l'accueil modeste d'Armand et les gracieuses prévenances de sa jeune cousine. Quelques instants après, ce jury souverain procédait à ses premières opérations, c'est-à-dire qu'il allait commencer sa visite et son examen de détail.

Mais avant de s'éloigner des bâtiments, le jury avait à porter son attention sur quelques points importants pour l'appréciation des mérites de chaque concurrent.

Ainsi, il donna un premier coup d'œil à ceux des instruments qui ne fonctionnaient pas ce jour-là dans les champs. Rangés en bataille dans un ordre parfait sous leur hangar, les instruments au repos, bouchonnés, frottés, lavés, et quelques-uns repeints, brillaient en outre de ce vif éclat qu'un service assidu donne au fer aussi bien qu'à l'acier.

Le jury se dirigea ensuite vers les étables. Les étables, d'ailleurs admirablement tenues d'ordinaire, après avoir reçu ce jour-là encore un supplément de toilette, offraient au regard un spectacle aussi intéressant qu'instructif, et auquel ne manquait même pas cette rustique élégance que les vrais connaisseurs savent admirer.

Quant à la direction et à la tenue habituelle du bétail, Armand était arrivé à ce grand et difficile résultat des cultures avancées, qui permet de nourrir les animaux constamment à la crèche et de pratiquer de la sorte ce qu'on appelle la stabulation permanente. Cent bêtes à cornes de la même race, de la race du pays améliorée par elle-même, cent bêtes de la même robe ou du même pelage étaient alignées des deux côtés de l'étable devant des crèches bien garnies. Point de râtelier; mais, devant les crèches, un solide cloisonnage avec une simple ouverture devant chaque animal. Cette ouverture permettait tout juste aux animaux de passer leur tête pour atteindre dans la mangeoire, ne leur laissant répandre hors de la mangeoire aucune parcelle de nourriture et les protégeant ainsi contre les attaques et la voracité du voisin, tout en les forçant également eux-mêmes à respecter le bien d'autrui.

Les animaux reposaient sur un dallage en forme de trottoir; entre les deux trottoirs, une chaussée bombée en cailloutis, avec une rigole d'écoulement de chaque côté, permettait une circulation facile sans dérangement pour les bêtes. Tout cela, il faut le répéter, était d'une propreté rare ; et la santé de ce nombreux personnel témoignait combien il devait être à l'aise au milieu de ces soins intelligents, trop exceptionnels encore et trop rares dans les fermes du centre. Au dehors, et en contre-bas de l'étable, la grande fosse à fumier méritait encore une attention de quelques instants. Elle était simplement creusée dans une sorte de rocher terreux qui lui donnait un fond suffisamment étanche. Il importait peu d'ailleurs qu'une certaine partie des liquides fût absorbée par la couche inférieure. Chaque fois qu'on enlevait les fumiers, on fouillait de quelques pouces plus bas la roche calcaire superficiellement pénétrée, et cet appoint d'engrais s'ajoutait utilement à la masse générale. Sur cette aire, creusée en pente douce dans le sens de la longueur, de manière à ce que les chars et voitures pussent y descendre, y être chargés et en sortir facilement, le grand tas de fumier était disposé avec art, en carré massif, formé de couches superposées. A chaque étage, c'est-à-dire à chaque nouvelle couche, on entremêlait régulièrement un lit de terre, des balayures de cour, de la poussière des chemins, les curures des fossés, la vase et les mottes grasses extraites des rigoles de prairies, et au milieu de tout cela, toute espèce de végétaux herbacés, des joncs, des plantes des marécages, toutes les tiges ou racines charnues d'une décomposition facile, qu'on pouvait se procurer sans trop de déplacement.

Cette belle provision d'engrais saupoudré tous les jours de quelques litres de plâtre destiné à modérer la fermentation trop active et surtout à obvier aux évaporations des gaz fertilisants, formait une masse homogène, compacte, grasse, onctueuse, dont toutes les parties avaient la même valeur. Au bout de l'aire à fumier, et dans la partie la plus déclive, se trouvait la fosse à purin destinée à recevoir le trop plein liquide de ce grand atelier de fumure. Au milieu de la fosse à purin, une pompe d'une extrême simplicité puisait à volonté, soit pour mouiller le tas, lorsqu'il en était besoin, soit pour remplir les tonneaux d'arrosement avec lesquels on portait, les jours de pluie, aux récoltes en souffrance, et surtout aux racines fourragères, le bouillon le plus substantiel et le plus réconfortant du monde.

Ces dispositions telles que nous venons de les décrire et telles qu'il est facile de se les représenter, ne pouvaient avoir que la pleine approbation d'un jury composé d'hommes expérimentés ; et, quelle que fût leur réserve pour ne rien laisser préjuger de leur résolution future, il était facile de comprendre l'impression favorable qu'ils devaient garder de ce premier examen.

Ces choses bien constatées, la commission se mit à l'œuvre en pleins champs et en pleine culture. Mais avant de porter ses investigations sur les récoltes pendantes, elle dut s'arrêter assez longtemps dans une pièce de plusieurs hectares en demi-jachère, où les attelages exécutaient les divers labours, les diverses façons préparatoires destinées à une culture de raves. Moitié de ce champ environ avait déjà donné une récolte précoce de trèfle incarnat, de vesces pour fourrage, de colza consommé en vert, de toutes les plantes enfin qui peuvent fournir au bétail une nourriture de primeurs arrivant à point pour suppléer, dans le mélange avec les nourritures sèches, aux betteraves et autres racines, en partie épuisées quand vient le printemps.

Le jury tenait naturellement à vérifier les labours demi-profonds qui s'exécutaient sur ce point. Dans ce sol, dont Armand, dès les premières années, avait fait enlever toutes les pierres éparses à la surface et extraire les pierres, blocs ou dents de rocher enfouis dans la couche arable, une vigoureuse charrue Dombasle, traînée par une seule mais robuste paire de bœufs, pénétrait à une profondeur de dix-huit à vingt centimètres tout au moins : la terre coupée franc par un coûtre vigoureux, allait se plaquer régulièrement contre la tranche précédente, en faisant disparaître complétement la couche de fumier qu'elle devait recouvrir, et les mauvaises herbes retournées par le labour.

C'était là aussi un travail irréprochable et qui pouvait être donné en exemple à tant de braves gens qui, malheureusement, n'ont garde d'en faire autant.

L'autre partie du champ restée jusque-là en demi-jachère, avait déjà été labourée. Sur un point, un excellent extirpateur donnait une seconde façon. Un peu plus loin, une lourde herse déracinait les mauvaises herbes toutes jeunes encore, qui avaient poussé après le passage de l'extirpateur ; ailleurs un coup de rouleau précédait l'extirpateur ou succédait au hersage, et enfin, à l'extrémité des labours déjà faits, se trouvaient le parc et le troupeau. Le troupeau se composait de cinq cents bonnes petites brebis basses sur jambes, à la poitrine profonde, à la ligne dorsale ferme et soutenue, aux reins d'une largeur remarquable eu égard à leur taille. La tête fine et le chanfrein aminci de ces petites bêtes, l'oreille bien plantée, très-droite et constamment mobile, leur donnaient un certain air de mutinerie et de malice qui n'est pas commun dans la gent moutonne.

Ce troupeau, comme choix des sujets reproducteurs, comme *sélection* ou triage des jeunes élèves à garder, et aussi comme entretien, était l'orgueil, la joie et le triomphe de notre ami Peau-de-Bique. Nous allons voir que sa modestie, s'il avait de la modestie, ce qui peut paraître douteux, ne l'empêchait pas d'en dire ce qu'il en pensait.

Armand, avec une louable insistance et une chaleur de cœur dont on fut vraiment touché, exposa en peu de mots au jury le rôle capital de Peau-de-Bique dans l'exploitation ; et le jury fut heureux d'admettre le vieux pâtre à s'expliquer devant lui.

« Le troupeau, messieurs, dit Peau-de-Bique, ç'a été pour nous le grand secours et le salut même. Sans le troupeau et sans un millier de petits bouts d'arbres plantés il y a quelque cinquante ans, sans le troupeau et un millier d'arbres qu'on serait bien injuste d'oublier, le domaine était perdu, messieurs. Nous vendions tout. Plus de Grand'Ferme et plus de prime d'honneur par conséquent pour nous. Tout cela tombait entre bonnes mains. Vous auriez trouvé ici, au lieu de ce brave fils et de son vieux pâtre, un monsieur Mangefer dont vous avez peut-être déjà vu et non pas admiré les œuvres; et c'eût été dommage, sans mentir, mes braves messieurs, car vous conviendrez qu'il y a maintenant quelque chose de bien sur notre plateau. Oui, et nous n'en ferons point mystère, n'ayant pas la prétention d'avoir fait de rien quelque chose, n'ayant pas la prétention d'avoir commencé sans argent; oui le troupeau a été d'abord et pendant assez longtemps pour ce domaine, la vraie vache à lait, la seule vache à traire, la grande, l'unique ressource. Pendant cinq ans, tout le temps que nous avons eu un garçon à Paris, pour son malheur et le nôtre, — Dieu lui fasse paix maintenant, il est mort! — pendant cinq ou six ans, sans le troupeau et le pâtre, il n'y aurait eu dans cette ferme ni fumure sérieuse, ni recette de quelque valeur en argent. Le troupeau seul a gagné, tous les ans, les deux ou trois mille francs qui, s'ajoutant aux produits consommés en nature, ont fait vivre tout le monde.

« Plus tard encore, quand nous avons voulu commencer à bien faire, ce sont alors les arbres, et toujours le troupeau, qui nous ont donné notre premier capital disponible. Ah ! on ne sait pas assez ce qu'est le troupeau dans la ferme, et ce qu'est, j'ose aussi le dire, ce qu'est un bon berger. Vous direz peut-être bien, messieurs, que c'est un berger qui parle, et qu'il ne se marchande pas le galon. Mais si j'ai raison, ça ne vous empêchera pas d'en convenir. D'ailleurs, on sait que les bergers aiment les proverbes et on leur passe les proverbes. Voici les miens : tant vaut le troupeau, tant vaut la ferme ; tant vaut le pâtre, tant vaut le troupeau ; à mauvais berger point de bon chien. Pour être un parfait berger, quelle chose ne faudrait-il pas savoir ?

« Le berger doit être l'observateur dans une ferme ; et c'est lui qui doit réfléchir ou méditer pour les autres ; d'ailleurs il a le temps. A cette condition, le troupeau fera la prospérité du domaine.

« Car, sans le troupeau jamais assez de fumure, et sans le parcage jamais assez de litière.

« En gouvernant le troupeau comme il veut être gouverné, en le nourrissant convenablement, en le soignant surtout comme il est indispensable de le faire, on peut doubler la quantité de viande et de laine produites. Et quelles précieuses fumures ! Voyez le carré de parcage fumé par la dernière nuit ! Par exemple, pour empêcher toute déperdition des gaz, comme vous dites, messieurs les savants, j'ai déjà saupoudré mon parcage avec un décalitre de plâtre, et je fais cela chaque matin ; et si, l'année suivante, dans la céréale ensemencée à l'automne, on jette par hasard de la graine de trèfle, de luzerne ou de sainfoin, on est certes bien assuré alors de la levée et de la prospérité du fourrage ! Donc, je plâtre régulièrement mes fumures. De plus, vous voyez l'araire qui est derrière moi, tout prêt à marcher sur nos talons ; c'est qu'on va immédiatement par un léger coup d'araire enterrer mon engrais et rien ne se perdra.

« Celui qui fait autrement, celui qui n'enterre pas l'engrais par un bon labour, immédiatement après le parcage, celui-là offre son bien à plus riche que lui ; il donne sa fumure à qui n'en a que faire, c'est-à-dire au soleil, à la pluie et aux vents.

« Mais je bavarde, je bavarde, et vous me laissez dire. Que je ne fasse donc pas comme un avocat qui commençait par endormir son juge à force de parler, et finissait par l'irriter ensuite, en le réveillant à force de crier. Il faut donc me taire. Convenez seulement, messieurs, qu'au fond vous me donnez raison sur tout ceci, et que notre affaire est bien conduite. Nos récoltes en effet sont là ; vous allez les voir ; et elles parlent assez d'elles-mêmes. »

XIV.

SUITE DE LA VISITE DES FERMES.

Il était manifeste pour le jury qu'il prenait sur le fait les travaux de cette belle exploitation, et que tout y était rationnellement combiné. État convenable des terres; bonne charrue, et par conséquent bon labour. Peu d'instruments sans doute et rien de bien extraordinaire; mais le strict nécessaire. Avec les charrues de bonne provenance, l'extirpateur, la herse et le rouleau, c'est autant qu'il en faut pour bien faire. Cela seul indique une bonne culture.

Aussi le jury, en quittant cette pièce, pensait-il comme Peau-de-Bique : bien épierré, disait celui-ci, bien labouré, bien fumé, qui diable empêcherait donc ce champ d'avoir de belles raves? — Peau-de-Bique se répondait à lui-même qu'il n'en savait véritablement rien. Ni nous non plus, parbleu!

Tout en écoutant Peau-de-Bique et en donnant un assentiment complet à ses idées, le jury cheminait, et en cheminant on était arrivé au beau milieu des grandes cultures.

C'étaient des froments gigantesques dont la paille ressemblait à une tige d'osier, dont l'épi, déjà penché sous son propre poids, avait l'air d'un petit fléau. Ces froments avaient été semés pour la plupart sur des vesces largement fumées, coupées en vert ou à demi-grain pour fourrages, et retournées immédiatement avec tous les débris feuillus de leur végétation.

A la semaille du blé, la terre avait encore reçu un quart de fumure en guano ou autres engrais pulvérulents, tels que suie et sang mélangés, os en poudre, matières désinfectées au sulfate de fer et enfarinées à la chaux, à la suie ou au plâtre ; aussi cette récolte opulente, droite, égale partout, et sans une mauvaise herbe, faisait-elle crier merveille aux passants ; et el président du jury, M. l'inspecteur général ***, avec la bonne grâce qu'on lui connaît, ne crut-il pas pouvoir se dispenser de lui tirer un coup de chapeau en disant un ah! significatif.

Plus loin, les autres céréales, les orges, les avoines surtout, avoines d'hiver et avoines de printemps également belles, présentaient un aspect aussi merveilleux que les blés.

« Ces champs, disait Peau-de-Bique, ont été drainés, et ils le font bien voir ; car, avant le drainage, quels que fussent les labours et les fumures, je n'y ai pas remarqué une seule fois une récolte qui ne fût, comme nous disons ici, largement trouée ; c'est-à-dire que partout où les eaux de pluie ou de fonte de neige restaient sans écoulement, la semence ou les jeunes plantes pourrissaient en terre ; et cela nous faisait souvent dans une emblavure autant de vides que de pleins. Ce n'était pas beau, je vous jure.

« Mais c'est surtout dans nos prairies marécageuses que le drainage a produit des résultats à faire crier miracle par tous les passants ou voisins. On vous montrera ça tout à l'heure. En attendant, vous serez bien assez bons pour remarquer ces pommes de terre. Une variété nouvelle incomparable pour le rendement, et qui n'a jusqu'à présent que peu ou point la maladie : la pomme de terre CHARDON. Vous voyez ces tiges d'un mètre de long; vous voyez ces touffes — (et ce disant Peau-de-Bique arracha une plante de pomme de terre), — voilà une quarantaine de tubercules au même pied, et il y aura là-dedans des tubercules d'un kilo.

« Plus loin, voici nos betteraves, nos rutabagas, nos panais, et aussi nos maïs pour fourrages, traités de même, sauf que la houe à cheval a remplacé le buttoir.

» Dans les rangs de maïs, à la dernière façon, on a semé, vous le voyez, du raifort, de la spergule, du colza d'été, du sarrazin ou du lupin. Tout sera prêt à manger en vert à la fois; et la variété de nourriture, comme la quantité ainsi presque doublée, sera, vous le comprenez assez, un double avantage. »

« Messieurs, Messieurs, à présent, ne passez donc pas si vite et sans y regarder, devant ce champ qui a l'air d'un habit d'arlequin avec ses vingt-cinq petits carrés de cultures diverses. Ce n'est pas là, comme vous pourriez le croire, un jardin de fantaisie ni un joujou d'agriculteur pour rire. C'est notre meilleur livre, un livre à consulter plusieurs fois par an. C'est le *champ d'expérience*. Là est notre *école d'engrais*; à côté notre *école de céréales*, et plus loin notre *école de fourrages nouveaux*.

« Nous ne sommes pas de ceux qui se flattent d'avoir

deviné du premier coup quelles fumures et quelles plantes
conviennent ou ne conviennent pas à leurs terres. Le
champ d'*essais*, voilà le conseiller qu'il faut croire. Et
vous pensez sans doute comme moi que tout agriculteur
prudent doit avoir son champ d'essai. Parcourez cette
pièce; examinez les divers carrés ainsi que l'indication
écrite sur une planchette au bout de chaque bande;
comparez la vigueur de chaque produit; et vous en
saurez en un quart d'heure autant que nous sur la nature de notre sol, sur la valeur comparative eu égard au
sol, de dix engrais essayés, de douze blés en expérience
et de douze fourrages à l'étude.

« Qui ne fait pas comme nous a tort : voilà mon sentiment. Passons maintenant à autre chose, si vous le voulez bien. »

De là on tombait aux prairies artificielles. Vingt hectares de toute espèce de légumineuses d'une venue magnifique : trèfles, luzerne, esparcette ou sainfoin, sainfoin à
deux coupes, etc., montraient une végétation d'un vert
intense; et, là où on n'avait pas encore fauché, d'a-
bondants produits, drus et longs, presque partout
couchés.

A voir tout cet ensemble, où la vigueur et l'abondance
éclataient pour ainsi dire au regard avec une sorte de
profusion, on sentait que la stabulation permanente était
désormais parfaitement conquise et absolument justifiée
à la Grand'Ferme; on comprenait que la crèche était
plus que pourvue, et qu'un tel approvisionnement allait
faire regorger les greniers et fléchir les granges.

Et dans cette plaine ainsi chargée, quelle immense
fumure il était permis d'entrevoir ! et après la fumure

acquise, quelle nouvelle et intarissable fécondité, tou-jours progressive !

En marchant de la sorte, pour ainsi dire de surprise en surprise, les visiteurs étaient arrivés devant les prai-ries ; les prairies durent être admirées à leur tour.

Le drainage de toutes les parties marécageuses, un drainage à reprises d'eau pour l'irrigation sur tous les plans inférieurs, avait produit ce triple et merveilleux résultat : accroissement constant de produits sur les surfaces assainies que l'excès d'humidité incommodait jusque-là ; accroissement plus grand encore sur les sur-faces non arrosées qu'on avait pu désaltérer avec l'excé-dant des eaux soustraites aux surfaces drainées ; et par-tout, enfin, notable amélioration de la qualité.

« Mais le jeune homme, reprit encore le pâtre, en qui le sentiment du bien accompli débordait, le jeune homme ne s'en est pas tenu là.

« Tout là-bas, au-dessous du village, vous voyez cela d'ici, la commune possédait un pâturage, ou plutôt un ma-rais d'environ vingt-cinq hectares ne produisant que du jonc et aussi des fièvres. Pendant tout l'été, les enfants des familles pauvres menaient là leurs deux vaches brouter je ne sais quelle herbe malsaine qui fait tarir le lait. La commune s'était décidée à affermer cela, et elle en de-mandait 300 francs de loyer. M. Armand, et cette pen-sée est bien de lui seul, en a offert 500 francs qu'on n'a pas refusés. Dès la première année, le tiers environ a été drainé. Les huit hectares drainés ont donné soixante voitures de foin, valant 2,000 francs. M. Armand avait donc fait une bonne affaire ; il n'a pas voulu la faire si bonne que cela. Il a donc partagé trente voitures de foin aux pauvres gens qui avaient perdu leur pâturage. Grand profit pour tout le monde. Mais le meilleur encore, c'est que les jeunes bergers qui, l'automne venu, après avoir passé l'été dans ce pâturage, avaient toujours immanquablement la fièvre, (ça leur venait en octobre plus exactement que des cornets de dragées), mes petits bergers n'ont plus su ce que c'était que la fièvre; personne ne tremblait plus sur la place de Saint-Bertin.

« L'année suivante, même opération. Autres huit hectares drainés. M. Armand a gardé le produit de ceux-là, et abandonné le produit du premier drainage. Des huit hectares, quatre seulement, la moitié la moins productive, ont été rendus au pâturage pour les pauvres gens; quatre hectares des meilleurs ont été encore fauchés et le foin partagé.

« A la troisième année, enfin, la totalité des communaux, c'est-à-dire les vingt-cinq hectares, avaient passé par les pattes des draineurs. Ce qui, trois ans auparavant, avait dû s'affermer 300 francs, donnait désormais un revenu qui pouvait s'évaluer à 6000. Le drainage peut faire de ces coups-là.

« Le brave garçon que vous voyez ci-présent et qui ne dit mot, et que ma louange devant vous gêne terriblement, n'a pas cru avoir fait assez. Toute peine mérite salaire; d'ailleurs, les drainages ne se font pas pour rien; il garde donc aujourd'hui un tiers des produits, soit un revenu de 2 000 francs. Le pâturage et le foin des pauvres représentent autres 2000 francs. Resté 2 000 francs, que nous restituons bravement tous les ans à la commune, à la condition qu'avec les trois premières annuités on construira une maison d'asile de 6000 francs, qui ne sera pas la plus chétive du pays, et que plus tard, des 2 000 francs de revenu, 1 000 francs seront consacrés à donner gratuitement l'instruction aux enfants pauvres, et 1 000 francs à payer à l'hospice de la ville la location de deux lits pour les malades de Saint-Bertin. Ce n'est donc que dans deux ans que nous ferons soigner les malades à l'hôpital. Mais, en attendant, nous avons déjà mis la fièvre à la porte de chez nous.

« Après tout cela, messieurs, qu'un individu quelconque, qu'un certain Mangefer de ma connaissance, par exemple, ou son grand efflanqué de secrétaire, M. la Moru, dit *Absinthe à mort*, que quelqu'un aille donc siffler à Saint-Bertin que ce n'est pas mons Armand qui mérite la prime d'honneur en ce pays, ce quelqu'un là, je vous le dis sans vouloir manquer de respect à personne, ce quelqu'un là sera bien reçu. »

Comme Peau-de-Bique achevait son discours, on était arrivé tout au bord du plateau :

« Voilà, dit modestement Armand, voilà, messieurs, toute notre affaire. Si ce n'est pas encore suffisant, nous ferons mieux d'ici à la prochaine fois.... »

Le jury avait donc tout vu, tout examiné, et malgré le silence et la réserve que sa position commandait, nous pouvons dire qu'il avait tout admiré.

En effet, l'ensemble de cette exploitation, les moyens employés, comme les résultats obtenus, bétail, instruments, récoltes, tout était sinon la perfection, au moins l'amélioration et le progrès; partout enfin le grand effort que le succès attend s'il ne l'a déja couronné.

Et c'était bien là cette culture conduite avec intelligence, pouvant devenir la leçon d'un pays tout entier,

que la prime d'honneur a pour but de signaler à tous, en
la récompensant d'une façon éclatante.

Après une collation modeste, mais à laquelle l'art naturel d'Hermance avait su donner une sorte d'élégance
rustique, la commission renouvela au père Valady ses
témoignages de haute estime, et à Armand l'assurance
d'une vive sympathie.

Peau-de-Bique lui-même reçut du président de la
commission une franche et cordiale poignée de main.
L'impression qu'emportaient les juges du concours, et
dont le pâtre se rendait parfaitement compte, était d'ailleurs pour lui une récompense déjà vivement appréciée.

Tout le monde aurait donc dû être satisfait à la Grand-
Ferme; et pourtant il n'en était rien. Le père Marc-Antoine, à qui son immobilité forcée laissait, hélas! trop
bien le temps d'observer et de réfléchir, devinait les
tristesses que son pauvre Armand cherchait en vain à
dissimuler. Peau-de-Bique sans être aussi facile à décourager et par conséquent à contrister, sentait bien aussi
que tous ceux qu'il aimait n'étaient pas heureux.

Armand enfin, gardait au fond de sa pensée le germe
d'une profonde indifférence pour tout ce qui ne touchait
pas au destin de son amour.

Pour Hermance, si elle sentait s'effacer quelques-unes
de ses préventions contre son cousin, si elle ne pouvait
méconnaître que l'homme dont l'œuvre agricole était si
remarquée et véritablement si remarquable, avait une
valeur sérieuse dont elle ne s'était pas doutée jusque-là,
elle luttait encore contre ces dispositions meilleures. Elle
luttait contre la reconnaissance si justement due par elle
au plus courageux dévoûment. [Elle craignait que la

moindre expansion affectueuse de sa part ne parût encourager des sentiments qu'elle ne pourrait sans doute jamais partager.

Au fond, en y réfléchissant bien, elle se sentait ingrate; mais chose assez étrange, quoique ce fût certainement un très-noble cœur, son ingratitude ne lui pesait pas beaucoup. Elle ne s'en faisait ni un remords, ni un gros scrupule.

Elle n'était ni contristée, ni même très-sérieusement troublée. Elle se sentait heureuse de vivre. Elle trouvait la campagne en ce moment très-belle, et n'était pas du tout aussi pressée qu'à l'ordinaire de regagner le presbytère. Elle devait coucher encore ce soir là au manoir et cela ne lui déplaisait pas.

Était-ce qu'au fond elle sentait qu'il lui serait toujours très-facile de faire oublier ses injustices? Dans la femme qui se sent aimée, même la meilleure, même la plus équitable, il y a toujours un certain sentiment de despotisme où l'imperfection humaine se complaît. Elle sait si bien, celle qui est aimée, que tout lui sera pardonné pourvu qu'elle y consente elle-même!

Quoi qu'il en soit, Hermance avait encore, ce jour-là, tenu son pauvre cousin cruellement à distance. Et il n'était pas de *Prime d'honneur* qui pût consoler celui-ci d'aimer si fort qui ne l'aimait pas.

XV

LES AVEUX INVOLONTAIRES.

Le jour n'était pas encore venu. Quelques lueurs roses se montraient à peine à l'orient; mais les étoiles, attardées dans un coin du ciel, allaient se perdre l'une après l'autre dans un crépuscule si clair, si calme et si bleu que tout présageait la plus magnifique journée. Hermance depuis la veille, plus éprise qu'elle ne l'avait jamais été des charmes de la campagne, avait dormi d'un sommeil doux, mais léger, et interrompu bien avant le jour.

La musique à outrance d'une famille de rossignols dont le nid se balançait sous sa fenêtre au bout d'un rameau d'épines blanches, lui avait donné un brusque et joyeux réveil. Elle s'était levée; elle avait ouvert sa croisée, elle avait savouré l'attrait et la sensation délicieuse des belles nuits; puis au premier soupçon de l'aube, elle était descendue dans les jardins; elle y avait erré quelque temps au hasard, cueillant un œillet, effeuillant une rose, ou secouant sur sa joue la fraîche goutte de rosée dont le calice de la rose était encore humide. Bientôt elle avait quitté les jardins, et pour voir le lever du soleil, elle s'était dirigée vers le mamelon du nord qui dominait le plateau. Lorsqu'elle atteignit le sommet, déjà le soleil s'efforçait de dégager sa lumière des vagues du crépuscule ; et tandis que les premières chaleurs faisaient monter des vallées une brume d'argent, l'astre prenant possession de l'espace, répandit sans mesure sa pluie de rayons en poussière lumineuse.

Hermance admira longtemps ce spectacle. Puis de la hauteur des grands horizons, ses yeux descendirent sur le plateau lui-même.

La lumière en se jouant à travers les feuillages, y produisait mille accidents heureux. Les oiseaux qu'effarouche la foule, voltigeaient çà et là avec de petits cris joyeux. L'insecte bourdonnait près de la fleur ; la brise frémissait dans les feuilles des trembles ; l'eau fugitive de la source murmurait comme un adieu au rocher d'où elle venait de jaillir ; tout faisait son petit ramage, tout accomplissait son modeste devoir. La vie était partout dans l'œuvre de la nature. L'œuvre des bras humains avait également sa beauté. Les créations de l'homme et de sa volonté méritaient d'être admirées à leur tour.

On a pu voir dans les chapitres précédents quelles merveilles de végétation et de fécondité s'étaient multipliées sur cette plaine autrefois presque inculte. La luxuriance des récoltes, cette riche et sombre verdure de tous les végétaux, cette ampleur, cette séve active qu'on voyait ou qu'on devinait dans chaque produit, ces légumes exubérants, ces gras et opulents fourrages que nous avons déjà décrits, tout cela avait son mérite et son prix dans le paysage. Mais au point de vue du coup d'œil, il y avait mieux encore.

Guidé, peut-être à son insu, par une pensée secrète dont celle qui en était l'objet ne se doutait certes pas, Armand avait voulu que sa culture fût à la fois richement féconde, et en plus d'un point gracieuse. Fantaisie de jeune homme et surtout d'amoureux! il avait voulu que le regard d'une jeune fille pût se complaire devant un tableau créé avec amour et non sans art.

Aussi l'enceinte du plateau formait-elle en ce moment une véritable corbeille de verdure et de fleurs.

De larges nappes de trèfle incarnat, des tapis diaprés, où les tiges déliées de la lupuline à fleur d'or s'emmêlaient aux brins plus grêles des trèfles blancs, les massifs de colzas dont l'étoile jaune n'était pas encore tombée, quelques plantes de lin dont la fleur fait songer aux yeux bleus des pervenches, des bouquets de lupins assortis, les céréales elles-mêmes, blés, orges, seigles, avoines, tous variés de tons, mais également verts encore, et dont les épis ondulaient mollement sous la moindre brise en faisant étinceler leur pointe aux clartés du soleil; tout cela encadré dans d'épaisses bordures d'un maïs dru et droit comme une jeune forêt, tout cela faisait de la plaine de Saint-Bertin comme un parc immense où brillaient plusieurs vastes parterres.

On voit s'il est difficile d'ajouter, par les dispositions et les agencements les plus simples, quelqu'attrait nouveau à ceux dont la campagne abonde.

Hermance, pour son compte, se sentait un peu revenir de son antipathie pour les champs et pour la vie de ferme.

Assise à l'ombre d'un bouquet de pins, de bouleaux et de hêtres, elle était devenue rêveuse en admirant le tableau que nous venons de décrire.

« Tout cela est vraiment bien, pensait-elle. Saint-Bertin est devenu séduisant, il en faut convenir. Le vieux pâtre y est sans doute pour beaucoup. Armand néanmoins ne peut pas ne pas y être pour quelque chose. Pauvre garçon! C'est dommage qu'il soit par certains côtés si borné. Il a certainement l'intelligence de l'agriculture ; et même il y met une sorte d'art et de goût dont, le premier, peut-être, il a trouvé le secret. De plus il est brave, il est intrépide; avec quel courage il a marché au danger ! Comme il a, pour me sauver, affronté une mort assurée!

« Se peut-il qu'avec ces instincts généreux, il ait la honteuse cupidité dont on a parlé, et dont malheureusement un jour il m'a donné aussi la preuve? Mais n'aurais-je pas pu me tromper? Et ne pourrait-on pas avoir voulu me tromper? Sa cupidité! je n'en vois pas ailleurs autre trace. Après tout, il m'a sauvée; je lui devrais plus de reconnaissance que je ne lui en ai jamais témoignée jusqu'à présent. Je crois bien qu'il m'aime sans me le dire.... Pauvre garçon!... Il m'aime!... je lui dois de la reconnaissance, oui, mais lui dois-je autre chose? Autre chose ne se commande pas.... »

Et Hermance continua à réfléchir. Elle avait vingt ans déjà depuis quelques mois; elle devait songer à son avenir. Les assiduités de Mangefer la laissaient sans doute fort indifférente; elle était parfaitement maîtresse de son cœur. Néanmoins, trompée par les apparences, par cette bonhomie joviale qu'affectait le banquier, elle n'aurait eu, au fond, aucune répugnance à accepter son nom. Ce qui la préoccupait, c'était la difficulté d'une liquidation avec son oncle. Pour rien au monde, elle n'eût voulu, du vivant de celui-ci, revendiquer ses droits sur Saint-Bertin ; et il lui semblait délicat d'aborder et de résoudre de telles questions, avec un prétendant. Mangefer avait paru devant elle assez désintéressé pour qu'elle pût se faire illusion et espérer que, le jour où il serait encouragé à parler, il consentirait à ne vouloir que ce qu'elle désirerait elle-même ; mais c'était là une simple espérance ; et pour être mieux fixée à cet égard il fallait bien finir par prendre une décision, c'est-à-dire autoriser Mangefer à s'avancer davantage.

Nous qui connaissons Mangefer, nous savons d'avance à quoi nous en tenir sur la confiance qu'il eût fallu accorder à ses promesses. Un tel homme promet tout ; mais, le jour où il est enfin le maître, ne lui parlez pas de ce qu'il a promis ; il en rirait. Nous ne calomnions donc pas les intentions du banquier, en supposant qu'il persévérait avec ardeur dans ses vues sur Mlle Valady, d'abord par ce qu'elle était ravissante et qu'elle lui plaisait réellement ; mais aussi parce que la dot de la jeune fille, quoi que bien inférieure à sa propre fortune, l'accommodait fort. Ayant échoué à entrer dans Saint-Bertin par la porte de la saisie et de l'expropriation, il espérait maintenant avoir sa revanche ; il espérait y pénétrer par droit de conquête et de mariage. Il se rendait, d'ailleurs, parfaitement compte de la plus-value vraiment énorme donnée à la Grand'Ferme par les beaux travaux d'Armand, ce qui était naturellement un stimulant de plus pour sa vieille ambition.

Malheureusement Hermance ne soupçonnait rien de ces calculs. Désintéressée comme elle l'était, la cupidité lui semblait quelque chose de monstrueux. C'était même là ce qui l'avait rendue si sévère dans ses appréciations sur son cousin.

Les affaires de notre pauvre Armand étaient donc en fâcheuse posture ; et malgré l'admiration due aux œuvres agricoles de Saint-Bertin, les chances semblaient être toujours en faveur de Mangefer.

Du moins le pauvre Armand n'avait-il pas d'illusion. Nous en aurons bientôt une preuve de plus.

Le soleil commençait à darder des rayons brûlants, jusque sous les feuillages. Le sommeil de nuit d'Hermance avait été court. Ses paupières chargées d'une tiède moiteur s'affaissèrent un moment sur ses yeux ; elle se laissa prendre à cette somnolence qui n'interrompt pas entièrement la rêverie. Après être restée un certain temps dans cet état, qui n'était pas sans charme, il lui parût qu'elle s'éveillait tout à coup, mais que déjà un murmure de voix était vaguement arrivé jusqu'à elle. Elle crut entendre son nom ; ses perceptions devinrent alors plus distinctes et elle écouta.

Elle ne s'était pas trompée ; on parlait dans le même fourré, mais sous d'autres ombrages ; on parlait, et l'on s'occupait d'elle. La discrétion l'eût portée sans doute à s'éloigner ; mais il était trop tard. Partir sans être aperçue devenait maintenant difficile. D'ailleurs, elle n'avait pas cherché à surprendre les secrets de qui que ce fût ; mais s'il était question d'elle-même, rien que de naturel après tout, à ce qu'elle permît au hasard de l'éclairer sur ses propres intérêts.

Elle ne se fit donc qu'un léger scrupule d'écouter à demi ; mais elle écouta bientôt tout à fait.

Dans ce qu'elle entendait, vaguement d'abord, il y avait des accents tristes et passionnés, des inflexions douloureuses, une sorte d'éloquence résignée, qu'elle ne croyait pouvoir rattacher au souvenir d'aucune voix connue, et dont pourtant il lui semblait avoir été frappée profondément dans une circonstance oubliée. Elle se demandait qui, dans ce pays, pouvait parler de la sorte. Aussi fut-elle réellement très-surprise, lorsque la voix plus haute de Peau-de-Bique, au sujet de laquelle elle ne pouvait se méprendre, vint lui prouver qu'Armand seul devait être l'interlocuteur du pâtre, et que c'était dès lors l'éloquence d'Armand qui la bouleversait ainsi.

Elle écouta dès lors avec plus d'attention ; et, les voix, d'ailleurs, se faisant mieux entendre, elle ne perdit plus un seul mot d'un très-long entretien.

« Certes non, disait le pâtre, non, mon brave fils ; je ne vous dirai point que je ne vous plains pas et que je ne comprends pas vos chagrins. Vous souffrez ? je vous crois. Que vous ayez tort ou raison de souffrir, cela ne fait rien à l'affaire. Je vous plains, mais vous êtes homme ; vous avez des devoirs ; vous avez même accepté une besogne plus rude que celle du commun des hommes. Est-ce que vous pouvez déserter votre poste, ou, ce qui revient au même, vous décourager, pour un chagrin d'amour ?

« Depuis quelque temps vous vous tuez au travail ; — jusqu'à présent je vous ai laissé faire parce que la visite des fermes était proche. Mais cela ne peut durer ; vous n'y résisteriez pas ; l'excès de travail ne vaut pas mieux

que le dégoût qui vous porterait à vous croiser les bras.
C'est une autre forme du découragement, voilà tout.
J'entends donc que vous preniez du repos. Et, ce que votre
digne père ne peut pas en ce moment vous dire, je le dis
pour lui, je le dis en son nom.

« Vous avez du chagrin. D'où vient votre chagrin? Je
le devine n'est-ce pas? j'ai mis le doigt sur la plaie. Mais
n'avez-vous pas des compensations? Voyez le point de
départ, et voyez ensuite où nous voici parvenus. Il y a
quatre ans, ne nous trouvions-nous pas en face d'embarras si nombreux et si difficiles que c'est miracle d'en
être hors aujourd'hui?

« Dans cette culture, où ni vous ni moi nous ne
nous sommes épargnés, c'est justice à nous rendre,
est-ce que tout n'a pas prospéré? est-ce que le plateau
n'est pas merveilleux à voir? est-ce que l'admiration de
cette commission d'étrangers ne vous a pas étonné agréa-
blement? et ce qui paraissait il y a quatre ans un rêve,
n'est-ce pas désormais une vérité? Cette prime d'honneur que je vous montrais comme un but à viser bien
plus qu'à atteindre, est-ce que vous n'avez pas deviné
que vous la tenez déjà? Oui parbleu! je l'ai bien compris
hier, — la prime d'honneur est à vous; et tous nos es-
poirs de culture sont déjà dépassés. Est-ce que cela ne
console pas un peu? Voyons, parlez à votre tour!

— Que te dirai-je mon vieil ami? dit la voix attristée
du jeune homme; et d'abord, oui, tu as deviné juste.
Mon secret, ce secret qui est ma joie et ma peine, tu le
connais, j'en conviens. Oui, j'aime ma cousine, je l'aime
depuis quatre ans; je l'aime sans espoir. Tu me dis que
je maigris, que je pâlis. Tu m'engages à ne pas m'exté-

nuer de travail; mais le travail c'est ma seule distraction. La fatigue c'est mon soulagement. Si je me repose,
au contraire, si seulement je veux lire, étudier, donner
enfin un aliment à mon intelligence, mes yeux voient le
livre, mais la pensée est ailleurs, et le chagrin me dévore.
Alors, je maudis parfois l'instruction et les livres. A
quoi cela m'a-t-il servi, sinon à apprendre à mieux
sentir et par conséquent à souffrir?

« Mon Dieu, je me rends bien justice ; je sais que mon
ignorance d'autrefois, que mon défaut d'intelligence lui
donnent trop grandement raison. Elle a raison d'avoir peu
de sympathie pour moi. Je m'explique moins bien que
je n'aie même pas son estime. Enfin, je me résignais.
Oui, jusqu'à présent je me résignais. Je n'espérais rien
d'elle ; mais la sentir à Saint-Bertin, pas trop loin de
nous, la voir auprès de mon père, si charmante et si
bonne, cela me consolait de sa froideur ; et à l'heure
qu'il est je me dis que j'étais presque heureux.

« Eh bien, ce bonheur si facile à contenter, il va finir,
il est fini. Et tu ne veux pas que mon cœur soit brisé. Je
ne le sais pas mais je le devine ; Hermance va prendre
une résolution. Mangefer, mon rival de la prime d'honneur, est aussi mon rival, et un rival autrement dangereux auprès d'elle. J'ai su qu'il allait demander sa
main. Que va-t-elle répondre ? Elle acceptera, mon
Dieu ! Elle acceptera ! et pourquoi n'accepterait-elle pas ?
Oh ! si j'avais été tout autre que je ne suis !... si elle
m'avait aimé ! mais elle ne m'aime pas, elle me hait !
Heureusement ma tâche à Saint-Bertin est à peu près
terminée. J'ai fait ce qu'il fallait pour préserver l'honneur
de mon père et le mien. La valeur que la Grand-Ferme

a désormais acquise, me permet de rendre à Hermance, et sa part largement améliorée, et l'équivalent, au moins, du capital perdu par mon malheureux frère. Depuis longtemps, M. Mangefer ne demande pas mieux que d'acheter mes droits sur le domaine. Je puis donc, en les lui vendant, restituer à ma cousine les soixante et quinze mille francs que nous lui devons, et constituer encore en faveur de mon père et de toi une pension viagère suffisante. Pour elle, du moins, le manoir ne sera pas aliéné.

« Quant à moi, je suis bon maintenant à être fermier partout. Je trouverai certainement une ferme; d'ailleurs mon pauvre père est bien vieux, bien infirme, et si j'avais le malheur de le perdre, que m'importerait après tout, le reste? »

Peau-de-Bique était sans doute plus secoué qu'il ne voulait le paraître; car il garda un long moment le silence.

Cependant, lorsqu'il crut que sa parole ne trahirait plus son émotion, il reprit d'une voix un peu moins assurée:

« Ah ça mais vous me racontez tout cela comme si de tout cela vous étiez parfaitemement sûr. Mangefer épouser Mlle Valady, allons donc! je le croirai quand je le verrai, pas avant. Mais s'il faut démasquer ce flibustier, on le démasquera. Quand son grand escogriffe de secrétaire n'est pas gris, on ne lui ferait pas desserrer les dents sur son patron; mais après les deux premiers verres d'absinthe, on m'assure que pour un troisième verre on lui en fait dégoiser de belles.... Vraiment, je ne puis pas le croire! la demoiselle préférerait ce che-

napan à un digne et loyal garçon comme vous, et beau
garçon, car ma foi vous l'êtes? pas possible. Non vrai,
ça ne se peut. — Mais lui avez-vous seulement jamais
dit que vous l'aimiez vous-même?...

— Moi! oser lui parler de mon amour, à elle....

— Et à qui mieux, parbleu? ·

— Non, mon pauvre ami, non, jamais! dit Armand
avec une humilité profonde; et puis s'exaltant tout à
coup sur un beau souvenir : Et pourtant, s'écria-t-il
avec enthousiasme, et pourtant j'ai eu, moi aussi, mon
beau jour, mon grand jour! Sa mort était certaine, une
mort affreuse! La flamme montait, montait toujours. La
flamme la touchait déjà. Je l'ai sauvée. Mangefer n'était
pas loin, lui non plus. Mangefer criait et promettait un
billet de mille francs à celui qui oserait escalader l'incendie. Mais Mangefer n'a pas fait un pas vers le feu.
Moi, je l'ai sauvée. Qu'elle soit heureuse! qu'elle soit
heureuse, même avec un autre; c'est encore à moi qu'elle
le devra. Béni soit l'incendie, c'est le seul doux souvenir
qui me reste! » Et le jeune homme en fondit pleurs, en
se jetant dans les bras du vieux pâtre.

Quant à Hermance, pendant ces dernières paroles de
son cousin, cédant à un mouvement irrésistible, elle s'é-
tait levée; sans prendre même beaucoup de précautions,
elle avait écarté quelques branches, et elle voyait Armand, elle voyait Peau-de-Bique. La main sur son sein,
comme pour en comprimer les battements, elle contem-
plait le front pâli du jeune homme; elle s'étonnait de
découvrir tant de flamme dans son regard, tant d'enthousiasme dans sa voix.... Elle le trouvait beau, comme elle
venait de le trouver éloquent; elle s'étonnait de ne s'être

jamais douté qu'il fût ainsi. Elle se demandait si elle l'avait jamais bien regardé jusque-là. Puis, quand il eut fini, quand sa voix s'éteignit dans les larmes, la jeune fille craignit de n'être pas suffisamment maîtresse d'elle-même et de se laisser gagner à l'émotion; elle craignit qu'un cri de son cœur ne vînt à trahir sa présence et toutes ses impressions nouvelles.

Prenant alors brusquement par un sentier couvert d'ombre, et plus rapide que l'oiseau, elle se sauva, elle disparut; quelques minutes après, elle arrivait haletante à la ferme.

Il est à croire que Mangefer venait d'être encore battu.

XVI

LE CONCOURS RÉGIONAL.

Pour ne pas noyer ce récit dans le détail, et pour
nous rapprocher du moment où la décision du jury de la
prime d'honneur devra être officiellement connue,
nous ferons encore franchir au lecteur un intervalle de
plusieurs mois. Toutefois nous ne pouvons nous dispenser de consigner ici, en quelques lignes rapides, les principales circonstances qui avaient précédé ou préparé
quelques-uns des événements importants auxquels nous
allons aboutir.

Dès le soir même où Hermance, sous l'empire d'une
émotion légitime, avait senti son opinion sur le compte
de son cousin se modifier brusquement, dès l'instant où
elle avait conçu pour lui autant d'affectueuse estime
qu'elle avait eu primitivement d'antipathie réelle et de
mauvais vouloir, cette jeune fille, pleine de sincérité et
de droiture, n'avait pas cherché à dissimuler ses impressions, très-visibles à coup sûr, pour des yeux clairvoyants.

Une sorte de pudeur bien naturelle et de fierté féminine l'empêchaient encore, il est vrai, de faire de son cousin le confident direct d'un pareil changement. Mais à la voir redoubler d'attentions, de soins, et de gracieuses prévenances pour son vieil oncle, à voir surtout les sollicitudes inaccoutumées qu'elle témoignait maintenant pour Saint-Bertin, et l'intérêt plus actif qu'elle y prenait aux choses, et la bienveillance plus expansive qu'elle y témoignait aux personnes, il était facile de comprendre qu'une transformation sérieuse s'accomplissait en elle. D'une part, elle évitait volontiers les occasions que cherchait à faire naître Mangefer pour se rencontrer avec elle au presbytère ; d'une autre part, durant tout l'hiver, elle s'occupa de tout ce qui touchait la Grand'Ferme avec une sollicitude exclusive et certainement très-inattendue.

Malheureusement, Armand était trop peu enclin à l'optimisme et à l'espérance pour interpréter nettement en sa faveur des signes très-clairs auxquels un autre ne se serait pas trompé ; et il n'osait pas croire aux promesses tacites qui semblaient enfin s'adresser à son amour.....

Le printemps venu, la jeune fille avait recommencé auprès de son oncle ses instances pressantes pour que celui-ci voulût bien obéir enfin aux prescriptions du médecin, et tenter, à l'aide d'une saison aux eaux, la guérison vainement demandée à tous les moyens ordinaires administrés sur place.

Suivant son habitude, Marc-Antoine manifesta dans ses refus une résolution très-formelle et en apparence inébranlable.

Il songeait toujours qu'il était encore dû des sommes

importantes ; et, notamment, à Hermance elle-même un capital énorme eu égard aux ressources de la maison : il répugnait à occasionner personnellement, une dépense, dont les bons résultats paraissaient d'ailleurs bien douteux, et il ne se rendait pas.

Mais cette fois, Hermance, de son côté, ne se laissait point décourager par un premier refus ; et elle revint coup sur coup à la charge.

Un soir, elle était assise près de son oncle dans l'embrasure d'une croisée, à l'une des extrémités de la cuisine, tandis qu'Armand, à l'autre extrémité, était absorbé dans un compte difficile. Elle aborda de nouveau le chapitre du voyage aux eaux des Pyrénées. Et, comme elle ne gagnait pas encore sa cause, quoiqu'elle eût épuisé toutes les câlineries et toutes les grâces les plus séduisantes, elle se laissa glisser tout à coup de son siége aux genoux de son oncle, et, lui prenant les deux mains avec une autorité enfantine :

« Vous ne voulez donc, dit-elle à demi-voix, rien faire pour moi ? Et si je vous appelais mon père ! ajouta-t-elle tout bas avec une intention très-marquée, si je vous appelais mon père !... mon beau-père ?... Ne m'écouteriez-vous pas davantage ? »

Marc-Antoine comprit, et laissa tomber sur elle, de ses yeux à demi voilés, le plus affectueux sourire que puisse donner un regard tout chargé de reconnaissance.

La jeune fille, ravie, prit ce regard pour ce qu'il était, c'est-à-dire pour une adhésion complète ; et, voulant y répondre par une confidence vivement désirée, elle se pencha, en se levant, vers l'oreille du vieillard et murmura cette confirmation naïve de son premier aveu :

« Vous avez mon secret; ne me trahissez pas !... Je l'aime ! »

Et elle s'enfuit en rougissant, plus belle et plus séduisante encore que jamais.

Le brave Armand, cependant, était trop dénué de toute présomption pour y voir plus clair dans ce qui le touchait de si près. On lui en faisait encore mystère : Hermance exigeait encore le secret; Armand continuait à tout ignorer, et un doux complot se forma, à son insu, entre son père et celle qu'il aimait sans oser croire à une espérance.

Quand vint l'époque du départ pour les eaux, la jeune fille avait eu l'art d'obtenir de la complaisance du médecin qu'on lui conseillât à elle-même les eaux que réclamait l'état de son oncle.

Il était donc censé qu'elle allait aux Pyrénées pour son compte, et que son oncle, quelque impotent qu'il pût être, l'accompagnait, à défaut de quelqu'un qui pût le faire.

Ce départ effectué, Armand restait donc seul avec Peau-de-Bique, attaché comme lui à l'œuvre agricole.

Mais le pauvre garçon, sans courage, avait grand besoin d'être stimulé; et, sans le pâtre, il fût resté probablement dans une indifférence bien préjudiciable aux chances de la Grand'Ferme dans le prochain concours.

Découragement d'amoureux n'empêche point le temps de marcher. Une année s'était presque écoulée depuis la visite des fermes. Le jour du concours devait finir par arriver, et il arriva.

Dès le matin, le chef-lieu du département était en grande rumeur. Des salves d'artillerie, ou, plus modestement, les détonations répétées des boîtes chargées jusqu'à la gueule d'une poudre inoffensive, ont annoncé la grande solennité agricole; et, de toutes les avenues, affluent au centre de la cité des masses joyeuses de villageois.

Les cultivateurs commencent enfin généralement à comprendre que ces fêtes sont leurs fêtes; qu'elles leur appartiennent à double titre; qu'elles leur sont données pour qu'ils y trouvent à la fois une récompense et des leçons.

Aussi, avec quel empressement ils se précipitent désormais, presque en tout pays, vers l'enceinte où sont réunis, vivants ou non, les produits variés de leur noble industrie! Comme ils vont droit à ces expositions, où se groupent les familles diverses, si précieuses pour eux et pour tous, de nos animaux domestiques; où s'étalent avec une symétrie élégante, les échantillons de toutes les denrées de la ferme, de toutes les récoltes qui sont l'orgueil de la culture; où sont rangés, dans un ordre souvent pittoresque, les instruments perfectionnés venus de loin pour la plupart, et tout prêts à fonctionner au premier signe du Jury!

Parmi les animaux, on remarquait entre tous les magnifiques sujets envoyés par Armand. Comme nous l'aurons fait comprendre en parlant des étables visitées par le Jury l'année précédente, l'exposition de la Grand-Ferme en ce qui concernait l'espèce bovine, se composait d'une seule race, la race du pays, grandement améliorée il est vrai par le choix des premiers sujets achetés, et des produits affectés eux-mêmes plus tard à la reproduction. Ce choix des reproducteurs, ce qu'on appelle la *sélection* avait déjà donné aux animaux l'ampleur et la précocité de développement, la régularité et la proportion des formes. Les connaisseurs admiraient dans les taureaux venus de Saint-Bertin la rectitude de la ligne dorsale, ce rein large et droit, signe de force qui témoigne en même temps de l'aptitude de l'animal à se développer dans les parties où la chair a le plus de prix, la côte ronde et par conséquent un corps cylindrique, porté sur des jambes courtes au jarret fin et musculeux, une croupe bien fournie et bien descendue, une épaule solide et sans dépression vers le garrot, la poitrine profonde surtout, un cou dégagé, évidé sous la ganache, une tête carrée mais petite, un cuir souple et parfaitement détaché, un cornage élégant et léger. Les vaches et les génisses présentaient les mêmes qualités, et, à un plus haut degré encore, la finesse et la souplesse de la peau, la finesse de la tête et des extrémités.

Ces animaux ainsi conformés cumulaient dans une proportion satisfaisante, sinon absolument supérieure, les aptitudes correspondant à leur triple destination; c'est-à-dire qu'ils étaient à la fois propres à donner du travail, du lait, et, pour la boucherie leur fin dernière, une viande abondante et de belle qualité.

En somme, c'étaient bien là les choix les plus désirables pour un agriculture de bon sens, rationnelle, pratique, recherchant et trouvant l'utilité et le progrès, sans rien donner aux engouements de la mode et de la fantaisie.

Pour les autres espèces, pour l'espèce ovine et porcine, un même esprit de sagesse avait guidé Armand dans ses choix et dans ses tendances. Mais reconnaissant ici l'infériorité manifeste des races françaises comparées aux races anglaises, il réalisait, par des croisements intelligents, l'amélioration immédiate et spéciale de chaque génération, c'est-à-dire de chaque produit.

A côté de l'exposition d'Armand se trouvait celle de son concurrent Mangefer. Les sujets présentés par Mangefer étaient pour la plupart individuellement plus beaux que ceux d'Armand. Ils avaient plus de taille et plus de poids ; mais c'était un mélange de fantaisie d'animaux de toute race et de toute provenance qui n'avaient pas le moins du monde leur raison d'être dans le pays.

D'énormes taureaux anglais avaient été mariés, sans discernement et sans but déterminé, à de petites vaches des races du centre de la France. De grosses vaches suisses, des fribourgeoises massives à l'ossature puissante, vastes coffres de nourriture qu'on ne remplit jamais qu'à grand'peine et qui ne payent que bien difficilement leur dépense, étaient suitées de jeunes veaux nés d'un père de la petite et fine race d'Ayr ; accouplement sans motif, formé au seul gré du hasard. En un mot, il n'y avait là ni système raisonné ni opération logiquement poursuivie, mais le simple caprice d'un homme riche, à qui son argent permet d'acheter à grands frais des animaux de concours qui seront vendus au boucher le lendemain.

Quant aux instruments, le même contraste entre l'exposition d'Armand et celle de Mangefer sautait aux yeux de tout vrai connaisseur. Pour Armand c'étaient des engins simples et vraiment pratiques ; à la première inspection on en comprenait la destination comme on en

constatait le fréquent usage. Mangefer, au contraire,
avait accumulé tout un vrai musée de machines merveilleuses, énormes ou compliquées. On se demandait
le plus souvent à quoi tout cela pouvait servir; et pour
la plupart, en effet, ces instruments n'avaient pas encore
servi. C'était neuf et brillant, et dans tout l'éclat d'une
fraîche et récente peinture; mais pas un ouvrier de la
ferme n'aurait su en expliquer et à plus forte raison en
exécuter la manœuvre.

Aussi l'exposition d'Armand, pour les animaux comme
pour les machines, eut-elle un succès hors ligne, tandis
que celle de son concurrent obtenait quelques prix à
peine. Chez Armand on récompensait tout un ensemble
parfaitement conforme aux besoins de ses propres cultures, aux besoins les plus généraux, et où tout était
judicieusement assorti, judicieusement combiné. Chez
Mangefer on primait à regret quelques achats heureux
par hasard, associés sans motif les uns avec les autres, et
formant une confusion totalement dénuée d'avenir. Le
bon sens du cultivateur pratique l'emportait donc visiblement ici sur la fantaisie toute puissante de l'homme aux
gros écus.

XVII

LA DISTRIBUTION DES PRIX.

Cependant la commission de la prime d'honneur avait admirablement gardé son secret.

On était arrivé à l'heure de la distribution des prix, à l'heure de la lecture du rapport destiné à faire connaitre la décision du Jury, sans que rien eût transpiré relativement à cette décision. Les esprits agités se donnaient carrière.

On croyait savoir que la visite des fermes avait montré chez Armand une culture presque irréprochable. Mais ceux qui connaissaient les travaux accomplis chez Mangefer racontaient qu'il y avait là aussi des choses très-surprenantes. C'était irrégulier, c'était décousu, rien ne se suivait, et cependant ici et là, de çà de là, et comme au hasard, on voyait tout à coup quelques récoltes ou quelques parties de récoltes d'une richesse extraordinaire et que les passants ne s'expliquaient pas. C'était beau, c'était même souvent trop beau. Des froments étrangers, des froments anglais à paille pleine, qui ne

versent jamais nulle part, étaient couchés par l'excès
même de leur vigueur, et restaient verts encore, ne
pouvant pas mûrir quand tout jaunissait autour d'eux.

Et mainte autre chose était à l'avenant.

De sorte que les amis de Mangefer (Mangefer avait
trop bonne table pour n'avoir pas, lui aussi, ses amis),
disaient avec une fierté bruyante : « Qu'on nous fasse
donc voir des prodiges comme cela à la Grand-Ferme.
Chez les Valady, c'est un petit progrès et un petit succès
bien terre-à-terre. Tout le monde en fera autant quand
on le voudra. Chez Mangefer c'est le tour de force partout ! »

« Oui, répondait le père Blanchet, l'ancien que nous
connaissons déjà, oui bien, c'est le tour de force, le tour
de force des écus ; et c'est précisément parce que c'est le
tour de force des écus que je vous dirai : Qu'est-ce que
cela prouve ? S'il faut être millionnaire pour cultiver son
champ, il y aura bien des champs en France qui vont
rester sans culture. »

.... Une grande estrade pavoisée de drapeaux avait
été dressée au milieu de l'hémicycle ou demi-cercle que
formaient les baraquements du concours. Des mâts véni-
tiens, des banderolles qui flottaient au vent, des fais-
ceaux agricoles encadraient et décoraient cette enceinte.
La foule groupée déjà depuis longtemps autour des
places réservées, grossissait d'un moment à l'autre.

Deux heures sonnant, la gigantesque fanfare des or-
phéons réunis de tout le département, éclate et va réveiller au loin de bruyants échos. Les rangs se serrent,
les groupes encore attardés se rapprochent. Le préfet,
l'évêque, l'inspecteur général, président du Jury, et le

Jury lui-même, qu'entourent les autorités en costume, ont pris place devant les tables chargées des médailles qui vont être distribuées. Au milieu de ce bureau improvisé, le grand vase d'argent, la coupe d'honneur, glorieux trophée d'une victoire pacifique dont le souvenir restera à jamais précieux dans la famille du vainqueur, attire tous les regards.

Parmi les assistants rangés en bas de l'estrade, les yeux de la foule se portent ensuite sur les concurrents. On cherche, entre tous, les deux prétendants qui seuls semblent avoir des chances sérieuses, c'est-à-dire Mangefer, plus superbe que jamais dans son élégance et sa bonne mine, et Armand qu'on ne voit pas encore.

Où peut être Armand ?

En proie aux anxiétés les plus vives, le brave jeune homme, dont Peau-de-Bique a cherché vainement à remonter le moral, s'est arrêté aux portes de la ville.

Une lettre d'Hermance, reçue le matin même, annonce que Marc-Antoine et sa nièce doivent arriver à temps pour assister à la proclamation des récompenses. Hermance a déjà fait savoir par ses correspondances antérieures que le traitement des eaux a sensiblement amélioré l'état de son oncle. De plus, ses dernières communications, quoique très-courtes et bien moins fréquentes que ne l'eût désiré Armand, ont paru exprimer une gaieté mystérieuse et contenue, dont le cœur de tout autre que notre pauvre amoureux se fût senti joyeusement épanoui.

Quant à lui, il se rappelle les malicieuses insinuations de la jeune fille ; il se rappelle les sympathies qu'elle a semblé promettre plus d'une fois au vainqueur, quel qu'il fût, au vainqueur encore inconnu du concours, au lauréat de la prime d'honneur. Et comme l'espérance, comme la confiance, nous le savons déjà, ne lui sont ni faciles ni familières, il se sent bien moins porté à croire à son propre succès qu'au triomphe de Mangefer.

La prime d'honneur, grande chose sans doute, récompense très-désirable et certainement très-désirée ! Qu'est-elle, cependant, à côté de cet autre prix inestimable de la même victoire ? Qu'est-elle à côté de la chance d'être un jour, fût-ce bien tard, le préféré d'Hermance !

Il eût attendu vainement, et la distribution des prix eût eu largement le temps de s'achever sans lui, si un facteur rural, passant là par hasard, ne l'eût enfin averti qu'en raison de la fête agricole, et de l'agglomération de la foule sur les avenues du concours, la circulation des voitures avait été interdite de ce côté, et la diligence obligée d'entrer en ville par une autre avenue.

Armand s'empressa alors de regagner l'enceinte du concours, avide sans doute de connaître son sort, plus avide encore de revoir les deux voyageurs. Mais déjà la foule avait formé comme un rempart impénétrable autour de l'estrade. Et Armand ne put pas rejoindre son père et sa cousine, qu'on venait de faire asseoir au premier rang des places réservées. Le vieillard avait une apparence de vie et de santé qui réjouit le regard et l'âme du bon fils. La belle cousine était plus rose et plus charmante que jamais ; et elle avait un air résolu qui troubla profondément le pauvre cousin.

Cependant, un religieux silence régnait au sein de cette foule. La lecture du rapport venait de commencer. Le rapport passait rapidement sur l'appréciation des concurrents qui ne pouvaient avoir aucun droit sérieux. Il en vint donc assez vite à Mangefer et à Armand qu'il s'agissait de juger l'un et l'autre par la comparaison de leurs œuvres. Pour glorifier les belles apparences de certaines parties du domaine de Mangefer, et la beauté exceptionnelle de quelques récoltes de ce domaine, le rapporteur avait épuisé toutes les formules les plus louangeuses. Déjà les amis du banquier se rapprochaient de lui ; et ceux qui étaient trop éloignés, lui faisaient de la tête ou de la main des signes de félicitation. Le visage d'Hermance était devenu plus sérieux ; celui du père Valady s'attristait ; Armand, caché dans son coin obscur, baissait mélancoliquement la tête. Peau-de-Bique seul, debout derrière le siége de son vieux maître, gardait un front impassible ; et son regard souvent fixé sur Mangefer, n'avait rien perdu de sa malice et de sa fierté habituelles. Cependant, après avoir célébré avec une insistance pour ainsi dire affectée, les merveilles accomplies par les gros écus du millionnaire, le rapporteur en était arrivé à l'examen détaillé des travaux de la Grand-Ferme. Ici l'indulgence excessive accordée naguère au banquier, se changeait pour son concurrent en une bienveillance presque sévère. Les moindres imperfections de culture étaient signalées avec rigueur ; le blâme, s'il y avait lieu, suivait immédiatement l'éloge. Et la conclusion était que, si bien que pût faire un homme de bon vouloir et de grande intelligence, il lui restait toujours quelque chose de mieux encore à poursuivre.

« En résumé, continuait le rapport, entre ces deux cultures dont l'une témoigne au plus haut degré de la puissance d'action du capital, et montre de véritables prodiges, dont l'autre manifeste plus simplement ce que peuvent dans les conditions les plus difficiles, la patience, l'intelligence, le courage et le savoir, un savoir graduellement et laborieusement conquis, la commission pouvait sans doute éprouver quelques hésitations passagères. Son choix pourtant ne devait pas être longtemps douteux.

« Mais une circonstance particulière allait la mettre bientôt à l'aise. Les affirmations que chaque concurrent est appelé à produire dans le mémoire présenté à l'appui de sa demande, sont des affirmations sur l'honneur. L'homme qui se respecte et qui respecte ses juges ne doit énoncer que des faits sincères. Or, nous avons le regret, mais nous avons surtout le devoir de le dire bien haut, l'un des concurrents s'est tristement soustrait à cette loi d'honneur.

« Par une manœuvre que nous blâmons de toute notre énergie, par une supercherie véritable, il nous a présenté comme le résultat d'une pratique agricole scientifique et méritoire, ce qui n'est qu'un fait éphémère dû à des moyens non avoués.

« Ici nous devons au public une révélation complète.

« M. Mangefer, à l'aide d'engrais artificiels répandus à profusion sur quelques-unes de ses cultures, mais dont l'acquisition est complétement dissimulée dans ses comptes, a voulu tromper le Jury et lui faire croire à une amélioration définitivement réalisée sur le sol.

« Le même concurrent a montré à la commission comme siennes, quelques pièces de blé admirables appartenant à la petite et habile culture de ses voisins.

« Enfin, dans son exposition d'animaux, il nous a présenté comme lui appartenant depuis plus d'une année, des sujets qui, il y a quinze jours à peine, et nous en avons la preuve, étaient encore dans les vacheries de l'État.

« En conséquence, et pour faire en ce point un exemple qui ne puisse être oublié, le jury, à l'unanimité, décide : M. Mangefer est exclu à tout jamais des concours. Les primes et médailles qui lui ont été décernées pour quelques-uns des animaux exposés par lui, seront retenues.

« La prime d'honneur du département de *** est accordée à M. Armand Valady, propriétaire à Saint-Bertin, la Grand-Ferme. Le jury offre à tous en exemple les admirables travaux et aussi l'intelligence et la loyauté de ce jeune et habile cultivateur.

« Une grande médaille d'or est accordée à M. Jacques Normand, pâtre du domaine de Saint-Bertin, pour la part qu'il a prise dans les améliorations accomplies dans ce domaine. Que ce généreux et intelligent vieillard, le bon conseil, l'appui, l'ami dévoué de ses maîtres, reçoive ici dans l'expression unanime de l'estime publique, la récompense d'une vie d'honneur qui a élevé les plus modestes fonctions au niveau des plus nobles devoirs !

« Monsieur Armand Valady, Monsieur Jacques Normand, venez recevoir des mains de Monsieur le préfet des récompenses que tous diront bien méritées. »

Mangefer qui eût bien voulu disparaître, ne pouvait se faire passage dans la foule, et il restait sous le coup des regards railleurs, ayant derrière lui pour aides de camp le maigre la Moru, et le gros huissier Pichenard.

Pour Armand, au contraire, les rangs s'étaient ouverts avec un empressement sympathique devant lui, et il s'avançait en chancelant vers l'estrade. Mais il n'alla pas tout d'abord droit à M. le préfet. Il tombait en passant dans les embrassements de son père.

O joie inespérée ! son père s'était levé ! son père était debout pour lui tendre les bras.

« Sois béni, sois béni, toi le meilleur des fils. » C'était le vieillard, c'était Valady qui parlait. Marc-Antoine était guéri : les eaux des Pyrénées, un traitement dirigé par un des maîtres de la science, aidé par les bons soins d'Hermance avaient vaincu la paralysie. Le bon père était rentré en possession de lui-même. C'était là le joyeux secret qu'Hermance cachait depuis quelques jours à son cousin.

Les spectateurs témoins de cette scène touchante applaudirent encore à tout rompre ; et le lauréat rappelé enfin à la réalité, par cette explosion de sympathie et d'estime, s'avança vers M. le préfet.

M. le préfet donna au jeune homme d'abord, à Peau-de-Bique ensuite, une cordiale accolade. Et la foule d'applaudir toujours.

Armand redescendu vers son père, tendit une main timide à sa cousine.

« Armand, lui dit celle-ci à voix basse, votre femme sera fière de vous.

— Eh qui donc sera ma femme ? dit Armand avec mélancolie ?

— Faut-il donc tout vous dire ? reprit la jeune fille avec une grâce charmante et le front rougissant ; connaissez-vous donc ici une jeune fille qui ne voulût aujourd'hui s'appeler : madame Armand Valady? »

La fête allait durer tout le jour et le soir encore. Armand devait en être le héros. Mais pour lui, la fête, la véritable fête était dans son cœur. — Son père était guéri et Hermance l'aimait.

XVIII

UN MOIS APRÈS.

Un mois après le concours, par une belle soirée de juillet, un jeune homme et une jeune femme au bras l'un de l'autre et penchés l'un vers l'autre, prenaient au hasard à travers les champs et les prés, pour s'égarer ensemble. C'était l'heure où pâtres et troupeaux gagnent lentement le parc, l'heure où les bœufs de labour lassés du poids de la charrue qu'ils ont traînée douze heures, s'avancent pesamment vers l'étable.

Les chants sévères des laboureurs se répondent mélancoliquement d'un chemin à l'autre. Les bêlements timides alternent avec les mugissements sourds ; la clochette des taureaux et la sonnaille des béliers tintent à intervalles inégaux ; et le vent du soir emporte au loin cette musique agreste que l'écho répète en l'adoucissant encore.

C'est en savourant tout le charme de la campagne à cette heure, que le couple dont nous venons de parler, arriva d'un pas lent jusqu'au bord du plateau de Saint-Bertin, en face des grands horizons du midi.

Le soleil venait de disparaître au couchant, en laissant derrière lui, traîner comme le manteau d'un roi, sa pourpre aux franges d'or.

Nos deux jeunes gens restèrent un moment debout, saisis d'une même admiration pour ce tableau plein de beauté; puis ils s'assirent tous deux sur un tertre de mousse, et comme leurs deux cœurs s'entendaient merveilleusement sans parole, ils gardèrent quelque temps le silence.

« Armand, dit enfin la jeune femme, quelqu'un qui nous verrait en ce moment, vous si tendre et si bon, moi si heureuse et si fière de mon époux, voudrait-il jamais croire que je vous aie bien sérieusement détesté?

— Et je le méritais sans doute, mon Hermance, répondit le jeune mari; je le méritais par mon ignorance, par mon incapacité en toute chose. Oui, j'étais une nature rebelle. Il m'a fallu les grandes leçons du malheur pour apprendre ce que c'est que le devoir dans la vie. Il m'a fallu pendant dix ans les conseils et les reproches sévères de Peau-de-Bique, pour que j'arrivasse à comprendre la véritable tâche que le sort m'avait destinée en me faisant naître sur ce domaine. Il m'a fallu enfin ta beauté, ô mon Hermance, rien que cela s'il vous plaît, ta beauté et mon amour plein de crainte, pour que je fusse saisi de l'irrésistible désir d'élever enfin mon intelligence et de me rendre ainsi moins indigne de toi. Oui, décidément j'étais une nature ingrate; et je vous approuve, madame, de m'avoir détesté; mais n'y revenez plus....

— Le cœur y était de part et d'autre; et l'on devait finir tôt ou tard par s'entendre, dit la voix d'un passant qui cheminait dans l'ombre, en se dirigeant vers un champ à demi labouré où tintaient les clochettes d'un troupeau.

— Le cœur y est toujours, ami pâtre ! le cœur y est, repartit joyeusement Hermance : et il y a aussi, vous n'en doutez pas, place toujours pour vous.

— Allons, allons assez comme cela, assez de câlineries, la belle enjôleuse. Ce n'est pas moi qu'il faut prendre ; et celui que vous visez à prendre est déjà bien assez pris. Bonsoir les beaux enfants ! bonsoir et bonne nuit, aimez-vous bien tout à votre aise. Soyez heureux, c'est de votre âge. Soyez heureux ; nous sommes maintenant, près de vous, deux vieillards sans grand lendemain, le père Valady et son vieux pâtre ; n'en demandons pas davantage pour nous en aller en paix vers le bon Dieu, pour nous en aller rassurés et contents. »

La jeune femme avait penché gracieusement le front. Sa tête reposait doucement sur le cœur de son mari ; et cependant une larme mouillait leur paupière à tous deux.

C'est que le bonheur, il ne faut pas l'oublier, a ses larmes : c'est que la tristesse ici bas est de toutes les fêtes ; et qu'il y a encore une pensée de deuil au fond de toutes les joies.

———

Il est des lecteurs qui veulent tout savoir.

Quelques uns de ceux là attendent peut-être qu'on leur dise ce que vont devenir maintenant nos autres connaissances, Mangefer par exemple et son digne aide de camp la Moru.

Mangefer qui, suivant Peau-de-Bique, avait *manqué le joint* pour faire fortune en exploitant ses terres, Mangefer est retourné à Paris où pour réparer ses pertes agricoles, il s'est lancé plus que jamais dans les spéculations d'aventure. Mangefer gagne de l'argent, beaucoup d'argent. Et à l'heure qu'il est, avec trois ou quatre gaillards de sa force, il est en train de lancer une entreprise qui, comme ils le disent entre eux, dans un langage de ce vilain monde-là, sera une *affaire juteuse*.

Grâce à des prospectus qui sont la merveille de l'impudence et du mensonge, cette entreprise pompeusement annoncée dans les journaux, sous ce titre alléchant :

BANQUE PHILANTROPIQUE.

LE MILLION MIS A LA PORTÉE DE TOUT LE MONDE,

soutire en ce moment même les pauvres économies des plus humbles travailleurs.

Il ne faudrait pas jurer, il est vrai, que le bel Oscar et ses acolytes n'auront point, un de ces jours, devant la police correctionnelle, plus d'un compte difficile à rendre à des magistrats trop curieux.

Quant à la Moru auquel, j'en suis certain, quelques bonnes âmes veulent bien penser encore, la province ne pouvait pas non plus convenir à ses goûts. Il a dû aller de nouveau chercher absinthe et fortune au sein de la capitale. Hélas ! à Paris pas plus qu'ailleurs, aucune espèce de million, philantropique ou autre, ne paraît devoir s'égarer à la portée de sa main. De plus

en plus abruti par le poison sans lequel il mourrait,
cet homme est devenu absolument incapable de tout
travail de quelque valeur. Il en est réduit, en ce moment, à partager dans un quartier obscur et fangeux et
qu'on va du reste démolir, *l'échoppe* ou petite boutique de bois d'un savetier en faillite. Sur l'une des
deux vitres de l'unique fenêtre à son usage, notre homme
a collé un écriteau en belles lettres majuscules, ainsi
conçu :

CHÉRUBIN LA MORU

ÉCRIVAIN PUBLIC,

Fait les copies dans toutes les langues. Rédige corres-
respondances, placets et mémoires ; le tout au plus juste
prix. — Orthographe et discrétion irréprochables ; exac-
titudes et connaissance du cœur humain exceptionnelles.
Les militaires et autres personnes qui ne sont pas du
sexe, peuvent payer en consommation suivant leur con-
venance.

Une industrie si hautement littéraire devrait assurer
à celui qui l'exerce, son pain de tous les jours : et c'est
ce qu'elle ne fait malheureusement pas. Il est rare pourtant qu'elle ne procure point à l'habile écrivain les cinquante centimes sans lesquels il manque bien des choses
à sa félicité.

Seulement, le carreleur de souliers son hôte, s'aper-
çoit, non sans quelque inquiétude, que ce digne locataire en habit jadis noir a les mains prises d'un tremble-
ment toujours de plus en plus marqué. Le carreleur en
conclut qu'en peu de temps M. la Moru pourrait bien se

trouver dans l'impuissance de continuer au public ses bons offices de confident discret et de correspondant disert.

« Ce serait fâcheux dit le propriétaire, je me verrais forcé de donner congé à ce locataire si maigre et si distingué, qui tient si peu de place et fait si peu de bruit dans ma demeure. »

Quand la Moru ne pourra plus écrire, et cela peut arriver bientôt, dans quel bouge sans nom ira-t-il mourir, mourir de misère? de froid? de faim? Non, mais de soif!...

N'eût-il pas mieux valu, pour cet homme, être un brave et obscur bouvier au fond de quelque honnête village?

TABLE DES MATIÈRES.

PREMIÈRE PARTIE.

DEUXIÈME PARTIE.

FIN DE LA TABLE.

8516. — IMPRIMERIE GÉNÉRALE DE CH. LAHURE,
Rue de Fleurus, 9, à Paris.

ÉDITIONS A 1 FRANC LE VOLUME

FORMAT IN-18 JÉSUS.

I. ŒUVRES DES PRINCIPAUX ÉCRIVAINS FRANÇAIS.

Barthélemy : *Voyage du jeune Anacharsis en Grèce dans le IVe siècle avant l'ère chrétienne.* 3 vol. *Atlas* dressé pour cet ouvrage. In-8.   1 50

Boileau : *Œuvres complètes.* 2 vol.

Bossuet : *Œuvres choisies.* 5 vol.

Corneille : *Œuvres complètes.* 7 vol.

Fénelon : *Œuvres choisies.* 4 vol.

La Fontaine : *Œuvres complètes.* 3 vol.

Marivaux : *Œuvres choisies.* 2 vol.

Molière : *Œuvres complètes.* 3 vol.

Montaigne : *Essais,* précédés d'une lettre à M. Villemain sur l'éloge de Montaigne, par P. Christian. 2 vol.

Montesquieu : *Œuvres complètes.* 3 vol.

Pascal : *Œuvres complètes.* 3 vol.

Racine : *Œuvres complètes.* 3 vol.

Rousseau (J. J.) : *Œuvres complètes.* 13 vol.

Saint-Simon (le duc de) : *Mémoires complets et authentiques* sur le siècle de Louis XIV et la Régence, collationnés sur le manuscrit original, avec une notice de M. Sainte-Beuve. 13 vol.

Sédaine : *Œuvres choisies.* 1 vol.

Voltaire : *Œuvres complètes.* 35 vol.

II. AUTEURS CONTEMPORAINS.

1° ROMANS.

Arnould (A.) : *Les trois Poëtes.* 1 vol.

Assollant (A.) : *Jean Rosier.* 1 vol. ; — *La mort de Roland.* 1 vol.

Aunet (Mme L. d') : *Étiennette;* — *Silvère;* — *Le Secret.* 1 vol.

— *Un Mariage en province.* 3° édit. 1 vol.

Barbara (Ch.) : *L'assassinat du pont Rouge.* 2° édit. 1 vol.

— *Les Orages de la vie.* 1 vol.

— *Mes petites Maisons.* 1 vol.

Bast (A. de) : *Contes à ma voisine.* 2 vol. Chaque vol. se vend séparément.

— *Les Fresques,* contes et anecdotes. 1 v.

Bréhat (Alf. de) : *Les filles du Boër.* 1 vol.

Claveau (A.) : *Nouvelles contemporaines.* 1 vol.

Deslys (Ch.) : *Le Mesnil-aux-Bois;* — *La mère Jeanne.* 1 vol.

— *Les Compagnons de minuit.* 1 vol.

Didier (Ch.) : *Les Nuits du Caire.* 1 vol.

Du Bois (Ch.) : *Nouvelles d'atelier.* 1 vol.

Enault (Louis) : *Christine.* 1 vol.

Forgues (E) : *Le Rose et le Gris.* 1 vol.

Gauthier (Th.) : *Militona.* 1 vol.

Goudall (L.) : *Le Martyr des Chaumettes.* 1 vol.

Laboulaye (Éd.) : *Abdallah,* ou le trèfle à quatre feuilles, conte arabe. 1 vol.

— *Souvenirs d'un voyageur.* 1 vol.

Lecomte (J.) : *Les Secrets de famille.* 1 v.

Legouvé (Ern.) : *Edith de Falsen,* suivi de *l'Éducation d'un père* et d'*Un lâche.* 6° édit. 1 vol.

— *Béatrix.* 1 vol.

Lennep (J. van) : *La dame de Wardenbourg.* 1 vol.

Marchand-Gerin (Eug.) : *La Nuit de la Toussaint;* — *Il Cantatore.* 1 vol.

Marcoy (P.) : *Souvenirs d'un mutilé.* 1 v.

Masson (M.) : *Les Contes de l'atelier.* 1 v.

— *La Voix du sang* (2° série des Contes de l'atelier.) 1 vol.

— *Une Couronne d'épines.* 1 vol.

Monnier (M.) : *Les Amours permises.* 1 v.

Montemerli (la comtesse Marie) : *Les Sensations d'une morte.* 1 vol.

Mussard (Mme J.) : *Mieux vaut tard que jamais.* 1 vol.

Renant (Ém.) : *Rose-André.* 1 vol.

Reybaud (Mme Ch.) : *Le Cabaret de Gaubert.* 1 vol.

— *L'Oncle César.* 1 vol.

Rivière (H.) : *Pierrot;* — *Cam.* 1 vol.

Robert (A.) : *Contes excentriques.* 1 vol.

— *Nouveaux contes excentriques.* 1 vol.

Sand (George) : *André.* 1 vol.
Vilbort (G.) : *Les Héroïnes,* nouvelles polonaises. 1 vol.
Vitu (A.) : *Contes à dormir debout.* 1 v.
Wailly (J. de) : *Henriette;* — *Les Mortes aimées.* 1 vol.
Wailly (L. de) : *Angelica Kauffmann.* 2 v.
— *Les deux filles de M. Dubreuil.* 2 vol.
— *Stella et Vanessa.* 1 vol.
Weill (A.) : *Histoires de village.* 1 vol.
Wey (Fr.) : *Gildas.* 1 vol.
— *Le Bouquet de cerises.* 1 vol.
Yvan (le Dr) : *Légendes et récits.* 1 vol.

2° VOYAGES.

Castella (Hub. de) : *Les Squatters australiens.* 1 vol.
Colet (Mme L.) : *Promenade en Hollande.* 1 vol.
Deschanel (Ém.) : *A pied et en wagon.* 1 vol.
Gérardy-Saintine : *Trois ans en Judée.* 1 vol.

Gobineau (comte A. de) : *Voyage à Terre-Neuve.* 1 vol.
Léouzon-Leduc : *La Baltique.* 1 vol.
Marcoy (P.) : *Scènes et paysages dans les Andes.* 2 vol.
Perron d'Arc (H.) : *Les Champs d'or de Bendigo* (Nouv.-Holl.). 1 vol.
Pichot (A.) : *Les Mormons.* 1 vol.
Piotrowski (Rufin) : *Souvenirs d'un Sibérien.* 1 vol.
Reclus (Él.) : *Voyage à la Sierra-Nevada de Sainte-Marthe.* 1 vol.

3° ŒUVRES DIVERSES.

About (Éd.) : *Nos artistes au Salon de 1857.* 1 vol.
Lasteyrie (Ferd. de) : *Causeries artistiques.* 1 vol.
Perrens (F. T.) : *Deux ans de révolution en Italie (1848-1849).* 1 vol.
Révoil : *Pêches dans l'Amérique du Nord.* 1 vol.
Viennet : *Épîtres et Satires.* 1 vol.

III. BIBLIOTHÈQUE DES MEILLEURS ROMANS ÉTRANGERS.

Ainsworth (W. Harrisson) : *Abigail,* roman historique tr. de l'angl. 1 vol.
— *Crichton,* tr. de l'angl. 1 vol.
— *La Tour de Londres,* trad. de l'anglais. 1 vol.
Anonymes : *César Borgia,* ou l'Italie en 1500, trad. de l'anglais. 1 vol.
— *Les Pilleurs d'épaves,* tr. de l'angl. 1 v.
— *Paul Ferroll,* trad. de l'angl. 1 vol.
— *Violette; Éléanor Raymond.* 1 vol.
— *Whittehall,* tr. de l'angl. 1 vol.
— *Whittefriars,* trad. de l'angl. 1 vol.
Beecher-Stowe (Mrs) : *La Case de l'oncle Tom,* trad. de l'anglais. 1 vol.
— *La Fiancée du ministre.* 1 vol.
Bersezio (V.) : *Nouvelles piémontaises,* tr. de l'italien. 1 vol.
Bulwer-Lytton (sir Edward) : *Œuvres,* trad. de l'anglais, sous la direction de P. Lorain. 19 vol.
Devereux. 2 vol.
Ernest Maltravers. 1 vol.
Le Dernier des barons. 2 vol.
Le Désavoué. 2 vol.
Les Derniers jours de Pompéi. 1 vol.
Mémoires de Pisistrate Caxton. 2 vol.
Mon roman. 2 vol.
Paul Clifford. 2 vol.
Qu'en fera-t-il? 2 vol.
Rienzi. 2 vol.
Zanoni. 1 vol.
Caballero (F.) : *Nouvelles andalouses,* trad. de l'espagnol. 1 vol.

Cervantès : *Nouvelles,* trad. 1 vol.
Cummins (miss) : *L'Allumeur de réverbères,* traduit de l'anglais. 1 vol.
— *Mabel Vaughan,* traduit. 1 vol.
— *La Rose du Liban,* trad. 1 vol.
Currer-Bell (miss Brontë) : *Jane Eyre,* traduit de l'anglais. 1 vol.
— *Le Professeur,* traduit. 1 vol.
— *Shirley,* traduit. 2 vol.
Dickens (Charles) : *Œuvres,* trad. de l'anglais sous la direct. de P. Lorain. 23 vol.
Aventures de M. Pickwick. 2 vol.
Barnabé Rudge. 2 vol.
Bleak-House. 2 vol.
Contes de Noël. 1 vol.
David Copperfield. 2 vol.
Dombey et fils. 3 vol.
La petite Dorrit. 2 vol.
Le Magasin d'antiquités. 2 vol.
Les Temps difficiles. 1 vol.
Nicolas Nickleby. 2 vol.
Olivier Twist. 1 vol.
Paris et Londres en 1793. 1 vol.
Vie et aventures de Martin Chuzzlewit. 2 vol.
Disraeli : *Sybil,* traduit de l'anglais. 1 vol.
Freytag (G.) : *Doit et Avoir.* 2 vol.
Fullerton (lady) : *L'Oiseau du bon Dieu,* trad. de l'anglais. 1 vol.
Fullon (S. W.) : *La comtesse de Mirandole,* traduit de l'anglais. 1 vol.

Gaskell (Mrs): *OEuvres*, traduites de l'anglais. 6 vol.
Autour du sofa. 1 vol.
Marie Barton. 1 vol.
Cranford. 1 vol.
Marguerite Hale (Nord et Sud). 2 vol.
Ruth, traduit par M***. 1 vol.
Gerstäcker: *Les deux Convicts.* 1 vol.
— *Les Pirates du Mississipi.* 1 vol.
— *Aventures d'une colonie d'émigrants en Amérique*, trad. de l'allem. 1 vol.
Goethe : *Werther.* 1 vol.
Gogol (N.) : *Les Ames mortes.* 2 vol.
Grant (J.): *Les Mousquetaires écossais*, trad. de l'anglais. 2 vol.
Hackländer : *Boutique et Comptoir*, trad. de l'allem. 1 vol.
Hauff (W.): *Nouvelles.* 1 vol.
— *Lichtenstein*, trad. 1 vol.
Hawthorne (N.) : *La Lettre rouge.* 1 v.
Heiberg (L.) : *Nouvelles danoises.* 1 v.
Hildreth : *L'Esclave blanc.* 1 vol.
Immermann : *Les Paysans de Westphalie*, trad. de l'allem. 1 vol.
James : *Léonora d'Orco.* 1 vol.
Kavanagh (J.): *Tuteur et Pupille.* 1 vol.
Kingsley : *Il y a deux ans.* 2 vol.
Lennep (J. van) : *La Rose de Dekama*, trad. du hollandais. 2 vol.
— *Les Aventures de Ferdinand Huyck*, trad. du hollandais. 1 vol.
Lever (Ch.) : *Harry Lorrequer.* 2 vol.
— *L'Homme du jour.* 1 vol.

Ludwig (O.) : *Entre ciel et terre.* 1 vol.
Lutfullah : *Mémoires d'un gentilhomme mahométan.* 1 vol.
Marvel (I.) : *Le Rêve de la vie.* 1 vol.
Mathews : *Légendes indiennes.* 1 vol.
Mayne-Reid : *La Piste de guerre.* 1 vol.
— *La Quarteronne.* 1 vol.
Mugge (Th.) : *Afraja.* 1 vol.
Pouchkine : *La Fille du capitaine.* 1 v.
Smith (J. F.): *La Femme et son maître*, trad. de l'anglais. 3 vol.
— *L'Héritage* (Dick Tarleton). 2 vol.
Sollohoub (comte) : *Nouvelles choisies*, trad. du russe. 1 vol.
Stephens (miss A. S.) : *Opulence et Misère*, trad. de l'anglais. 1 vol.
Thackeray: *OEuvres*, trad. de l'anglais. 8 vol.
Henry Esmond. 1 vol.
Histoire de Pendennis. 3 vol.
La Foire aux vanités. 2 vol.
Le Livre des Snobs. 1 vol.
Mémoires de Barry Lyndon. 1 vol.
Tourguéneff : *Scènes de la vie russe*, trad. du russe. 2 vol.
— *Mémoires d'un seigneur russe.* 1 vol.
Trollope (Mrs.): *La Pupille.* 1 vol.
Wieland (C.-M.) : *Obéron, poëme historique*, trad. de l'allemand. 1 vol.
Wilkie Collins : *Le Secret.* 1 vol.
Zschokke : *Addrich des Mousses.* 1 vol.
— *Le Château d'Aarau.* 1 vol.

IV. LITTÉRATURE POPULAIRE,

SPÉCIALEMENT DESTINÉE AUX OUVRIERS DES VILLES ET DES CAMPAGNES.

Cette collection comprendra environ deux cents volumes.

Le cartonnage en percaline gaufrée se paye 40 cent. en sus par volume.

Barrau (Th. H.): *Conseils aux ouvriers sur les moyens d'améliorer leur condition.* 1 vol.
Calemard de la Fayette : *Petit-Pierre, ou le bon cultivateur.* 1 vol.
— *La Prime d'honneur.* 1 vol.
Carraud (Mme): *La Petite-Jeanne ou le Devoir.* 1 vol.
— *Maurice ou le Travail.* 1 vol.
Charton (Éd.): *Histoires de trois enfants pauvres*, racontées par eux-mêmes et abrégées par É. Charton. 1 v.
Corneille (Pierre): *Chefs-d'œuvre.* 1 v.

DelaPalme : *Le premier Livre du citoyen.* 1 vol.
Homère : *Les Beautés de l'Iliade et de l'Odyssée*, par Guiguet. 1 vol.
Joinville (sire de) : *Histoire de saint Louis*, texte rapproché du français moderne, par Natalis de Wailly. 1 vol.
La Fontaine : *Choix de fables.* 1 vol.
Molière : *Chefs-d'œuvre.* 2 vol.
Racine (Jean) : *Chefs-d'œuvre.* 2 vol.
Shakspeare : *Chefs-d'œuvre.* 3 vol.
Véron (Eugène): *Les Associations ouvrières en Allemagne, en Angleterre et en France.* 1 vol.

ATLAS UNIVERSEL
D'HISTOIRE ET DE GÉOGRAPHIE

CONTENANT

1° LA CHRONOLOGIE :

Notions préliminaires : concordance des principales ères avec les années
avant et après Jésus-Christ ;
Table des archontes d'Athènes, des consuls de Rome ;
Catalogue des Saints, Calendriers, etc., etc.)
et tables chronologiques universelles contenant tous les faits de l'histoire universelle ;

2° LA GÉNÉALOGIE :

Tableaux généalogiques des dieux et de toutes les familles historiques
suivis d'un traité élémentaire de l'art héraldique,
avec : 1° neuf planches de blason coloriées ;
2° une planche coloriée des principaux ordres de chevalerie ou décorations ;
3° deux planches coloriées de pavillons des principales puissances ;

3° LA GÉOGRAPHIE :

93 cartes gravées et coloriées, faisant connaître la géographie ancienne et moderne
de tous les pays du monde.
Cette troisième partie comprend en outre des tables explicatives
indiquant les ressources commerciales et industrielles,
les divisions administratives et religieuses de chaque pays ;

PAR M.-N. BOUILLET,

Auteur du *Dictionnaire universel des Sciences, des Lettres et des Arts,*
et du *Dictionnaire universel d'Histoire et de Géographie.*

Un beau volume grand in-8, broché, 30 francs.

Le cartonnage en percaline gaufrée se paye en sus 2 fr. 75.
La demi-reliure en chagrin, tranches jaspées, 4 fr. 50.
La demi-reliure en chagrin, avec tranches et gardes peignes, 5 fr. 50.

LE MÊME OUVRAGE
SANS LES DOUZE PLANCHES DE L'ART HÉRALDIQUE
BROCHÉ, 24 FR.

Le cartonnage en percaline gaufrée se paye en sus 2 fr. 25 ;
La demi-reliure en chagrin, tranches jaspées, 4 fr. ;
La demi-reliure en chagrin, avec tranches et gardes peignes, 5 fr.

Imprimerie générale de Ch. Lahure, rue de Fleurus, 9, à Paris.